Paul R. Scheele
Das Gesetz der Natürlichen Brillanz
Ein schöpferisches Modell für Lernprozesse und
Persönlichkeitsentwicklung

Ausführliche Informationen zu dem Bestseller „PhotoReading",
dem Video-Workshop „PhotoReading"
sowie zu jedem unserer lieferbaren und geplanten Bücher
finden Sie im Internet unter
www.junfermann.de
– mit ausführlichem Infotainment-Angebot
zum JUNFERMANN-Programm

Paul R. Scheele

Das Gesetz der Natürlichen Brillanz

Ein schöpferisches Modell für Lernprozesse und Persönlichkeitsentwicklung

Junfermann Verlag • Paderborn
1999

Copyright © der deutschen Ausgabe: Junfermannsche Verlagsbuchhandlung, Paderborn 1999

Copyright © 1997 by Learning Strategies Corporation, Minneapolis, Minnesota, USA

Originaltitel: Natural Brilliance – Move from Feeling Stuck to Achieving Success

Übersetzung aus dem Amerikanischen: Gordon Quint, in Zusammenarbeit mit Mai Schaible

Covergestaltung: Petra Friedrich, unter Verwendung einer Arbeit von Martin Ross Design

Alle Rechte vorbehalten.
Das Werk einschließlich aller seiner Teile ist urheberrechtlich geschützt. Jede Verwendung außerhalb der engen Grenzen des Urheberrechtsgesetzes ist ohne Zustimmung des Verlages unzulässig und strafbar. Das gilt insbesondere für Vervielfältigung, Übersetzungen, Mikroverfilmungen und die Einspeicherung und Verarbeitung in elektronischen Systemen.

Die Deutsche Bibliothek – CIP-Einheitsaufnahme
Scheele, Paul R.:
Das Gesetz der Natürlichen Brillanz: Ein schöpferisches Modell für Lernprozesse und Persönlichkeitsentwicklung / Paul R. Scheele [Übers.: Gordon Quint, in Zus.arbeit mit Mai Schaible] – Paderborn: Junfermann, 1999.
```
          Einheitssacht.: Natural Brilliance <dt.>
          ISBN 3-87387-355-9
```

„PhotoReading" is a registered servicemark/trademark of Learning Strategies Corporation worldwide.
„Paraliminal" is a registered trademark of Learning Strategies Corporation worldwide.
„Natural Brilliance" is a registered trademark of Learning Strategies Corporation worldwide.

ISBN 3-87387-355-9

Inhalt

Über den Autor 11
Vorwort 12
Danksagungen 13

Teil 1: Orientieren Sie sich an Ihrer Natürlichen Brillanz 15

Kapitel 1: Gewinnen Sie Ihre Natürliche Brillanz zurück 17
Schau in beide Richtungen: Lernen auf Anhieb 20
Setzen Sie Ihre Genialität frei und überwinden Sie Oszillationen 22
Ändern Sie Ihre Art, sich zu verändern: Keine Blockaden mehr 24
Entdecken Sie das 4-Schritte-Modell der Natürlichen Brillanz 29
Gewinnen Sie durch Natürliche Brillanz und gehen Sie darüber hinaus .. 36
Zusammenfassung 38

Kapitel 2: Verstehen Sie Ihre Blockaden 41
Analysieren Sie Ihre Blockaden und machen Sie den ersten Schritt
    über die Schwelle 41
Diagnostizieren Sie Ihre Blockaden 44
Konfrontieren Sie sich mit Ihren inneren Stopschildern 46
Stellen Sie ein Gleichgewicht mit dem Gegengewicht her 48
Achten Sie auf Blockaden, wenn sie auftreten 49
Lernen Sie von anderen, wie diese in Blockaden geraten 51
Nehmen Sie die Vorteile und Gefahren Ihrer Stopschilder wahr 53
Behalten Sie die Möglichkeiten jenseits Ihres Stopschilds im Auge .. 55

Teil 2: Erwerben Sie das Handwerkszeug
der Natürlichen Brillanz 59

Kapitel 3: Erforschen Sie die fünf grundlegenden Prinzipien des
Modells der Natürlichen Brillanz 61
Prinzip 1: Tolerieren Sie Mehrdeutigkeiten, um Ihr volles Potential
    zu verwirklichen 61
Prinzip 2: Nehmen Sie langsam kleine Anpassungen vor, um Ihr Ziel zu erreichen . 63
Prinzip 3: Erreichen Sie einen Seinszustand, indem Sie *sind*, nicht *tun* 64

Prinzip 4: Bleiben Sie zielorientiert und vergrößern Sie Ihre
    Wahlmöglichkeiten 67
Pinzip 5: Entscheiden Sie sich für schöpferische Veränderung, und Sie erzielen
    die besten Ergebnisse 68
Nähern Sie sich auf brillante Art den Vorteilen des Lebens 68

Kapitel 4: Loslassen 71
Wo sitzt die Spannung? 71
Loslassen: Von der Anspannung zur Entspannung 74
Entwickeln Sie Fertigkeiten 75
Zusammenfassung 84

Kapitel 5: Wahrnehmen 87
Treten Sie aus Ihrem Tunnel heraus 88
Mehr Wahrnehmen zum Überleben und zur vollen Entfaltung 89
Machen Sie den ersten Schritt in Richtung Gleichgewicht 90
Schärfen Sie Ihre Sinneswahrnehmung 91
Zusammenfassung 104

Kapitel 6: Handeln 107
Gehen Sie in die richtige Richtung: Nicht dorthin, wohin Sie nicht wollen 109
Finden Sie Gleichgewicht inmitten von Oszillation: Jonglieren Sie! 111
Stellen Sie sich Ihrer Angst – und Ihre Kraft tritt zutage 112
Entzünden Sie das Feuer leidenschaftlicher Begeisterung 114
Handeln Sie mit Natürlicher Brillanz 115
Zusammenfassung 116

Kapitel 7: Selbstbeobachtung 119
Nehmen Sie die Beraterperspektive ein 121
Verändern Sie Ihre Wahrnehmungsposition 124
Profitieren Sie von der Selbstbeobachtung 126
Integrieren Sie Augenblicke der Wahrheit in Ihre Selbstbeobachtung 127
Schauen Sie in den Schatten 130
Manifestieren Sie Ihr höchstes Gut 133
Zusammenfassung 134

Kapitel 8: Lassen Sie Natürliche Brillanz für sich arbeiten 137
Lernen Sie, wie man lernt 138

Eine neue Einstellung gewinnen 140
Analysieren Sie Ihre Ergebnisse und nähern Sie sich der Natürlichen Brillanz 141
Seien Sie empfänglich: Nehmen Sie Ihre Genialität an 144
Seien Sie schöpferisch: Erschaffen Sie neue Möglichkeiten 148
Seien Sie ausdauernd: Bleiben Sie dran am Dranbleiben 153
Schlußbemerkungen 157

Teil 3: Leben Sie Ihre Natürliche Brillanz 161

Kapitel 9: Aktivieren Sie das Modell der Natürlichen Brillanz 163
Öffnen Sie sich für größere Möglichkeiten 164
Nutzen Sie das innere Bewußtsein und die vorbewußte Informationsverarbeitung . 167
Eignen Sie sich Informationen und Fertigkeiten nicht-bewußt an 168
Entdecken Sie neue Wege zum Körper-Geist-Bereich 170
Tun Sie's! 172

Kapitel 10: Springen Sie mit dem Direkten Lernen
über Leistungsbarrieren 173
Wie lernt man PhotoReading®? 173
Entdecken Sie das Direkte Lernen 180
Aktivieren Sie das Direkte Lernen 182
Halten Sie es einfach 187
Finden Sie Anzeichen für Ihren Erfolg 189
Vertrauen Sie Ihrem inneren Bewußtsein 190

Kapitel 11: Gehen Sie paradoxe Probleme mit Hilfe kreativer
Problemlösungsstrategien an 191
Man rennt auf der Stelle und kommt nicht vom Fleck 192
Lösen Sie Zwickmühlen auf und überwinden Sie paradoxe Probleme 194
Schreiben Sie eine neue Geschichte 195
Wählen Sie den einfachen Weg aus Ihrer Falle 197
Folgen Sie dem kreativen Prozeß der Problemlösung 198
Drücken Sie das Problem aus 201
Steigern Sie Qualität und Effektivität der Lösungen 204
Gehen Sie den richtigen Weg zum Erfolg 205
Setzen Sie sich Ziele für Ihren Erfolg 207
Der Durchbruch im Business 208

Kapitel 12: Bahnen Sie sich Ihren Weg zur persönlichen Genialität: der „New Option Generator" 211
Setzen Sie den „New Option Generator" ein 215
Übung 1: Definieren Sie das Problemthema 217
Übung 2: Integrieren Sie die Nachteile 219
Übung 3: Integrieren Sie die Vorteile 221
Übung 4: Setzen Sie das Direkte Lernen ein 224
Übung 5: Simulieren Sie die Zukunft und verändern Sie die Vergangenheit 225
Übung 6: Nehmen Sie die Lern-Herausforderung an 226
Übung 7: Halten Sie Ihre Errungenschaften fest 228
Zusammenfassung 229

Kapitel 13: Bleiben Sie dran 231
Sehen Sie, was man nicht sehen kann: Überwinden Sie die
 Wahrnehmungshindernisse 233
Spüren Sie die Angst: Überwinden Sie emotionale Blockaden 234
Hinterfragen Sie: Überwinden Sie kulturelle Hindernisse 235
Sagen Sie, was Sache ist: Überwinden Sie die Hindernisse in Ihrer Umgebung .. 235
Überwinden Sie intellektuelle Hindernisse 236
Achten Sie auf die unsichtbaren Hindernisse 237

Kapitel 14: Aktivieren Sie täglich Ihre Natürliche Brillanz 241

**Anhang: Erweitern Sie Ihre Fähigkeiten –
 Tips aus dem „Natural Brilliance Retreat"** 245
Neue Wege zum Loslassen 245
Neue Wege des Wahrnehmens 247
Stärken Sie die Körper-Geist-Verbindung: Treten Sie in den Zustand ein 250
Nützliche Körperhaltungen und -übungen 251
Atmen Sie 253
Erreichen Sie Ihre Ziele, ohne sich selbst zu sabotieren 256
Träumen Sie sich Ihren Weg zum Erfolg: Aktivieren Sie Ihre Natürliche Brillanz .. 257
Halten Sie eine Tagesrückschau 259

Literatur 261
Info „Natürliche Brillanz"-Workshops 264

Für Libby, Ben, John und Scott Scheele. Ihr zeigt mir jeden Tag, daß Gott uns allen Natürliche Brillanz schon in die Wiege gelegt hat.

Für Evan und Beth Scheele. Danke für die Ermutigung, meine persönlichen Fähigkeiten zu entdecken und mein Lebenspotential zu entfalten.

Über den Autor

Seine Arbeitszeit verbringt Paul R. Scheele in seinem Büro der Learning Strategies Corporation hoch über dem Minnetonka-See in Wayzata, Minnesota. 1981 war er Mitbegründer dieses Unternehmens, dessen Vorsitzender er ist. Dort arbeitet er an der Unternehmensvision, Innovationen und Techniken, mit deren Hilfe die Menschen ihr volles Potential erfahren können.

Paul R. Scheeles bahnbrechende Entwicklungen waren:

➤ *PhotoReading® Whole Mind System:* Er entwickelte ein Lernsystem, das auch dem Durchschnittsmenschen erlaubt, Texte mit einer Geschwindigkeit von mehr als 25.000 Worten pro Minute zu verarbeiten. PhotoReading® wird weltweit durch lizensierte Trainer und durch den Selbstlern-Kurs „PhotoReading® Personal Learning Course" gelehrt. Er ist ferner Autor des Buches „The PhotoReading® Whole Mind System" (dt.: „PhotoReading. Die neue Hochgeschwindigkeits-Lesemethode in der Praxis", Junfermann Verlag 1995).

➤ *Paraliminal Cassetten:* Mit Hilfe von Audio-Kassetten gibt Paul R. Scheele jedem die Möglichkeit an die Hand, tiefgreifende persönliche Veränderungen, wie z.B. die Veränderung von Glaubensmustern, Eliminierung von Selbstsabotage und positive Veränderungen im Verhaltensbereich, zu erreichen.

➤ *Natural Brilliance:* Blockaden wirken sich nachhaltig negativ auf die persönliche Entwicklung aus. Die Natürliche Brillanz macht es jedem möglich, Blockaden mühelos zu überwinden. Wenn man dies mit PhotoReading® und den Paraliminal Cassetten kombiniert, erleichtert die Natürliche Brillanz den Weg zu noch größerer persönlicher Leistung. Neben diesem Buch ist Paul R. Scheele Autor des Natural Brilliance Personal Learning Course; er bietet ein Fünf-Tages-Intensiv-Seminar an.

Alle Programme, die Paul R. Scheele entwickelte, basieren auf drei höchst effektiven Techniken der Persönlichkeitsentwicklung: dem Neurolinguistischen Programmieren, dem Beschleunigten Lernen* und der vorbewußten Informations-Verarbeitung. Paul R. Scheele erhielt seinen Bakkalaureus der Wissenschaften in Biologie mit dem Schwerpunkt in Psychologie an der University of Minnesota. Ferner machte er seinen Master of Arts zum Thema Lernmethoden für Erwachsene an der St. Thomas University.

Learning Strategies Corporation – als Privatschule lizensiert durch das Minnesota Higher Education Services Office des Department of Education – verlegt, lizensiert und vertreibt die Arbeiten von Paul R. Scheele. Das Unternehmen organisiert ferner weltweit Seminare.

---

* *Anmerk. d. Übers.:* engl. „accelerated learning" = ganzheitliches Lernen; in Europa ist der Begriff „Suggestopädie" dafür gebräuchlich.

Vorwort

Seit meinem 19. Lebensjahr, meinem zweiten Jahr an der University of Minnesota, habe ich mich mit den Techniken des Lernens und der Persönlichkeitsentwicklung beschäftigt. Dabei hatte ich vor allem eine einzige Frage im Kopf: Wie können Menschen am effektivsten lernen, ihre unendlichen inneren Ressourcen zu nutzen, um eine hohe Lebensqualität zu erlangen? Die Entdeckungen, die ich in den letzten 20 Jahren bei der Erforschung dieser Frage gemacht habe, sind in diesem Buch zusammengefaßt: Im 4-Schritte-Modell der Natürlichen Brillanz.

Das Modell der Natürlichen Brillanz zeigt, daß wir in einen natürlichen Prozeß eintreten, wenn wir effektiv lernen. Wenn Sie dieses Buch lesen, werden Sie schnell verstehen, wie Sie es für Ihren eigenen Erfolg nutzen können. In Teil 1 werden Sie etwas über die Natürliche Brillanz erfahren, in Teil 2 werden die Fertigkeiten dazu entwickelt, und in Teil 3 erfahren Sie, wie Sie die Natürliche Brillanz in Ihrem täglichen Leben anwenden können. Es liegt bei Ihnen, so weit zu gehen, wie Sie möchten. Nehmen Sie alle Möglichkeiten wahr, und Sie überwinden die Blockaden auf dem Weg zu Ihrem Erfolg.

In unserem fünftägigen „Natural Brilliance Retreat" lernen die Teilnehmer, ihre Blockaden wahrzunehmen, indem sie die Oszillationen erfahren, die sie seit Jahren blockiert haben. Wenn die Teilnehmer dann körperlich, emotional und intellektuell das Modell durchleben, entdecken sie die Leichtigkeit und Einfachheit, einen weiteren Schritt zu tun, um Balance, innere Stärke und persönliche Kraft zu erlangen. Mit dem direkten Lernen und dem New Option Generator (Generator Neuer Möglichkeiten) – wichtige Werkzeuge der Persönlichkeitsentwicklung, die Sie in diesem Buch erlernen werden – kommen Sie mit Ihrer Genialität in Verbindung. Die Erfolgsgeschichten dieser Teilnehmer werden im Buch erzählt. Wird Ihre Geschichte die nächste sein?

Die Geschichten in diesem Buch und die Ereignisse drumherum sind wahr. In den meisten Fällen habe ich die Namen geändert, um die Anonymität zu wahren. Teilen Sie uns mit, wie Sie das Modell der Natürlichen Brillanz erleben, damit wir Ihre Erfahrungen an andere Menschen weitergeben können.

Genießen Sie es, sich die hohe Lebensqualität zu erschaffen, die Sie sich wünschen.

Paul R. Scheele, M.A.

Danksagungen

Mein größter Dank geht an diejenigen, die mit ihrer Natürlichen Brillanz auf das Modell der Natürlichen Brillanz entscheidenden Einfluß gehabt haben: Bruce Overmier, mein Professor für die Lern-Psychologie an der University of Minnesota, der in meinem Beraterstab mitwirkte und meine Untersuchungen förderte; Dr. John Grinder, Mitentwickler des Neurolinguistischen Programmierens (NLP), dessen persönliche Spitzenleistungen und Ermutigungen mich immer inspiriert haben; Dr. Norman F. Dixon, Freund und Kollege aus England, der bereit war, die Botschaft zu verbreiten, daß der vorbewußte Verarbeitungsmechanismus wirklich existiert; Dr. Frank Smith, ein Psycholinguist, dessen nicht-traditionelle Sichtweise des Lesens und Lernens für die Entwicklung von PhotoReading® eine wichtige Rolle spielte; Dr. Jerry Wellik, Professor, Kollege und Unruhestifter im Bildungswesen, der immer wieder passende Hinweise gab, die mich in meiner Arbeit wachsen ließen; Charles Parry, Meister im Lernen durch Erfahrung, und Linda Shrader, Trainings-Spezialistin, deren brillante Einsichten in der Zusammenarbeit mit mir zur Entwicklung des 4-Schritte-Modells führten, das ich die Natürliche Brillanz nenne; Peter Kline, Experte für integratives Lernen und selbst lebenslanger Lerner, der mich zur Entwicklung des PhotoReading®-Programms anregte und mir seitdem in vertrauter Zusammenarbeit zur Seite steht; Patricia Danielson, Mitentwicklerin des PhotoReading®, danke ich für ihr Engagement beim beschleunigten Lernen und hochqualifizierten Lehren; Chris Sedcole aus Neuseeland, der mich daran erinnerte, daß direktes Lernen möglich ist; Mark Kinnich, Mitbegründer der Learning Strategies Corporation, der mit mir die ersten Modelle für die Überwindung paradoxer Lebensfragen entwickelte; Marcus Wynne, der mich in seine OODA-Schleife einweihte und dabei die natürlichen Parallelen zwischen unseren Arbeiten erläuterte; Mark Orth, der mich mit NLP vertraut machte und bereitwilliger Berater für mich war und mich bei vielen Gelegenheiten an seiner Brillanz teilhaben ließ; Rex Steven Sikes, der brillante Mind-Design- und NLP-Master-Trainer, der erforscht und kraftvoll demonstriert, wie man tiefe Veränderungen bewirkt; Richard Bandler, Mitentwickler der NLP-Techniken, Entwickler des Design Human Engineering, dessen Beiträge für mein Leben zu zahlreich sind, um sie aufzuzählen, für seine Brillanz im Bereich der Persönlichkeitsentwicklung, die ihn als eines der kreativsten Genies unserer Zeit unsterblich macht.

Einen besonderen Dank an die engagierten Fachleute, die ihr spezielles Wissen zum Buch beisteuerten: die Herausgeber Charlotte Ward, Lynette Ayres, Eric Vrooman und Susan Savvas; die Designer Ross Rezac und Marty Skoro; meine internationalen Kollegen, deren Beiträge über das Buch verstreut sind.

Anerkennung gilt auch den Mitarbeitern der Learning Strategies Corporation, die unermüdlich an innovativen Produkten und Dienstleistungen zur Persönlichkeitsentwicklung einzelner Menschen, von Organisationen und Gemeinschaften arbeiten. Hierzu gehören Pete Bissonette, Dave Heit und Bill Erickson.

Zum Schluß gilt meine besondere Dankbarkeit und Bewunderung meinen Partnern in der Learning Strategies Corporation, ohne die Sie nicht die Möglichkeit hätten, Ihr Potential zu erfahren.

Teil Eins

Orientieren Sie sich an Ihrer Natürlichen Brillanz

Gewinnen Sie Ihre Natürliche Brillanz zurück

Sie sind in eine Buchhandlung gegangen, haben ein Buch gekauft und lassen es dann, ohne es zu lesen, einfach herumliegen. Kennen Sie das? Gut, dann lesen Sie dieses Buch und unterbrechen Sie den Teufelskreis guter Vorsätze, die bisher scheiterten. Denken Sie an Zeiten, als Sie Dinge tun wollten, von denen Sie genau wußten, daß Sie sie tun können ... aber immer wieder mißlang es Ihnen, sie auszuführen. Wir wollen sie hier nicht aufzählen, sondern herausfinden, wie Sie das erreichen können, was Sie wirklich wollen.

Es geht uns hier nicht um die Neigung, alles mögliche aufzuschieben. Ich meine vielmehr diejenigen Situationen, in denen *ein Teil von Ihnen aktiv werden möchte*, während gleichzeitig ein anderer Teil von Ihnen zögert, Sie zurückhalten möchte oder Ausflüchte sucht. Meine erste Rede bei Toastmaster's International ist ein perfektes Beispiel. Ein Teil von mir wollte einen guten Auftritt, aber ein tieferer Teil in mir wollte dieser katastrophalen Szene einfach nur entrinnen.

Toastmaster's Club Nr. 814 trifft sich jeden Montagmorgen um 6.30 Uhr (wie grauenhaft ...!), um das Reden in der Öffentlichkeit zu üben. Meine Aufgabe als neues Mitglied lag nun darin, die sogenannte „Eisbrecher"-Rede zu halten und mich damit den anderen 18 Mitgliedern vorzustellen. Ich verbrachte das Wochenende mit Schreiben, Tippen und Perfektionieren meiner Siebenminuten-Rede. Weil ich als Seminarleiter bereits über Präsentationstechniken verfügte, machte ich mir keine Sorgen über das Vortragen einer vorbereiteten Rede.

An diesem Novembermorgen im Jahre 1978 war ich der erste von drei Rednern. Als ich ans Pult ging, stockte mir der Atem und ich fühlte mich wackelig auf den Beinen, als ich meine Notizen ordnete. Meine Nervosität legte sich auch nicht, als ich mit der Rede begann. Meine Stimme klang schnell und hoch. Das Herz schlug mir bis zum Hals, und bald hatte ich das Gefühl, in Ohnmacht zu fallen. Ich hielt mitten im Satz inne, um meine Gedanken zu ordnen, und schaute ins Auditorium. Der Raum verschwamm, alles fing an zu schwanken, und als ich nach unten schaute, entschwanden die Notizen meinem Blick.

Meine merkwürdig lange Pause führte dazu, daß einige Teilnehmer nervös kicherten. Sie warteten darauf, daß ich meinen Satz beendete. Aber sie hatten kein Glück. Ich hatte das Gefühl, daß meine Knie weich würden, wenn ich mich nicht schnell setzen konnte.

„Ich, ich muß mich setzen", stammelte ich zur Entschuldigung. Blaß wankte ich zu meinem Stuhl zurück. Ich hatte keine Erklärung auf die Frage: „Was ist passiert? Sind Sie okay?" Nach dem Meeting half mir die Zusicherung des Präsidenten, ich könne es nächste Woche wieder versuchen, auch nicht viel.

In der folgenden Woche gab es einen Teil in mir, der mich vorwärts drängte. „Ja, das ist etwas, was ich will. Ich will ein besserer Redner werden." Gleichzeitig wollte ein anderer Teil in mir meilenweit weg von Toastmaster's. „Ich kann diese Sache hier und jetzt beenden. Verflixt, bei dieser Rede bin ich fast umgekippt. Schlimmer kann's nicht kommen ... oder doch?" Um mein Versagen abzumildern, setzte ich all meine besten Techniken der Mentalkontrolle ein: Selbsthypnose, Gedanken-Programmierung, Visualisierung und Meditation.

Die gute Nachricht: Es gab keinen unterbewußten Saboteur meines Erfolgs. Die schlechte Nachricht: Die nächste Woche war nicht besser. Ich stand auf, um meine Rede zu halten – gleiche Rede, gleiches Ergebnis. Nur mußte ich dieses Mal schnellstens zur Toilette laufen. Grippe? Ich wünschte es mir. Grippe wäre eine gute Entschuldigung gewesen. Aber glauben Sie mir, es gab keine äußere Ursache für meine offenbare Unfähigkeit, mein Ziel zu erreichen.

Am Ende des zweiten Meetings stand ich auf, noch bevor der Präsident die Gruppe verabschiedete, und fragte: „Möchte noch jemand hierbleiben, damit ich meine verdammte Eisbrecher-Rede beenden kann?" Bis auf drei Mitglieder blieben alle, und ich konnte die Rede ohne Probleme beenden.

John Seaton, der unumstritten beste Toastmaster im Club, kam zu mir und sagte: „Wissen Sie, Paul, ich hatte das gleiche Erlebnis im theologischen Seminar, wo ich meine erste Predigt halten sollte. Ich hielt mich krampfhaft an meiner Kanzel fest und zitterte am ganzen Leib. Mein Professor sagte: ‚John? Wollen Sie nicht fortfahren?' Aber ich konnte nichts sagen, ich konnte nur mit dem Kopf schütteln. ‚John, wollen Sie sich erst einmal hinsetzen?' Ich nickte heftig und stolperte zu meinem Sitz zurück."

„Es hört sich komisch an", fuhr John fort, „aber obwohl ich bereits seit sieben Jahren jeden Sonntag die Predigt hielt, war ich dennoch nervös, als ich hier die Eisbrecher-Rede halten sollte."

Als er sich zum Gehen wandte, wurde mir klar, daß John mir ein großes Geschenk gemacht hatte. Ich wurde gewahr, daß jeder in diesem Raum mir das gleiche Geschenk gemacht hatte. *Es ist völlig in Ordnung, zu lernen, wie man etwas macht!* Dieses Buch hat ein ähnliches Geschenk – ein Geschenk, das Ihnen die besten Mentaltechniken zusammengenommen niemals geben werden. Sie besitzen profunde innere Ressourcen, die Ihnen jetzt zur Verfügung stehen ... aber wenn Sie den Zugang zu ihnen nicht finden, werden sie als großes Potential verschlossen bleiben. In diesem Buch zeige ich Ihnen, wie Sie Ihre Natürliche Brillanz finden und wie Sie sie, mit Hilfe der vier kleinen Schritte, überall in Ihrem Leben einsetzen können.

Ist es nicht paradox? Auf der einen Seite besitzen wir als Menschen erstaunliche Gaben. Wir sind lernende Organismen, hineingeboren in die Welt und so ausgestattet, daß wir Antworten finden auf Probleme, die uns begegnen. Das menschliche Gehirn, der Geist, der Körper und die Emotionen sind so gestaltet, daß wir perfekte Lerner sind. Sie versorgen uns mit all dem, was wir zum Erfolg im Leben brauchen. Auf der anderen Seite ist die tagtägliche Realität für viele von uns, daß wir – trotz all dieser enormen Fähigkeiten – nicht in der Lage sind, wichtige Ziele, die wir uns gesteckt haben, zu erreichen. Hier glauben wir offensichtlich an widersprüchliche Tatsachen. Natürliche Brillanz erklärt, warum diese Widersprüche existieren, und überbrückt unmittelbar die Kluft zwischen unserem Potential und unseren Leistungen.

Wenn ich mich in diesem Text auf Geist oder Körper-Geist beziehe, dann beziehe ich mich auf alle physiologischen, kognitiven und affektiven Prozesse und Verarbeitungsfähigkeiten.

Natürliche Brillanz ist ein Prozeß, der keiner der Techniken gleicht, die Sie vielleicht schon einmal angewandt haben; sie ist ein 4-Schritte-Modell für lebenslanges Lernen, ein Prozeß für kontinuierliche Durchbrüche zum Erfolg in Bereichen Ihres Lebens, in denen Sie bisher blockiert waren. Wie bei einem Rätsel oder einem Puzzle lag die Antwort die ganze Zeit auf der Hand. Wenn Sie schließlich die Antwort entdecken, fragen Sie sich, warum Sie nicht früher darauf gekommen sind.

In diesem Buch werden Sie herausfinden, wie Sie Ihre Genialität befreien können – Ihre Natürliche Brillanz –, um die Barrieren zu überwinden, die Sie in der Vergangenheit gehindert haben, sich auf Ihren Erfolg zuzubewegen.

Schau in beide Richtungen: Lernen auf Anhieb

In Mount Vernon, New York, ereignete sich 1960 folgendes: Ich war fünf Jahre alt und ging die Columbus Avenue entlang. Plötzlich sah ich meinen ältesten Bruder mit seinem Freund auf der anderen Straßenseite beim Zeitungaustragen. Aufgeregt rief ich: „Lee, Lee!" und schwenkte beide Arme, um ihn auf mich aufmerksam zu machen. Als er mich sah und zurückwinkte, rannte ich zwischen zwei parkenden Autos auf die Straße.

Jahrelang hatten mich meine Eltern auf die Gefahren beim Überqueren von Straßen hingewiesen, besonders was die vielbefahrene Columbus Avenue betraf. Aber erst der nächste Augenblick wurde zu einer Lernerfahrung, die sich mir nach all den Ermahnungen für alle Zeit eingeprägt hat. Eine große schwarze Limousine bremste quietschend und versetzte mir einen furchtbaren Stoß, so daß ich der Länge nach auf die Straße fiel. Die nächsten tränenreichen Stunden nach der rasenden Fahrt ins Krankenhaus mit ärztlichen Untersuchungen und Röntgenaufnahmen dienten dazu, die Botschaft zu verdeutlichen: Schau in beide Richtungen, bevor du über die Straße gehst.

Das Lernen auf Anhieb (one-trial learning) ist etwas, das für mich immer seine Faszination bewahren wird. Als ich am College

Lernpsychologie studierte, fragte ich mich: „Wenn wir etwas lernen, wirklich so lernen, daß wir es niemals wieder vergessen, was genau ist dann daran beteiligt?" Wenn es eine natürliche und einfache Methode gibt, uns Zugang zu unserem inneren Lerner zu verschaffen, wie funktioniert sie? Können wir mit solch einer Methode lernen, Probleme zu lösen und Erfolge zu erzielen?

Jahre der Forschung führten zu einer einfachen Antwort: JA! Um das Modell des erfolgreichen Lernens zu entdecken, braucht man sich nur Babys anzusehen. Säuglinge und Kleinkinder sind von Natur aus brillante Lerner. Babies wenden sich dem zu, was sie im Augenblick interessiert. Sie greifen, sehen, fühlen, hören, riechen und schmecken es. Sie benutzen alle ihre Fähigkeiten, und ihre Erfahrungen weisen ihnen den Weg zum Erfolg. Als Erwachsene sind Sie und ich die gleichen großartigen Geschöpfe, mit Körpern und Gehirnen, die genauso effektiv lernen.

Unsere Fähigkeit, zu lernen und unser jeweiliges Verhalten zu beeinflussen, ist gleichermaßen unsere größte Stärke wie auch unser größter Fluch. Als Gewohnheits-Geschöpfe machen wir uns das Überleben leicht und das Leben einfach mit Hilfe täglicher Routinehandlungen, die Programmen für Roboter gleichen. Aber unsere Fähigkeit, zu lernen und Verhaltensweisen zur Gewohnheit werden zu lassen, kann uns auch zur Falle werden.

Stellen Sie sich vor, welch ein Fluch es wäre, wenn wir unser Leben mit einem Roboter verbringen müßten, der falsch programmiert ist. Unsere Fähigkeit, uns schlechte Gewohnheiten anzueignen, kann dazu führen, daß wir uns von unserem eigentlichen Ziel immer weiter entfernen. Beispielsweise lernen wir als Kinder, scharfe und gefährliche Gegenstände zu meiden, bis eines Tages der Zahnarzt sich an unseren Zähnen zu schaffen macht. Ich selbst brachte meinem Sohn Scott so konsequent bei, sich vor Nadeln in acht zu nehmen, daß er schließlich eine Phobie vor Nadeln entwickelte. Glücklicherweise bringen wir als menschliche Wesen jedoch eine einzigartige Fähigkeit mit. Im Gegensatz zu den meisten Kreaturen des Tierreichs haben wir die besondere Gabe mitbekommen, unseren Geist effektiv zu nutzen. Wir haben die Kraft, aus unserem „Roboter"-Ich herauszutreten, unser gewohnheits-

Wir werden nicht mit der Angewohnheit geboren, unsere Zähne zu putzen. Mit ausdauernder Aufmerksamkeit über eine gewisse Zeit haben wir die Gewohnheit des Zähneputzens erst angenommen. Ich wette, daß Sie nie auf die Idee kämen, sich eine Woche lang die Zähne nicht zu putzen.

mäßiges und instinktives Verhalten zu beobachten, Ängste und Phobien zu überwinden und weise unser Leben auf positive Wege zu lenken.

Lyla ist ein typisches Beispiel für den Unterschied zwischen Mensch und Tier. Auf Lyla, der Hündin meines Bruders Glen, lastete ein Segen und ein Fluch zugleich. Diese Mischung aus Labrador und deutschem Schäferhund verschaffte ihr einen weltmeisterlichen Spürsinn. Als Welpe erschrak sie, als Glen versehentlich direkt neben ihr einen Kochtopf fallen ließ. Die Phobie machte sie für die Jagd wertlos, weil sie beim ersten Schuß in Deckung ging, bis Glen sie wieder hervorzog. Das hatte er sich nun gerade nicht vorgestellt, als er sich einen Jagdhund zulegte. Lyla wird nie imstande sein, ihre Ängstlichkeit selbst zu überwinden.

Der Mensch mit seiner Fähigkeit zum Denken in übergeordneten Kategorien hingegen kann seine begrenzenden Verhaltensweisen und seine Ängste überwinden. In diesem Buch können Sie einschränkende Verhaltensmuster, die Sie am Erreichen Ihrer Ziele hindern, erkennen. Mit Hilfe des Modells der Natürlichen Brillanz können Sie sich selbst aus diesen Fallen befreien und den Schatz heben, der in Ihnen schlummert – Ihre brillante Zukunft.

Setzen Sie Ihre Genialität frei und überwinden Sie Oszillationen

Sie können einem alten Hund keine neuen Tricks beibringen. Aber Menschen sind keine alten Hunde, und Bildung ist keine Tüte voller Tricks.

Blicken Sie zurück auf jeden Moment in Ihrem Leben, den Sie, als Sie mit einer Herausforderung konfrontiert wurden, erfolgreich gemeistert haben. Wenn Sie und ich uns die Zeit nehmen würden, diese Ereignisse zu studieren, dann könnten wir ein Modell für effektives experimentelles Lernen erschaffen – ein Erfolgsmodell, mit dessen Hilfe Sie Ihre Genialität freisetzen könnten, wann immer Sie es wünschten. Dieses Buch stellt die Zusammenfassung jahrelanger Studien dieser Art dar, das zu dem einfachen 4-Schritte-Modell der Natürlichen Brillanz führte, und das Sie dazu verwenden können, die Ergebnisse zu erzielen, die Sie sich wünschen.

Unsere Genialität freizusetzen ist aber erst die halbe Geschichte. Meine Kollegen und ich bei Learning Strategies Corporation untersuchten das Verhalten von Menschen, die versagten, und entdeckten ein festes Muster, das unweigerlich zu Blockaden führte – die Unfähigkeit, zu lernen oder sich weiterzuentwickeln. Denken Sie einmal an Probleme in Ihrem persönlichen oder beruflichen Leben, die Sie nicht lösen konnten. Sie werden widersprüchliche Kräfte ausfindig machen. Ein Teil von Ihnen strebt nach vorn zum Erfolg, während ein anderer Teil von Ihnen Sie zurückhält und ein Mißlingen nicht riskieren will. Stimmt's? Das körperliche, mentale und emotionale System oszilliert zwischen Vor und Zurück, bis Ihr Leistungspotential schließlich gelähmt ist. Natürliche Brillanz führt zu einer Lösung dieser Probleme, die Sie bisher nicht bewältigen konnten.

Stellen Sie sich vor, Sie sind in die Welt hineingeboren, handeln aktiv, interagieren mit allem und allen Menschen und befriedigen Ihre Bedürfnisse. Jedesmal, wenn Sie eine starke negative Verstärkung erleben, ist es so, als würde in Ihrer Erfahrung der Welt genau an dieser Stelle ein Stopschild errichtet. Von nun an reagieren Ihr Geist, Ihr Körper und Ihre Emotionen jedesmal mit „Stop!", wenn Sie einer ähnlichen Situation begegnen. Je mehr Stopschilder Sie in irgendeinem Bereich Ihrer Lebenserfahrungen befolgen, um so weniger Bereitschaft, Mut und Kreativität werden Sie im Laufe der Zeit an den Tag legen.

Stellen Sie sich vor, 20 oder 30 Jahre später wollen Sie in bestimmten Bereichen Ihres Lebens bestimmte Dinge erreichen – z.B. Beziehungen, Gesundheit, Finanzen oder Lernerfolg – aber jedesmal, wenn Sie versuchen voranzukommen, werden Sie innerlich davon abgehalten. Das Ergebnis ist, daß Sie zwischen Vor und Zurück schwanken (= oszillieren) und niemals den Durchbruch erreichen.

Oszillation produziert Blockaden – stagnierende Bereiche in unserem Leben. Oszillation und Blockaden verhindern den Zugang zu unserer natürlichen Genialität. Die gute Nachricht lautet jedoch, daß Sie Ihre Natürliche Brillanz wiedergewinnen und die Resultate erreichen können, die Sie sich wünschen.

Ändern Sie Ihre Art, sich zu verändern: Keine Blockaden mehr

Das Modell der Natürlichen Brillanz ist aus meiner jahrelangen Arbeit im Bereich der Persönlichkeitsentwicklung entstanden. Die Untersuchung von funktionierenden oder nicht-funktionierenden Methoden zur persönlichen Veränderung führte zur Entdeckung eines Musters. Durch das Modell der vier Quadranten werden Sie vielleicht zum selben Schluß kommen.

Auf die x-Achse schreiben Sie die „gegenwärtige Situation" und die „zukünftige Situation", auf die y-Achse die „positiven Erfahrungen" und die „negativen Erfahrungen". Das sieht so aus:

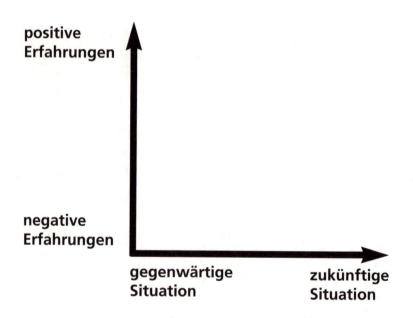

Wenn Sie nun auf diese Achsen ein Gitter legen, dann erkennen Sie eine klare Anweisung für das Herantasten an persönliche oder berufliche Veränderungen. Es ist einleuchtend, daß jeder, der negative Erfahrungen gemacht hat, sich davon weg in Richtung auf zukünftige positive Erfahrungen bewegen will. Die Bewegung weg von einer negativen hin zu einer positiven Erfahrung ist die Basis fast aller mentalen Entwicklungs- und persönlichen Erfolgsstrategien. Die Ratschläge hierfür wurden für Milliarden Dollar verkauft an Menschen, die ihr Leben nach diesem simplen Modell besser gestalten wollten:

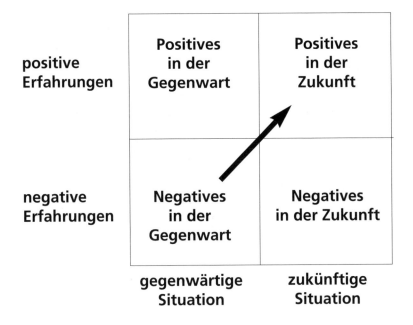

Unglücklicherweise läßt ein derartig eindimensionaler Veränderungsprozeß zwei enorme Lücken offen. Erstens riskiert man, die *gegenwärtigen positiven Erfahrungen zu verlieren*, die in Ihrer gegenwärtigen Lebensweise liegen. Egal, wie schlecht die Dinge liegen, es gibt einen „sekundären Gewinn" oder irgendeine Befriedigung in der gegenwärtigen Situation. Zweitens trägt eine solche eindimensionale Veränderung nicht der Möglichkeit Rechnung, daß *auch negative Erfahrungen in der Zukunft* geschaffen werden. Mit anderen Worten: Die Kirschen in Nachbars Garten sind nicht unbedingt immer süß.

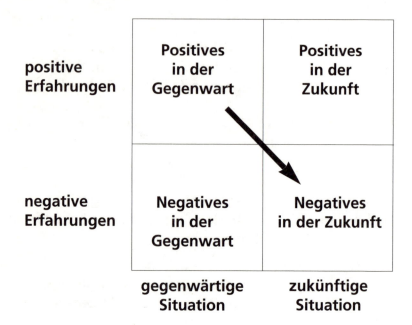

Ein Modell der Persönlichkeitsentwicklung muß alle vier Quadranten des Gitters berücksichtigen. Tut es das nicht, dann werden die enormen negativen Konsequenzen, also der Verlust der positiven Erfahrungen in der Gegenwart und die gleichzeitige Erschaffung negativer Konsequenzen in der Zukunft, dazu führen, daß der ahnungslose Aspirant, der seine persönliche Veränderung zum Ziel hat, in Oszillation gerät.

Vielleicht haben Sie schon einmal an einem Ein-Tages-„Erfolgs-Seminar" teilgenommen, wo charismatische Redner Sie in einen

„Positiv-Denken"-Taumel hineingepeitscht haben. Wie kommt es, daß der Effekt nur drei Tage lang anhält? Weil der Druck der beiden unberücksichtigten Quadranten Sie bewußt und unbewußt zurückholt in Ihre gewohnten Blockaden. Sogar die Unabhängigkeitserklärung spricht davon: „... und folglich hat alle Erfahrung gezeigt, daß die Menschheit eher zum Leiden bereit ist, solange die Mißstände noch eben zu ertragen sind, anstatt ihre Rechte einzufordern und dabei Althergebrachtes abzuschaffen."

Um das endlose Oszillieren und Stagnieren in Blockaden zu unterbrechen, muß ein Modell zur menschlichen Entwicklung und Veränderung alle vier Quadranten berücksichtigen. Man muß am Positiven in der Gegenwart festhalten, während man das Negative in der Gegenwart eliminiert. Gleichzeitig muß man das Positive in der Zukunft maximieren und das Negative in der Zukunft minimieren. Natürliche Brillanz tut dies und noch mehr.

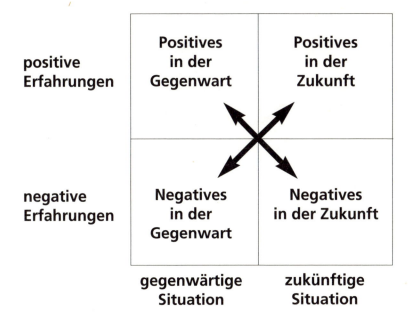

Die Anwendung des Modells der Natürlichen Brillanz hilft Ihnen, in Lebensbereichen zu wachsen, in denen es Ihnen bisher noch nie gelungen ist. Mit den spannenden Prozessen in Teil 3 dieses Buches können Sie die blockierenden Stopschilder entfernen und

Ihren Körper und Geist mit neuen Wahlmöglichkeiten und neuen Wegen zum Erfolg vertraut machen.

Es folgt ein Überblick über das Modell der Natürlichen Brillanz, so daß Sie diejenigen Veränderungen, die Sie sich in Ihrem Leben wünschen, erfolgreich durchführen können.

Entdecken Sie das 4-Schritte-Modell der Natürlichen Brillanz

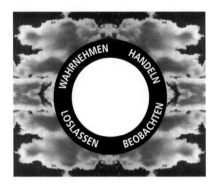

Wenn Sie das 4-Schritte-Modell der Natürlichen Brillanz bewußt benutzen, finden Sie den Weg aus den Blockaden heraus, indem Sie das Modell des natürlichen Lernens anwenden, das der Körper-Geist benutzt, um Lernerfolge zu erzielen. Immer wenn Sie merken, daß Sie in einen Blockadezustand geraten, können Sie den normalen Gang der Dinge umkehren, um weg vom Versagen hin zum Erfolg zu gelangen.

Zu behaupten, daß Sie jedes Problem, das auf Sie zukommt, lösen können, ist kühn. Seit den frühen 80er Jahren liegt der Schwerpunkt meiner Arbeit auf kreativer Problemlösung, auf dem Denken in höheren Ordnungen und auf der Lösung paradoxer Probleme. In diesen Jahren habe ich ein Modell entwickelt, das beschreibt, wie man erfolgreich lernt. Ich freue mich sehr, Ihnen dieses 4-Schritte-Modell jetzt vorzustellen.

Es ist sehr einfach. Die einzelnen Schritte sind: Loslassen, Wahrnehmen, Handeln und Beobachten. In den Kapiteln 4 bis 8 werde ich jede Stufe ausführlich beschreiben.

Loslassen

Der erste Schritt – Loslassen – läßt den Streß aus dem körperlichen System abfließen. Die Entspannung von Körper und Geist ist

der entscheidende erste Schritt, um den optimalen Lernzustand zu erreichen – entspannte Wachheit.

Anspannung und Widerstand charakterisieren eine Person, die versucht, die gegenwärtige Situation zu ändern. Oft strengt sie sich besonders an, um zu vermeiden, daß die Sache noch schlimmer wird. Paradoxerweise führt fast alles, was jemand instinktiv unternimmt, um eine Situation zu retten, zur Verschlechterung der Situation, ebenfalls kann die beste Lösung eine kontra-intuitive, also das Gegenteil von dem sein, was einem zuallererst dazu einfällt.

Wenn Sie Autofahren mit einem normalen Schaltgetriebe gelernt haben, dann erinnern Sie sich sicherlich, wie angespannt Sie während der ersten Fahrstunde waren. Denken Sie an Ihre erste Reaktion, als Sie merkten, daß Sie an der Ampel halten mußten, und zwar am Berg, und die Autos hinter Ihnen fuhren ganz dicht auf. Anspannung in Ihren Armen und Beinen. Panik in der Magengegend. Sie versuchten, alles perfekt zu kontrollieren. All dies machte es so gut wie unmöglich, erfolgreich zu sein. Ich erinnere mich an einen Mann, der in einer solchen Situation die Warnblinklichter einschaltete, die Handbremse anzog und aus seinem Kleintransporter ausstieg, weil er *wußte*, daß er versagen würde.

Anspannung und Streß verursachen eine Verengung unseres Aufmerksamkeitsfokus. Wir kümmern uns um Details und vergessen dabei das Gesamtbild. Es ist fast unmöglich, unser eigenes paradoxes Handeln wahrzunehmen. Wir sind zu nahe am Problem und in unserem oszillierenden System zu sehr verhaftet. Der Durchbruch geschieht dann, wenn wir in der Lage sind, die folgende Verbindung herzustellen: Unsere Versuche, alles unter Kontrolle zu halten, stehen im diametralen Gegensatz zu unserer Fähigkeit, uns genügend zu entspannen, damit wir die Kontrolle behalten.

Sie können auf unterschiedliche Art loslassen. Das Verändern von Körperhaltung, der Augenfokus, Atmung und Gedanken können einen beruhigenden Effekt haben. Wenn Sie den Streß aus Ihrem Körper und Geist abfließen lassen, dann dämpfen oder minimieren Sie automatisch die Oszillation, die Sie in Ihrer

Blockade hält. Gleichzeitig können Sie Ihre natürliche Sinnesschärfe wiederherstellen.

Die menschlichen Sinnessysteme sind in der Lage, winzige Veränderungen in der Welt um uns herum und in uns wahrzunehmen. Anspannung blockiert diese Fähigkeit. Lassen Sie los: Gehen Sie mit Ihrer Stirn weit genug vom Baum weg, um zu erkennen, daß Sie im Wald stehen, und sofort werden Wahlmöglichkeiten auftauchen. Wenn Ihre Sinnessysteme wieder eingeschaltet sind, wird der zweite Schritt des Modells möglich. Treten Sie aus Ihrem Tunnelblick heraus, und die Welt öffnet sich.

Wahrnehmen

Wahrnehmen bedeutet, in einen Zustand erhöhter Bewußtheit einzutreten und den Informationen der gegenwärtigen Situation Aufmerksamkeit zu schenken. Wenn Sie auf Ihre Sinneseindrücke achten, dann schaffen Sie auf natürliche Weise kreative Wahlmöglichkeiten und vielversprechende Antworten.

Die Lebensgeschichte von Helen Keller* beschreibt das ursprüngliche Lebensbedürfnis des menschlichen Organismus – die eigene Welt zu verstehen. Das menschliche Gehirn hat die Eigenschaft, Muster zu bilden. Es tut, was es kann, um die hereinkommenden Sinneswahrnehmungen zu verschlüsseln und zu organisieren. Informationsverarbeitung ist seine Aufgabe. Trotz Helens begrenzter Sinneswahrnehmung (Blindheit und Taubheit) besaß sie den tiefen Drang, die Welt um sich herum zu verstehen.

Als die junge Helen schließlich verstand, was ihre Lehrerin Anne Mansfield Sullivan ihr beizubringen versuchte, veränderte sich alles in ihrem Leben. Wenn Sie die „Helen Keller Story" mit Patty Duke, die die junge Helen spielt, gesehen haben, dann wissen Sie, welch ein herzzerreißender Moment es ist, als sie die Verbindung zwischen Handlungen und Bedeutungen herstellt.

„Eines Tages reichte mir die Lehrerin eine Tasse und buchstabierte das Wort. Dann goß sie eine Flüssigkeit in die Tasse und buchstabierte das Wort W-A-S-S-E-R. Sie sagt, ich hätte verwirrt

* Anm. d. Übers.: Keller, Helen, Amerikanische Schriftstellerin, geb. 27.6. 1880, gest. 1.6. 1968. Seit dem 2. Lebensjahr blind und taub. Die Geschichte von Helen Keller wird in dem Buch „Kreativität entdecken" von Daniel Goleman ausführlich beschrieben.

ausgesehen. Ich verwechselte die beiden Wörter – statt Wasser buchstabierte ich Tasse und statt Tasse Wasser. Schließlich wurde ich wütend, weil Miss Sullivan die Wörter ständig aufs neue wiederholte. Verzweifelt führte sie mich in das elfenbeinverzierte Pumpenhaus und ließ mich die Tasse unter das Rohr halten, während sie pumpte. Nachdrücklich buchstabierte sie mit der anderen Hand W-A-S-S-E-R. Ich stand still und konzentrierte mich mit allen Sinnen auf die Bewegungen ihrer Finger. Während das kühle Naß über meine Finger strömte, regte sich plötzlich etwas in meinem Bewußtsein, eine verschwommene Ahnung, eine blasse Erinnerung. Es war, als wäre ich nach dem Tode wieder zum Leben erwacht."

„W-A-S-S-E-R." Die Zeichensprache in ihrer Hand, das Gefühl des fließenden Wassers aus der Pumpe, die Form des Wortes in ihrem Mund – all das verband sich miteinander. Dann fiel der Rest von Helens Welt wie eine Kaskade in sich zusammen, und die einzelnen Muster begannen ein zusammenhängendes Ganzes zu bilden.

Die Verarbeitungsgeschwindigkeit des Gehirns ist gewaltig. Das innere Bewußtsein stellt Assoziationen viel schneller her, als der bewußte Verstand sie nachvollziehen kann. Wenn Sie die richtige Richtung vorgeben, können inneres Bewußtsein und bewußter Verstand* zusammen praktisch jede Aufgabe meistern.

Der Schritt des Wahrnehmens schließt das Gewahrwerden dessen, was sich um uns herum und in uns ereignet, mit ein. Wir haben fünf physische Sinne zum Wahrnehmen unserer äußeren Umwelt. Zu jedem dieser Sinne gibt es im Gehirn ein passendes Verarbeitungssystem. Die externe Sinneswahrnehmung umfaßt alle Informationen, die über unsere fünf Sinne aufgenommen werden. Die interne Wahrnehmung umfaßt innere Bilder, Vorstellungen, Erinnerungen, emotionale Gefühle, erinnerte taktile Körperwahrnehmungen, innere Dialoge, Stimmen und andere Geräusche, sogar Erinnerungen an Geschmackseindrücke und Gerüche.

Aufgrund der reichhaltigen Informationen aus unseren externen und internen Erfahrungen treffen wir Entscheidungen und reagieren auf Menschen und Ereignisse. Sie können auch einen

---

* Anm. d. Übers.: Das engl. Wort „mind" umfaßt im Deutschen in etwa *Geist, Verstand, Gedächtnis, Gehirn, Bewußtsein*. Der Autor gebraucht die Begriffe „conscious mind" im Gegensatz zu „inner mind" oder „other-than-conscious mind". Paul Scheele spricht absichtsvoll nicht von „Un-" oder „Unter-"bewußtem. Diese Präfixe bezeichnen in der Regel etwas, das geringer oder weniger wert ist. „Inner mind" bzw. „other-than-conscious mind" bezeichnet jedoch das unendlich viel größere Potential in uns. Daher wurden – wie bereits in der Übersetzung des Buches „PhotoReading" – im Deutschen entsprechend die Begriffe „bewußter Verstand" im Gegensatz zu „inneres Bewußtsein" gewählt.

neuen Standpunkt, eine neuartige Sichtweise aufbauen, anstatt sich zu blockieren. Sie können sich selbst in der Situation beobachten, in der Sie gerade etwas tun.

Der Vorteil dieser Wahrnehmungsposition „von außen" liegt darin, daß er Ihnen die Möglichkeit der Balance eröffnet. Denken Sie mal an eine Wippe oder Schaukel auf dem Spielplatz, als Sie noch ein Kind waren. Stellen Sie sich vor, Sie versuchen, das Ding auszubalancieren, indem Sie darauf von einem Ende zum anderen laufen. Nun hüpfen Sie herunter und versuchen eine neue Variante – neben dem oszillierenden System. Diesmal benutzen Sie Ihre Hände, um die Schaukelbewegung zu dämpfen und die Wippe ins Gleichgewicht zu bringen.

Durch die Kombination der ersten beiden Schritte, Loslassen und Wahrnehmen, erreichen Sie den optimalen Lernzustand, den Zustand entspannter Wachheit. Wenn Sie diese entspannte Wachheit entwickelt haben und damit Ihre Informationsbasis verbreitert haben, können Sie aus der so gewonnenen Vielzahl an Möglichkeiten neue Handlungs- und Reaktionsweisen wählen.

Handeln

Jedes Handeln vergrößert entweder die Oszillation und damit die Unfähigkeit des Fortkommens, oder es dämpft die Oszillation und vergrößert die Bewegung in Richtung auf ein befriedigendes Ergebnis. Schritt 3 bedeutet eine Handlungsweise zu entwickeln, mit der Sie entdecken, wie die Dinge sich zum Guten oder zum Schlechten verändern.

Gemäß den Newtonschen Gesetzen der Physik hat alles, was Sie tun, eine Wirkung. Das Ziel jeglichen Tuns ist, sich aus der Blockade zu befreien, um die Wirkung neuen Handelns zu beobachten, ganz gleich, ob es positiv oder negativ ist.

Wenn Kinder laufen lernen, tun sie alles spielerisch, immer den Erfolg vor Augen. Ich liebte es, meinen Söhnen als Kleinkindern zuzuschauen. Ich erinnere mich an den Moment, als Ben das erste Mal an der Couch stand und auf seinen pummeligen Füßchen triumphierend balancierte, ohne sich festzuhalten. Sein stolzes Lächeln und seine glänzenden Augen waren der unverkennbare Beweis seiner Freude am Lernen. Er begann auf und ab zu hüpfen, wobei er wie ein Turner Kniebeugen machte. Hatte er zuviel Schwung, verlor er seinen Halt und fiel hin. Kein Problem für ihn. Er stand sofort auf und versuchte es wieder.

Und eines Tages hatte er seine Muskeln so koordiniert, daß er allein das Gleichgewicht halten konnte. Auf seinen Beinchen stürmte er dann über den Teppichboden auf eine Art, die mehr einem kontrollierten Fallen als einem Laufen glich. Ganz konzentriert entwickelte er dann ohne Hilfe das Anhalten, Starten und Gleichgewichthalten weiter. Fallen war ein wichtiges Feedback, es war kein Versagen, sondern vielmehr ein wichtiger Bestandteil des Lernprozesses.

Das Wichtigste beim dritten Schritt ist, tatsächlich etwas zu tun. Handeln macht die Situation besser oder auch nicht. In jedem Fall sorgen Bewegungen im System für reales und unmittelbares Feedback.

Wenn Ihr Gehirn erst einmal feststellt, daß Handeln (oder Nicht-Handeln) Ihre Situation verbessert oder verschlechtert, dann ist das der Beginn der Veränderung und der erste Schritt, Kontrolle über die gewünschten Ergebnisse zu gewinnen. Wenn Sie das Gefühl bekommen, Ihr Leben zum Besseren wenden zu können, dann können Sie damit eine positive Wirkung erzeugen, die Selbstvertrauen und Selbstachtung aufbaut. Indem Sie die Ergebnisse Ihrer Aktionen beobachten – der vierte Schritt dieses Modells –, übernehmen Sie die Verantwortung dafür, daß der Erfolg, den Sie sich wünschen, eintritt.

> „Das Leben besteht aus Millionen von Augenblicken, aber wir leben immer nur einen dieser Augenblicke nach dem anderen. Indem wir beginnen, diese Augenblicke zu verändern, verändern wir unser Leben."
>
> D. Trinidad Hunt in „Remember to Remember Who You Are"

Beobachten

In Schritt 4 finden Sie eine nicht-urteilende Position, von der aus Sie beobachten können, wie Lernen stattfindet. Es spielt keine Rolle, ob Ihr Handeln beim Schritt 3 zum Erfolg geführt hat oder nicht. Wichtig ist nur, Feedback zu erhalten, das zum Lernen führen kann.

Auf dieser Stufe sind die Gefühle Sicherheit und Glück. Emotionale Sicherheit und ein Gefühl des Glücks waren die wesentlichen Komponenten meiner Toastmaster-Erfahrung. Dies zu erleben wird für Sie ein wichtiger Beweis dafür sein, daß Sie einen Durchbruch geschafft haben.

Überlegen Sie einmal, wie Babys lernen, ihre Muttersprache zu sprechen. Sie besitzen eine hohe innere Motivation zum Lernen. Sie leiten den Lernprozeß selbst ein und sind dabei von deutlich sichtbaren Vorbildern umgeben. Unbegrenzte Wiederholungen sind in Ordnung, und jeder Ton, den sie aussprechen, produziert ein Ergebnis und keinen Fehlschlag. Für ihre Bemühungen bekommen sie reichhaltige Unterstützung, Belohnungen in angemessenen Abständen und unmittelbares Feedback. Alles, was sie lernen, ist relevant. Sie stellen ihren Erfolg niemals in Frage, sie erwarten ihn einfach.

Wünschen Sie sich einen Durchbruch zu einer neuen Leistungsstufe? Das Modell der Natürlichen Brillanz leitet Sie an, sich die Sicherheit und das Glücksgefühl Ihrer eigenen natürlichen Lern-Genialität zurückzuerobern und zu kultivieren.

Bedenken Sie, daß keine andere Lernaufgabe so komplex ist wie das Erlernen einer Sprache. Ist Ihnen bewußt, daß Sie viele Sprachfertigkeiten erworben haben, lange bevor Sie in die Schule kamen?

Unglücklicherweise erinnern sich viele Menschen an die Schule als an einen Ort, wo sie Verletzungen erlebt haben. Die Natürliche Brillanz wird Ihnen helfen, Ihre Verletzungen zu überwinden und sie durch das kraftvolle Gefühl von Sicherheit und Glück zu ersetzen.

Wenn Babys sprechen lernen, dann tun sie das sozusagen in Eigenregie. Ihre Selbstachtung wächst mit dem Lernen. Die große Gelegenheit für Sie als Erwachsener besteht darin, Tag für Tag Ihre ständig stattfindenden Lernprozesse zu beobachten. Wenn Sie die Natürliche Brillanz in sich entwickeln, dann werden die Resultate Licht in Ihr Leben bringen.

Gewinnen Sie durch Natürliche Brillanz und gehen Sie darüber hinaus

Die vier Schritte der Natürlichen Brillanz – Loslassen, Wahrnehmen, Handeln und Beobachten – sind alles Fertigkeiten, die Sie bereits zu einem bestimmten Grad entwickelt haben. Dieses Buch wird Ihnen zeigen, wie Sie Ihre Natürliche Brillanz so aktivieren können, daß Sie unmittelbare Erfolge erzielen.

Lassen Sie Ihre Natürliche Brillanz durch alle Bereiche Ihres Lebens scheinen. Sie können die Oszillationen und die Blockaden überwinden, die Sie bisher vom gewünschten Erfolg abhielten. Im nächsten Kapitel werden Sie mit Riesenschritten der Freisetzung Ihrer Genialität näherkommen. Ich werde genau darlegen, wie die Blockaden in Ihrem Leben funktionieren und werde dann fünf Prinzipien erläutern, die die Natürliche Brillanz zu einem effektiven Modell für Ihre eigene Entwicklung machen.

Teil 2 dieses Buches wird Sie in alle Bestandteile des Modells der Natürlichen Brillanz einweisen, inklusive der vier Schritte und der drei wesentlichen Einstellungen, die wichtig sind, um das Modell effektiv anzuwenden. Die einzelnen Kapitel sind so geschrieben, daß Sie bestimmte Fähigkeiten unmittelbar umsetzen, damit Sie Ihre gewünschten Resultate erhalten können.

Teil 3 bietet hocheffektive neue Techniken, Schritt-für-Schritt-Prozesse, die Sie aus den nutzlosen Blockaden herausholen und paradoxe Probleme lösen, die Sie bisher davon abgehalten haben, Ihre persönlichen und beruflichen Ziele zu erreichen, und die Ihre Genialität aktivieren. Sie werden sich die Methode des Direkten Lernens, der kreativen Problemlösung und des „New Option Generator" gründlich aneignen, so daß Sie kühn darangehen können, Ihr Leben so zu gestalten, wie Sie es sich wünschen.

Aktivieren Sie Ihre Genialität durch direktes Lernen

Direktes Lernen ermöglich es Ihnen, schriftliches Material aller Wissensgebiete mit einer Geschwindigkeit von 25.000 Wörtern pro Minute direkt in Ihre Neurophysiologie zu übernehmen. Denken Sie einmal, wie wundervoll es wäre, wenn Sie die besten Ideen der Welt in Ihre eigene Datenbank runterladen können. Mit PhotoReading® schicken Sie wertvolle Informationen direkt in Ihr inneres Bewußtsein. Danach aktivieren Sie durch die Anwendung der Technik des Direkten Lernens effektive neue Verhaltensweisen direkt in Ihr tägliches Leben hinein, um so die neuen gewünschten Resultate zu erzielen. Direktes Lernen steht an der Spitze der Techniken zur Persönlichkeitsentwicklung, da es auf einfache und bequeme Art und Weise immense Erfolge ermöglicht.

Wenn Sie Ihr inneres Bewußtsein als Verbündeten in Ihrer persönlichen und beruflichen Entwicklung annehmen, dann können Sie damit beginnen, sich in Riesenschritten Ihren Zielen zu nähern. Der Spaß des Direkten Lernens liegt darin, daß persönliches Wachstum fast anstrengungslos geschieht.

Das PhotoReading® Whole Mind System wurde von Paul Scheele Mitte der 80er Jahre entwickelt. Es beschleunigt den Leseprozeß ohne Schnellesen und führt zu größerem Verständnis und größerer Verfügbarkeit des Gelesenen.

Lösen Sie das eigentliche Problem

Kapitel 11 „Gehen Sie paradoxe Probleme mit Hilfe kreativer Problemlösungsstrategien an" stellt einen wichtigen Prozeß zum Verständnis und Auflösen paradoxer Probleme vor. Es zeigt Ihnen, wie man persönliche Probleme so definiert, daß Sie nur solche Lösungen erzeugen, die funktionieren. Es enthüllt die Geheimnisse, wie man Probleme löst, die unlösbar erschienen, ganz egal, was Sie in der Vergangenheit schon alles ausprobiert haben.

Haben Sie schon einmal hart an der Lösung eines Problems gearbeitet, nur um festzustellen, daß dieses Problem ein oder zwei Wochen später wieder auftaucht? Schlankheitskuren sind ein klassisches Beispiel für enorme Mühen, auf die wieder das gleiche Problem folgt. Oftmals nimmt man 10 Pfund ab, um kurz darauf gleich wieder 12 oder 15 Pfund zuzunehmen. Einige Probleme bescheren uns eine endlose Achterbahnfahrt. Jahr für Jahr stehen wir vor dem gleichen Problem – häufig noch in verstärktem Maße.

Wenn man weiß, wie solche Probleme zu definieren und anzugehen sind, läßt sich das Ziel eines langfristigen Lösungserfolges schließlich erreichen, und zwar mit Hilfe der kreativen Problemlösungen.

Schaffen Sie neue Wahlmöglichkeiten

Der „New Option Generator", der in 15 Jahren entwickelt wurde, wird in Kapitel 12 erläutert. Es handelt sich dabei wohl um die effektivste Technik, die es gibt, um wirkliche Durchbrüche zu erreichen. Der Prozeß besteht aus sieben Übungen, die Sie Schritt für Schritt von der Blockade zur persönlichen Höchstleistung führen.

Der „New Option Generator" integriert das Wissen und die Fertigkeiten, die Sie aus dem gesamten Buch lernen. Er erweitert das Modell der Natürlichen Brillanz, indem er Ihnen ganz reale Ergebnisse vor Augen führt, die eintreten, wenn Sie den Zustand der Oszillation loslassen, neue Wahlmöglichkeiten wahrnehmen, mit Engagement auf gewünschte Ziele zugehen und aufmerksam die Ergebnisse beobachten, die Sie erreichen. Wenn Sie die Übungen für diesen Prozeß machen, werden die Stopschilder verschwinden, die Sie bisher vom Erfolg abgehalten haben, und endlich tritt dann das Potential in Erscheinung, das wirklich in Ihnen steckt.

Zusammenfassung

Haben Sie bereits ein Gefühl dafür bekommen, wie Ihnen dieses Buch dabei helfen wird, Ihre Natürliche Brillanz zu entdecken? Dieses erste Kapitel hat Sie mit den Techniken bekanntgemacht, die Ihnen helfen werden, dieses Modell in die Tat umzusetzen. Natürliche Brillanz ist eine Methode für lebenslanges Lernen, die schrittweise umgesetzt werden kann. Machen Sie sich mit dem Modell und seinem Nutzen vertraut, indem Sie Teil 1 lesen: „*Orientieren Sie sich an Ihrer Natürlichen Brillanz*". Um die einzelnen Fertigkeiten der Natürlichen Brillanz zu erlernen und ihre Vorzüge in Ihrem täglichen Leben zu entdecken, lesen Sie Teil 2: „*Erwerben*

Wenn Sie ein Jahr lang die periodisch erscheinenden Updates erhalten möchten, rufen Sie einfach an oder schreiben Sie uns unter Angabe dieses Buches. Sie werden über Produkte und Seminare informiert, die Ihnen dabei helfen, Ihr Potential zu erleben.

**Learning Strategies Corporation
900 East Wayzata Boulevard
Wayzata, Minnesota
55391-1836
USA
Tel. 001 (612) 476-9200
Fax 001 (612) 475-2373**

Sie das Handwerkszeug der Natürlichen Brillanz" und machen Sie die vorgeschlagenen Übungen. Um Ihre bisher erreichte Natürliche Brillanz zu bereichern und den maximalen Gewinn daraus zu ziehen, lesen Sie Teil 3: *„Setzen Sie die Natürliche Brillanz ein"*.

Was erhoffen Sie sich von Ihrer Auseinandersetzung mit der Natürlichen Brillanz? Bestimmen Sie Ihre Absicht und gehen Sie so an das Buch heran, wie es Ihnen am besten erscheint. Vor allem: Viel Spaß!

Verstehen Sie Ihre Blockaden

Sie wissen, daß Sie Ihr Leben ändern müssen, wenn Sie nicht da sind, wo Sie sein wollen. Wenn Ihr gegenwärtiger Zustand nicht mit Ihrem gewünschten Ergebnis übereinstimmt, setzen Sie sich ein Ziel, indem Sie sich fragen: „Was will ich?" Nachdem Sie ein gewünschtes Ergebnis definiert haben, erreichen Sie dieses Ziel, indem Sie die Lücke zwischen dem, wo Sie sich jetzt befinden und dem, wo Sie sein möchten, schließen. Mit Hilfe der vier Schritte der Natürlichen Brillanz schaffen Sie einen eleganten Weg, um all das zu erreichen, was Sie wollen.

Wenn Ihre Gedanken, Gefühle und Handlungen erfüllt sind von dem Ziel, Ihr neues Leben so zu leben, wie Sie es sich wünschen, „magnetisieren" Sie sich – Sie werden all das anziehen, was Sie brauchen. Es ist gleichermaßen erstaunlich und wunderbar, wie Ressourcen in Ihr Leben kommen, um diese Lücke zu füllen. Das Leben kann wundervoll sein und voller Leichtigkeit, aber manchmal – trotz größter Anstrengungen – gleicht die Reise einem einzigen großen Stopschild. Sie wissen, was Sie wollen, aber es scheint Ihnen nicht zu gelingen, daß sich die erwünschten Ergebnisse zeigen.

In diesem Kapitel werden Sie lernen, warum es Blockaden überhaupt gibt, wie sie sich multiplizieren, was sie so hartnäckig macht und welche Möglichkeiten Sie haben, diese Blockaden zu überwinden. In Teil 2 werden Sie entdecken, wie Sie Ziele erreichen können, wenn nichts von dem, was Sie bisher versuchten, gefruchtet hat. Sie werden herausfinden, was Sie angesichts einer Blockade tun können, um Ihre Genialität zu aktivieren.

Analysieren Sie Ihre Blockaden und machen Sie den ersten Schritt über die Schwelle

Brian betrat den Saal durch die Hintertür. „Bleiben Sie genau dort stehen", sagte ich ihm durch mein Mikrophon. Die 250 Manager, die im Saal saßen, drehten sich zu ihm um. Ich erklärte ihm: „Die

Gruppe hat sich auf eine einfache Aufgabe geeinigt, die Sie in diesem Raum ausführen sollen. Sie sollen herausfinden, was das ist, und es dann tun. Die einzige Information, die Sie bekommen, ist das Läuten der Glocke, jedesmal wenn Sie etwas falsch machen."

Nachdem er sich freiwillig für eine Übung gemeldet und den Raum verlassen hatte, beschloß die Gruppe, daß er zum Flip-Chart gehen und das Blatt umdrehen sollte.

Brian ging nach vorn. Er drehte sich nach links und die Glocke läutete: „FALSCH!" Er blieb stehen. Dann ging er zögernd auf den Flipchart zu. Alle schauten schweigend zu, als er sich vom Flipchart ab- und der Bühne zuwandte. Die Glocke stoppte ihn mitten in der Bewegung. Er schaute sich um, ohne die Füße zu bewegen, drehte sich vorsichtig um und steuerte geradewegs auf den Flipchart zu. Keine Glocke. Als er am Flipchart vorbei zum Overhead-Projektor ging, bekam er wieder die Glocke zu hören und blieb vor dem Flipchart stehen. Noch vorsichtiger nahm er einen roten Stift und: „GLOCKE!" Er legte ihn schnell wieder hin. Er versuchte einen schwarzen Stift. „GLOCKE!" Und nachdem er mit dem blauen und grünen Stift jedesmal die gleiche Reaktion erhalten hatte, drehte Brian sich frustriert zum Publikum. „GLOCKE!"

Jetzt stand er wie eingefroren mit dem Rücken zum Flipchart, unfähig, sich zu bewegen. Nach ein oder zwei zermürbenden Minuten qualvoller Stille meinte Brian: „Ich gebe auf!"

Ich sah auf meine Uhr und notierte die verstrichene Zeit – fünf Minuten. Ich bedankte mich bei Brian und sagte zu ihm: „Sie haben das hervorragend gemacht, genau das, was ich erhofft hatte. Setzen Sie sich bitte wieder hin. Ich werde Ihnen später mehr darüber erzählen."

„Nun, wer ist der nächste Freiwillige?" Jetzt wurde es ganz still im Publikum. Nach einem eher frostigen Schweigen stand eine Frau mit Namen Jean entschlossen auf. „Prima", sagte ich und wies sie an, den Raum zu verlassen, so wie Brian vorher.

Die Gruppe entschied, daß Jean zu einem Tisch in der Nähe des Pults gehen und sich dort ein Glas Wasser einschenken solle. Als Jean wieder hereinkam, erklärte ich ihr die Aufgabe: „Wie für unsere erste Versuchsperson hat die Gruppe auch für Sie eine Aufgabe bestimmt. Aber diesmal werde ich jedesmal klingeln, wenn Sie etwas richtig machen."

Mit dem bestätigenden Läuten der Glocke bei jedem Schritt nach vorn ging Jean mit sicheren Schritten auf das Wasser zu. Als sie nach links abbiegen wollte, hörte die Glocke auf. Das brachte sie wieder auf die richtige Fährte. Sie erblickte den Krug und ging auf ihn zu. Als sie weiterhin das ermutigende Läuten hörte, hob sie ihn hoch und schenkte ein Glas Wasser ein. Jeder im Saal spendete stürmischen Beifall, während Jean sich umdrehte und den Applaus entgegennahm. Sie trank ungläubig das Wasser, und jeder lachte herzhaft mit.

„58 Sekunden von der Tür bis zum Einschenken", sagte ich, während ich auf die Uhr schaute. Einige der Anwesenden bestanden darauf, daß wir auf den Erfolg anstoßen sollten. Also schenkte Jean ein zweites und ein drittes Glas ein, gab Brian eins und mir das andere. Wir drei erhoben unsere Gläser und prosteten uns und dem Publikum zu, um zu feiern.

Über die Jahre konnte ich für diese Demonstration verläßlich ähnliche Ergebnisse voraussagen. Wenn die erste Versuchsperson negatives Feedback durch die Glocke erhält, gehen Kreativität und Handlungsfähigkeit in den Keller – unterdrückt durch eine Kraft, die sich zur Anzahl der Glockeneinsätze proportional verhält. Als Brian aufgab, machte er den Eindruck, er sei inkompetent und völlig blockiert, unfähig zu handeln.

Auf der anderen Seite, wenn unsere zweite Versuchsperson positives Feedback durch die Glocke erhält, wächst ihre Zuversicht, Kreativität und ihr Erfolg. Jean machte einen brillanten, zuversichtlichen, fähigen und kreativen Eindruck.

In Wahrheit sind beide kompetent. Beide, Brian und Jean – und Sie und ich – kamen als natürlich brillante Lerner mit einer Fülle kreativer Ressourcen zur Welt. Was bei meiner Demonstration mit Brian falsch lief, ist genau das, was in vielen Bereichen des täglichen Lebens falsch läuft. Wenn Sie sich auf ein Ziel hinbewegen wollen und genau wissen, daß Sie blockiert sind, dann ist es wichtig, zunächst einmal die Oszillation wahrzunehmen. Sie können nicht loslassen, wenn Sie unablässig die Tatsache ignorieren, daß Sie in Ihrem Problem ständig hin und her pendeln.

Die Kapitel in Teil 2 und 3 dieses Buches zeigen Ihnen, wie Sie aus der Oszillation ausbrechen, Ihre Blockaden eliminieren und Ihre Natürliche Brillanz einschalten können. Zuvor möchte ich Sie einladen, Ihre eigenen Blockaden genau zu erkennen. Lernen Sie die Natur Ihrer Blockaden kennen. Machen Sie sich dann auf den Weg zur freien Entfaltung Ihrer Genialität.

Diagnostizieren Sie Ihre Blockaden

Die Diagnose Ihrer Blockaden kann Ihnen helfen, Streß loszulassen und mehr wahrzunehmen, was in Ihnen und um Sie herum vor sich geht. Nehmen Sie wahr, wie Sie Ihre Blockade aufrechterhalten. Gestalten Sie diese Selbsterkundung und Entdeckung interessant und vergnüglich. Durch das Diagnostizieren Ihrer Blockade dämpfen Sie Ihre Oszillation und öffnen sich für einfallsreichere Handlungsmöglichkeiten.

Die folgenden Fragen werden Ihnen helfen, Ihren gegenwärtigen Zustand besser zu verstehen. Überfliegen Sie diese Fragen einmal. Sie müssen sie hier nicht mit aller Gründlichkeit beantworten. Dies ist keine Psychotherapie oder Analyse; dies ist eine Erkundung Ihrer gegenwärtigen Situation. Ihr Ziel wird vermutlich sein, das zu erreichen, was Sie sich in Ihrem Leben wünschen.

1. Was ist der Unterschied zwischen Ihrem gegenwärtigen Zustand und Ihrem gewünschten Ziel? In welchen Bereichen Ihres Lebens nehmen Sie Oszillation wahr?

Im „Natural Brilliance Retreat" laden wir die Teilnehmer ein, sechs Bereiche ihres Lebens zu prüfen, in denen die meisten Menschen nach mehr Erfüllung streben. Hierzu gehören:

➤ Arbeit / Kreativität / Selbstausdruck
➤ Lernen / Intellekt
➤ Körperliche Gesundheit
➤ Soziales / Zwischenmenschliches / Gemeinschaft
➤ Familie / Persönliches
➤ Spirituelles / Emotionales

Welche wiederkehrenden Muster nehmen Sie in Ihrem Verhalten – in einem dieser Lebensbereiche – wahr?

2. *Wie stehen Sie persönlich zu diesem Problem? Wie sehen Sie sich selbst, inwiefern bestärken Sie sich selbst in diesem Problem? Was halten Sie für sich selbst für wahr?* Ich hatte beispielsweise ein Dilemma bei Fernsehauftritten. Ich sah mich selbst als einen kompetenten Moderator in jedem anderen Medium. „Vor der Kamera fühle ich mich nicht wohl. Ich stehe lieber vor einem Live-Publikum, wo ich meine Stichworte den Antworten der Zuschauer entnehme. Geben Sie mir die Möglichkeit zu reden, und ich bin gut drauf, lebhaft und lebendig. Aber stellen Sie mich vor die Kamera, und ich bin steif und hölzern." Wenn Sie Kapitel 12 über den „New Option Generator" lesen, werden Sie lernen, eine derartige Sichtweise zu verändern.

3. *Was ist die vorherrschende Emotion?* Nehmen Sie Ihre Gefühle, Ihre Emotionen in der Blockade wahr, und benennen Sie diese.

4. *Nutzen Sie die Informationen, die Sie mit Hilfe der bisherigen Fragen gesammelt haben, um zu bestimmen, was Ihr „unlösbares" Paradoxon ist. Welche entgegengesetzten Ziele wollen Sie gleichzeitig erreichen?* In dem Beispiel von Toastmaster's International in Kapitel 1 wollte ich die Eigenschaften eines erfolgreichen Redners erlernen, aber gleichzeitig wollte ich auch vermeiden, am Pult zu stehen und meine vorbereitete Rede zu halten. Eine Möglichkeit, dies auszudrücken, ist: „Auf der einen Seite will ich X, aber auf der anderen Seite will ich Y." Dieses paradoxe Problem ist Ihre Blockade. Sie können nicht gleichzeitig anhalten und weitergehen.

5. Welches sind die Vor- und Nachteile innerhalb Ihres Paradoxons?
Im Kapitel 11 werden wir den Prozeß der kreativen Problemlösung erforschen, um Einblick in die Natur Ihrer Blockade zu gewinnen. Sie werden die Vor- und Nachteile Ihres gegenwärtigen Verhaltens entdecken. Ohne sich dessen bewußt zu sein, wollten Sie den Nutzen beider Gegenpole, und wollten die Nachteile vermeiden. Es ist die Oszillation zwischen diesen beiden gleichzeitig auftretenden, paradox gegensätzlichen, ungelösten Zuständen in Ihnen, die Ihre Blockade ausmacht.

6. Welche Ängste sind mit den Blockaden verbunden?
Wenn wir davon ausgehen, daß Sie in Wirklichkeit über unendlich viele Ressourcen verfügen, sind die Ängste rein imaginär – sie basieren auf dem falschem Schluß, daß Sie früher im Leben versagt haben. Entschließen Sie sich, diesen Ängsten entgegenzutreten, um den Durchbruch zu erreichen, den Sie brauchen.

Mit Natürlicher Brillanz entscheiden Sie sich dafür, nicht mehr anzuhalten und zurückzugehen, wenn Sie auf ein emotionales, intellektuelles oder körperliches Stopschild treffen. Ihre kreative neue Wahl kann sein, eine Pause zu machen, neue Ressourcen zu sammeln und die Pläne zu Ihren Zielen in die Tat umzusetzen.

Konfrontieren Sie sich mit Ihren inneren Stopschildern

Was immer Sie *jetzt erfolgreich im Leben tun*, ist ein Modell erfolgreichen Lernens. Als Sie lernten, Erfolg zu haben, folgten Sie auf natürliche Art und Weise dem Modell der Natürlichen Brillanz. Zumindest ein Teil von Ihnen war so ausgerichtet, daß alles, was passierte, in Ordnung war. Wenn Sie einmal ein Ziel nicht erreichten, dann lernten Sie daraus. Am nächsten Tag, schon etwas schlauer und gewandter, machten Sie den nächsten Schritt. Auf diese Weise erreichten Sie alles, was Sie brauchten, um sicher Erfolg zu haben.

Alles, was Ihnen *im Leben nicht erreichbar erscheint*, ist ein Modell für eine Blockade. Irgendwann früher im Leben, als Sie versuchten, Ihre natürlichen Lernfähigkeiten zu nutzen, um Ihre Wünsche zu erfüllen, wurden Sie durch ein Versagen „zurückgeworfen". Das Problem lag nicht so sehr darin, daß Sie scheiterten, sondern in der Stärke des Rückschlages. Dieser Schlag war ein plötzlicher negativer Stimulus oder eine Flut negativer Gefühle und Gedanken. Dieser Rückschlag errichtete ein riesiges rotes achteckiges Stopschild auf Ihrem Weg des Lernens. Von nun an übte das Stopschild emotional, körperlich oder intellektuell dieselbe grausame Wirkung aus, wie es der ursprüngliche Rückschlag getan hatte. Jahre später, als Sie die Möglichkeit hatten, in einem ähnlichen Bereich etwas zu tun, wollte ein Teil von Ihnen dieses Ziel erreichen, während ein anderer Teil von Ihnen anhalten und einen Rückzieher machen wollte. Sie begannen zu schwanken (= oszillieren) und bauten eine Blockade auf – die Unfähigkeit, zu erreichen, was Sie wollten.

Erkennen Sie das Szenario, das diese Blockade auslöst? Lassen Sie uns das Beispiel Beziehungen betrachten. Ein Junge möchte in der Schule die Freundschaft eines Mädchens gewinnen. Ein Freund, ein Familienmitglied oder das Mädchen, mit dem er sich verabreden möchte, versetzt ihm einen mächtigen Schlag. Vielleicht sagt sie: „Hau bloß ab, du widerlicher Typ!" Oder ein Familienmitglied sagt: „Du bist so schüchtern, ich frage mich, wie du jemals jemanden kennenlernen willst!" So entsteht dann solch ein Stopschild. Viele Jahre später hat sich dann die Situation geändert, aber das Stopschild thront immer noch über der emotionalen Landschaft des Jungen. Der Junge, jetzt ein junger Mann, möchte sich mit einer Frau verabreden, traut sich aber nicht, sie zu fragen, ob sie mit ihm ausgehen möchte.

Wir errichten unbewußt Stopschilder als neurologischen Überlebensschutz, um gefährliches Handeln nicht zu wiederholen. Obwohl es nicht länger ums Überleben geht, funktioniert das Stopschild weiterhin so, als ob es noch so wäre. Es hilft uns nicht, es hält uns vielmehr davon ab, erfüllt zu leben. Die gute Neuigkeit: Mit Hilfe der Natürlichen Brillanz können Sie Stopschilder niederreißen, wenn Sie lernen und wachsen wollen.

Stellen Sie ein Gleichgewicht mit dem Gegengewicht her

Bedenken Sie, daß alles um Sie herum mit gegensätzlichen Kräften funktioniert. Der Aufbau Ihrer Muskulatur, Ihres Nervensystems und Ihrer Persönlichkeit, alles nutzt entgegengesetzte Kräfte. Ein Fahrstuhl ist eine sehr gute Analogie. Die meisten Aufzüge sind mit einem Gegengewicht ausgestattet, das sich entgegen dem Fahrstuhl bewegt. Wenn die Kabine nach oben fährt, geht das Gegengewicht nach unten– es entstehen zwei Phasen oder eine biphasische Grundlage des Funktionierens. Dieser biphasische Aufbau arbeitet zu Ihrem Nutzen, solange Sie ihn angemessen einsetzen.

Ein Gegengewicht garantiert Flexibilität, es ermöglicht dem Fahrstuhl, in jeder Position anzuhalten. Sie können sich eine Blockade wie einen Aufzug vorstellen, der zwischen zwei Etagen steckengeblieben ist, als Ergebnis zweier gleichgroßen Kräfte, die direkt gegeneinander wirken. Blockaden im Menschen resultieren aus dem falschen Gebrauch unseres biphasischen Aufbaus. Die eine Kraft zieht, und die andere Kraft drückt mit gleicher Energie dagegen ... der Körper-Geist gerät in ein inneres Tauziehen.

Die normalen Bewegungen unserer Muskulatur entstehen durch einen Streck- und einen Beugemuskel in kontrollierter Opposition. Unsere biphasische Konstruktion ermöglicht ein Vor und Zurück und ein Stoppen in jeder Zwischenposition. Auf ähnliche Weise nutzt unser Nervensystem ausbalancierte sympathische und parasympathische Systeme. Die biphasische Konstruktion gibt uns die Flexibilität, Emotionen von Liebe bis Furcht und alles dazwischen zu erleben.

Die menschliche Persönlichkeit ist ebenfalls biphasisch aufgebaut. Sind Sie beispielsweise schüchtern oder wagemutig? Die Antwort auf beide Fragen lautet: ja. Es hängt von der Situation ab. Sie erschaffen eine Blockade, wenn Sie übermäßig schüchtern oder übermäßig wagemutig sind und so bleiben. Wenn man permanent an dem einen Ende des Spektrums lebt, kommt man leicht in Schwierigkeiten, da unser Überleben von unserer

Fähigkeit abhängt, flexibel auf dem ganzen Spektrum verhaltensmäßiger und emotionaler Möglichkeiten zu reagieren. Probleme, wie z.B. seelische oder körperliche Krankheiten entstehen, wenn die Persönlichkeit, das Nervensystem oder der Körper nur einer Lebensweise verhaftet ist.

Jede Stärke kann im falschen Kontext eine Schwäche sein.

Wenn wir einen komfortablen Bereich finden, dann ist es nur zu verständlich, daß wir anhalten möchten. Aber das Leben zwingt uns, ständig zu lernen, zu wachsen und uns mit den Veränderungen in unserer Umwelt mitzuverändern. Wir müssen uns ständig weiterentwickeln. Wenn ein Teil von uns anhalten will, hält die entstehende Blockade den Lernprozeß an und verhindert, daß uns das Leben so großzügig belohnt, wie es das gern tun würde.

Sie können sich in allen Bereichen Ihres Leben verändern, in denen starke emotionale, körperliche oder intellektuelle Blockaden das Lernen einengen oder verhindern. Reißen Sie Ihre Stopschilder mit Hilfe der Schritte der Natürlichen Brillanz um. Bauen Sie Ihre Blockaden ab, weil das Ihre Möglichkeiten steigert und neues, erfolgreiches Handeln ermöglicht.

Achten Sie auf Blockaden, wenn sie auftreten

Achten Sie in den nächsten Tagen darauf, was vor sich geht, wenn sich die Menschen ihren inneren Stopschildern nähern. Beobachten Sie jeden in Ihrer Umgebung. Hören Sie auf das, was die Leute sagen, und achten Sie dabei auf die Oszillation in ihrem Körper. Achten Sie auf deren Augen, wenn sie auf ein Stopschild treffen. Sie werden ein charakteristisches Doppelblinzeln sehen. Mit dem ersten Blinzeln erscheint ein Bild von dem, was sie wollen. Mit dem zweiten Blinzeln erscheint das nächste Bild von dem hinderlichen Glauben an das, was sie nicht wollen.

In hypnotischer Trance werden die Effekte des Hin- und Hergerissenseins besonders deutlich. Als ich neunzehn war, sah ich die Oszillation, das Hin- und Hergerissensein zwischen dem Zustand des *Wollens* und des *Habens*. Ich hatte das Glück, bei Zula Bowers – einer Hypnosetherapeutin, die von der Bühnenhypnose

> „Was die meisten Menschen regelmäßig ausbremst, ist ein kleines Paket mentaler Energie. Dieses Paket nennt man einen Gedanken. Sie denken: ‚Ich kann nicht.'"
>
> **Rex Steven Sikes, Gründer von IDEA Seminars**

herkam – zu lernen. Eines Tages bat eine kirchliche Jugendgruppe um eine Hypnose-Demonstration. Zula brachte mir unterhaltsame Bühnentricks bei, die ich gern ausprobieren wollte.

„Sobald du eine Versuchsperson in Trance hast", sagte sie, „suggeriere ihr, daß sie etwas Einfaches nicht tun könne. Sag ihr beispielsweise, daß sie ihren Namen nicht sagen könne, oder daß ihre Schuhe am Fußboden festkleben und sie sich nicht bewegen könne."

Sie lehnte sich vor und erklärte mit Nachdruck: „Sage die Worte: ‚Egal wie sehr du es versuchst, du *kannst es nicht*. Versuch's, du *schaffst es nicht. Versuch* es!' Ich garantiere dir, Paul, das funktioniert." Sie hatte absolut recht. Wenn das innere Bewußtsein der Versuchsperson erst einmal diese Suggestion verinnerlicht hatte, daß sie etwas nicht tun konnte, egal wie angestrengt sie es versuchte, dann konnte sie es auch nicht.

Dieses Experiment können Sie auf die biphasischen Konstruktion der menschlichen Physiologie anwenden: Einige Muskeln strecken sich und andere beugen sich mit der gleichen Kraft. Das Ergebnis ist eine Blockade.

Während meiner Demonstration war ich von Ehrfurcht ergriffen, als ein zwei Meter großer Mann vor mir stand, dessen Füße am Boden klebten und der mir seinen Namen nicht nennen konnte. Jeder Teil seines Körpers strengte sich an zu tun, was ich ihm suggerierte und er als unmöglich akzeptiert hatte. Die Zuschauer waren aus dem Häuschen. Ich dachte so für mich selbst: „Wow! Wir bremsen uns tagtäglich aus. Wir haben sinnvolle Fähigkeiten und werfen sie zum Fenster hinaus, weil wir aufrichtig glauben, daß wir etwas *nicht können*."

Die Phrase „*Ich kann nicht*" ist die stärkste verneinende Kraft in der menschlichen Psyche. Testen Sie die Auswirkungen selbst. In allen Bereichen Ihres Lebens, in denen Sie sich blockiert fühlen, können Sie den einen Text hören, den Sie immer und immer wieder für sich und die Menschen in Ihrer Umgebung abspielen: „So sehr ich es auch versuche, *ich schaffe es anscheinend einfach nicht …*"

Von diesem Moment an, als ich sah, wie die hypnotisierte Versuchsperson mit sich selbst kämpfte, habe ich mein berufliches

Leben der Befreiung der Menschen von ihren selbstauferlegten Blockaden gewidmet. Meine berufliche Mission dreht sich um die Erschaffung von Lernmöglichkeiten für Menschen, die ihre gewaltige Ressourcenfülle entdecken möchten. Dann unterstütze ich die Menschen, ihre Ressourcen so anzuwenden, daß sie die gewünschten Resultate in ihrem Lebens erreichen. Das Modell der Natürlichen Brillanz ist der beste Weg, um solchen Nutzen schnell zu erreichen.

In Ihren Momenten der Trance haben Sie vielleicht schon starke emotionale Lernerfahrungen gehabt, die Sie wie ein lebenslängliches Urteil des „Unmöglich!" hingenommen haben. In solchen Situationen haben Sie Stopschilder errichtet, die niemals abgebaut wurden. Entdecken Sie, wie Sie diese Stopschilder entfernen und wieder auf den Weg gelangen können, der zur Verwirklichung Ihrer Genialität führt. Der Satz „Ich kann" ersetzt das „Unmöglich!" und weist den Weg zu neuen Leistungsniveaus.

> „Die wenigsten von uns fühlen sich gern blockiert. Wir wollen etwas Neues, können uns aber nicht vom Alten lösen – alten Ideen, Glaubensmustern, Verhaltensweisen, selbst Gedanken. Wir haben den Kontakt zu unserer Genialität verloren. Manchmal wissen wir, daß wir blockiert sind, manchmal aber nicht. In beiden Fällen müssen wir etwas TUN."
>
> **Inga Teekens,**
> *Beraterin und Trainerin, Holland*

Lernen Sie von anderen, wie diese in Blockaden geraten

Als ich in Portland war, machte mich ein Seminarleiter für PhotoReading® mit Dr. Roger Tabb von der Beaverton Optometric Clinic bekannt. Er ist ein Augenarzt, der sich auf das Training der sensorischen Wahrnehmung spezialisiert hat.

Er führte mich durch verschiedene Experimente, die er entwickelt hatte, damit Menschen ihre neurosensorischen Blockaden überwinden konnten. Eine Übungs bestand aus einem Trampolin. An der Wand vor mir war ein Blatt Papier, auf dem stand: *DER JUNGE GING NACH HAUSE.* Unter diesem Satz war der Buchstabe X geschrieben.

Bei dieser Übung mußte ich auf dem Trampolin springen. Jedesmal, wenn ich unten war, sollte ich Buchstaben in ungewöhnlicher Reihenfolge ausrufen.

Nachdem Dr. Tabb mich bei drei Fehlern beobachtet hatte, sagte er zu mir: „Ich kann zwei Sprünge vorher sagen, wann Sie im

Begriff sind, einen Fehler zu machen. Sie springen immer ungefähr 20 cm zurück. An diesem Punkt hören Sie auf, sich auf die Aufgabe zu konzentrieren, um entweder auf das eben Geschehene zurückzublicken oder das Kommende vorauszusagen." Ich fand es faszinierend, daß mein Körper auf nonverbale Art mit Dr. Tabb kommunizierte. Er konnte sehen, daß mein Versuch, die Übung richtig zu machen, mich davon abhielt, es richtig zu machen.

Das Zaudern bei Verkäufern ist ein anderes gutes Beispiel für die Oszillation, die direkt zu Blockaden führt. Der Verkäufer will seinen Verkauf durchführen, will aber nicht abgelehnt werden. Die Ablehnung seiner Person oder seines Produkts führt ihn in eine Oszillation, die so aussieht: „Ich kann es tun, aber mein Produkt taugt nichts!" oder so: „Mein Produkt ist gut, aber ich bin kein guter Verkäufer."

Das Aufschieben oder Vertrösten von Kunden, die anrufen, ist eine Lösung. Wie bei vielen unserer paradoxen Lösungen für Oszillation ist das Aufschieben eine Lösung, die manchmal die Dinge noch verschlimmert. Jedesmal, wenn wir etwas aufschieben, oszillieren wir. Wir wollen ein Ziel erreichen, aber gleichzeitig wollen wir die Mühe vermeiden, die erforderlich ist, um es zu erreichen. Je mehr wir vermeiden, das Nötige zu tun, desto tiefer ziehen wir uns selbst in den Problemzustand.

Im College lernte ich eine Studentin kennen, die es in 7 Jahren nicht geschafft hatte, ihren Abschluß zu machen. Sheila schrieb sich nur für Kurse ein, die sie interessierten. Nach einigen Semestern drängte ihr Tutor sie, auch Kern-Kurse wie Chemie und Mathematik zu belegen. Immer wenn sie dann aber eine schwierige Aufgabe bekam, schob sie diese vor sich her, bis es zu spät war. Damit fiel sie in allen Hauptfach-Kursen, die sie nicht mochte, unweigerlich durch ... bis sie keine Möglichkeit mehr hatte, dieses Fach zu bestehen.

Ihre Strategie für das College war ihrem Ziel, die Abschlußprüfung zu erreichen, genau entgegengesetzt.

Ich lernte auch einen jungen Mann kennen, der nie erwachsen geworden war. Seine Eltern unterstützten ihn in allem, er blieb unreif und mußte sich nie den wirklich harten Problemen des

Lebens stellen. Entsprechend hatte er sich nie zu einer Handlungsweise durchringen können, die zu mehr führte als zu irgendwelchen zwischenzeitlichen Höhenflügen aus seinem emotionalen Dilemma. Wenn sein Vater genügend protestierte, stellte er sich ein paar Monate lang auf die eigenen Beine, bis er irgendwann seinen Job und seine Wohnung wieder verlor. Daraufhin ging er wieder nach Hause zu seinen Eltern zurück, von wo aus er immer wieder vereinzelte Versuche unternahm, ein selbständiges Leben zu führen.

Was könnte nun diesen Zyklus des Mißlingens, der Andrew, Sheila und dem Verkäufer das Leben schwer machte, durchbrechen? Glauben Sie mir, wenn Sie diesen Menschen Hilfe anbieten, dann steigern Sie nur ihre Oszillation. Die Veränderung muß von innen heraus kommen, Schritt für Schritt, durch das Erlernen eines leichteren Weges zum Erfolg. Die Schritte der Natürlichen Brillanz regen ohne Druck innere Veränderungen an, während sie die Oszillation minimieren und die Lösungsmöglichkeiten steigern. All diese Veränderungen ergeben sich daraus, daß man das Leben voll erlebt.

Nehmen Sie die Vorteile und Gefahren Ihrer Stopschilder wahr

Da wir Menschen unsere Stopschilder natürlich selbst erzeugen und aufrechterhalten, müssen wir uns selbst fragen, worin der Anpassungswert eines jeden Stopschildes liegt, auf das wir stoßen. Worin liegt der Wert des Stoppens, wenn wir doch eigentlich vorankommen wollen?

Gewiß, als Kinder müssen wir aus unseren Fehlern lernen. Wenn ein Kind, ohne nach rechts und links zu schauen, die Straße überquert, so wie ich damals, dann kann es froh sein, wenn jemand zu seinem Schutz schnell eingreift und es anhält. Das Problem ist nur: Wenn das Stopschild eine emotionale, psychologische, neurophysiologische oder intellektuelle Wunde ist, hält es uns davon ab, effektiv zu lernen. Fast jeder Erwachsene, dem ich begegnet bin, besitzt eine alte emotionale Verwundung als Lerner.

„Ein Stopschild ist ein Geschenk: Man erkennt, daß man nichts Neues zu sehen bekommt, wenn man in derselben Richtung weitergeht."

Rex Steven Sikes,
Gründer von IDEA Seminars

In einem PhotoReading®-Seminar war eine Seminarteilnehmerin namens Lisa wütend auf mich, weil sie unfähig war, Nutzen aus dem Kurs zu ziehen. Nichts von dem, was sie versuchte, schien zu funktionieren. In der letzten Unterrichtsstunde war sie sehr wütend. Als der Kurs morgens begann, griff sie mich, den Kurs und Learning Strategies Corporation an. Plötzlich konnte ich ihr Hin- und Hergerissensein sehen. Sie versuchte, etwas zu lernen, aber sie war unfähig, das gewünschte Ziel zu erreichen. Als ich das sah, nutzte ich meine Intuition, um das Stopschild abzubauen.

Ich nahm sie beiseite und sagte zu ihr: „Wissen Sie, woran mich das erinnert? Es erinnert mich an eine Frau aus einem anderen Seminar, die ähnlich wütend war, als sie versuchte, PhotoReading® zu lernen. In der ersten Klasse, so stellte sich heraus, hatte ihr Lehrer sie vor der ganzen Klasse lächerlich gemacht, weil sie einen Fehler beim Vorlesen machte."

„Oh, mein Gott", sagte sie, und der Ärger auf ihrer Stirn lichtete sich, und sie schaute überrascht drein. „Das ist exakt das, was mir in der zweiten Schulklasse passiert ist." Mit unfokussierten Augen, wie in Trance, erlebte sie den Moment noch einmal, als das Stopschild installiert wurde. „Meine Lehrerin stand vor der gesamten Klasse und sagte zu allen: ‚Lisa wird es niemals zu etwas im Leben bringen, WEIL SIE NICHT LESEN KANN!'"

Alles, was Lisa später versuchte, um ihre Lesefähigkeiten zu steigern, führte nur zur Verstärkung der Aussage, die sie in der zweiten Klasse als wahr angenommen hatte. Immer wenn sie im PhotoReading®-Kurs etwas nicht konnte, tauchte die Erinnerung an die zweite Klasse unbewußt auf, als ihre Lehrerin schrie: „Lisa wird es nie zu etwas bringen!" Im Inneren war Lisa nicht die reife Frau, die sie schien, sondern die völlig hilflose verletzte Zweitklässlerin im Körper einer erwachsenen Frau.

Als Lisa die Verbindung zwischen meiner und ihrer Geschichte sah, war der Bann gebrochen. Sie stoppte ihr schmerzvolles Oszillieren. Ihre Natürliche Brillanz kam wieder, ihre Genialität war wieder da. Am Ende der letzten Stunde des PhotoReading®-Kurses redete Lisa begeistert davon, daß sie gleich ihren Magister machen und sich dabei mit PhotoReading® durch das

Lesepensum arbeiten wollte. „Ich weiß, ich kann schnell lesen!" sagte sie stolz.

Buckminster Fuller schrieb in der Einleitung zu einem Buch über Maria Montessoris Arbeit eine überzeugende Erklärung über das, was das Lernen erschwert:

„Alle Kinder werden als Genies geboren. 9.999 von 10.000 werden durch die Erwachsenen schnell und nicht einmal mit Absicht ihrer Genialität beraubt. Dies geschieht, weil die Menschen nackt und hilflos geboren werden und – obwohl mit ausgezeichneter geistiger Ausstattung versehen –, über keinerlei Erfahrungen verfügen, also völlig unwissend sind. Ihre empfindsame Sinnes-Ausstattung ist noch unerprobt. Geboren mit eingebautem Hunger, Durst, Neugier und Fortpflanzungstrieb können sie nur lernen, was die Menschheit durch Versuch und Irrtum lernte – durch Milliarden und Milliarden von Fehlern. Jedoch ist die Menschheit auch mit einem selbsttäuschenden Hochmut ausgestattet. Alle, die die Fehler von anderen beobachten, erklären, sie hätten diese Fehler verhindern können: „Man hätte mich nur fragen müssen." Sie machen den Fehler, zu sagen: „Man sollte keine Fehler machen." Motiviert durch Liebe, aber auch durch die Furcht vor der Zukunft der geliebten Kinder, handeln die Eltern in ihrer Unwissenheit so, als wüßten sie alle Antworten, und beschneiden das spontane Erforschen ihrer Kinder, damit diese keine „Fehler" machen. Aber die Genialität hat ihr eigenes Denken, sie hat Vertrauen in die eigenen Forschungsergebnisse, die eigenen Intuitionen, in das Wissen, das aus eigenen Fehlern gewonnen wurde. Die Natur hat ihre eigene Reifungszeit für evolutionäre Entwicklungen. Die Aktionen der Eltern repräsentieren das Sicherheits- und Ausgleichssystem für die Kontrolle des Reifungsprozesses der Natur. Die Menschheit kann sich nur in einer bestimmten Geschwindigkeit auf gesunde Weise entwickeln.

Unsere Kultur ist besessen von einem Bildungssystem, das für viele Lerntypen verletzend ist. Vielleicht sollten jene Zeitgenossen, die Schüler falsch etikettieren, selber als „lehrbehindert" bezeichnet werden.

Behalten Sie die Möglichkeiten jenseits Ihres Stopschilds im Auge

Dr. Buckminster Fuller erzählte mir persönlich eine der eindrucksvollen Geschichten aus seinem Leben. Trotz seines hohen Bildungsniveaus war er im Geschäftsleben gescheitert. Als Ehemann und Vater stellte er mit 32 Jahren fest, daß er es im Leben nie zu etwas bringen würde. Er hatte der Gesellschaft die Verleugnung seiner Genialität „abgekauft" und aufgegeben.

Er ging zur Brücke in der Stadt, um sich vom Geländer in den Tod zu stürzen. Dann hielt er inne und gestand sich selbst ein, daß er so etwas war wie ein Wegwerfartikel der Gesellschaft. Er hielt sich für völlig wertlos, und so entschied er sich dafür, sich für den Rest seines Lebens einem Experiment zu widmen.

Sein Experiment bestand einfach darin, herauszufinden, „wieviel ein einziger kleiner Mann für den ganzen Planeten zu tun vermag". Er war bereits 50 Jahre mit seinem Experiment beschäftigt, als er mir das erzählte.

Er steuerte unzählige Ideen und Erfindungen bei. Er ist der Öffentlichkeit wohl am besten als Architekt des EPCOT-Centers bekannt, des geodätischen Kuppelbaus in Disney World (Florida). Als weltberühmter Architekt, Futurist, Autor und Erfinder entwickelte er die Disziplin der Geodäsie. Aber ich kenne ihn wegen seiner Natürlichen Brillanz.

Buckminster Fuller zeigte mir einen Schlüssel zum Erlangen Natürlicher Brillanz. Glauben Sie an die Träume der Menschen und sagen Sie ihnen: „Du kannst!"

Ich weiß, wie schnell und unweigerlich wir in der Kindheit durch den Einfluß, den zwar wohlmeinende, aber fehlgeleitete Menschen auf unser Leben ausüben, entgenialisiert werden. Ein Symptom für die Wirkung, die dieser Einfluß auf uns hat, ist klar: Wir haben Ziele, die wir mit aller Macht zu erreichen versuchen, und dennoch fahren wir Jahr für Jahr fort, unsere Blockaden zu verfestigen.

Im Verlaufe der letzten zwei Jahrzehnte konnte ich feststellen, daß es genauso leicht ist, effektiv zu lernen, wie blockiert zu sein. Wenn man erst einmal weiß, wie man Stopschilder im eigenen Leben akzeptiert und errichtet, stellt man auch fest, wie bemerkenswert leicht und wieviel lohnender es ist, das zu erschaffen, was man sich im Leben wünscht.

Der Rest des Buches soll Ihnen zeigen, wie Sie mit Hilfe Ihrer Natürlichen Brillanz alles erreichen können, egal wann und wo Sie Oszillation erleben oder auf eine Blockade treffen. Das 4-Schritte-Modell der Natürlichen Brillanz gibt Ihnen Methoden an die Hand, die es Ihnen ermöglichen, die Stopschilder herauszureißen und mit VOLLER KRAFT VORAUS zu steuern. Sie können die Wahrheit über sich als Lerner wiederentdecken. Das Leben ist zum Lernen und zum Spaß da. Durch Natürliche Brillanz wird alles Lernen Spaß und aller Spaß zum Lernen. Genießen Sie es!

Teil Zwei

Erwerben Sie das Handwerkszeug der Natürlichen Brillanz

Erforschen Sie die fünf grundlegenden Prinzipien des Modells der Natürlichen Brillanz

Widmen Sie dem Teil 2 dieses Buches Ihre besondere Aufmerksamkeit. In den nächsten vier Kapiteln werden Sie das Handwerkszeug der Natürlichen Brillanz erlernen, es eröffnen sich Ihnen noch weitere Möglichkeiten. Wenn man sich das Modell der Natürlichen Brillanz als mechanisches Abspulen von vier Schritten vorstellt, ist das so, als würde man versuchen, von einem tropfenden Wasserhahn zu trinken, während vor einem ein ganzer Wasserfall herunterströmt. Sie werden unmittelbaren Nutzen von diesem Modell haben, wenn Sie mehr darin sehen als eine Reihe von Techniken zur Selbstentfaltung. Erkennen Sie die innewohnende Kraft des Geistes, die durch das Modell der Natürlichen Brillanz zum Einsatz gebracht wird, und Sie werden nicht nur Ihre Blockaden überwinden oder Zugang zu der Ihnen eigenen Genialität finden – Sie werden die Schwelle überschreiten, um Ihren höchsten Lebenssinn zu entdecken. In den verbleibenden Kapiteln von Teil 2 werden wir jeden Schritt genauestens verfolgen, damit Sie diese Schritte selbst erfolgreich anwenden können.

Prinzip 1: Tolerieren Sie Mehrdeutigkeiten, um Ihr volles Potential zu verwirklichen

Wenn ich Sie frage: „Besitzen Sie einen starken Willen, oder lassen Sie sich eher treiben?", dann werden Sie wahrscheinlich mit „Ja" antworten, denn obwohl ich die Frage als Alternative stellte, haben Sie in Wahrheit doch die Möglichkeit, beide Extreme und irgend etwas dazwischen auszuleben. Als fähiger und reifer Mensch wissen Sie, daß Ihr Handeln durch äußere Umstände beeinflusst wird. Vielleicht haben Sie eine Vorliebe, aber selbst dann können Sie in Wirklichkeit zielstrebig handeln oder sich treiben lassen, je nachdem, was gerade angemessen ist.

Auf einem Kontinuum von Verhaltensmöglichkeiten bildet starker Wille das eine Ende und Sich-Treibenlassen das andere.

Viele Menschen lernen, sich angesichts eines Kontinuums von Wahlmöglichkeiten auf gewisse Parameter zu beschränken. Ein Beispiel: Wenn man einen zu starken Willen hat, dann handelt man vielleicht übermäßig selbstsicher oder zu halsstarrig. Dann zwingt man anderen etwas auf oder verliert die Fähigkeit, Kompromisse einzugehen. Wenn Sie sich auf der anderen Seite zu sehr treiben lassen, könnte man Sie als Fußabtreter benutzen oder Sie übervorteilen. Sie haben bewußt und unbewußt einen Bereich abgesteckt, in dem Sie komfortabel leben können.

Viele Menschen haben dazu beigetragen, Ihren Bereich von Wahlmöglichkeiten einzugrenzen. Autoritäten sagten Ihnen, dieses Verhalten sei richtig, jenes sei falsch. Diese Autoritäten haben ein Stopschild vor Ihnen aufgebaut, sobald Sie sich irgendwie unangemessen verhielten. Als Sie erst einmal Ihre eigene „Sicherheits-Zone" aufgebaut hatten, haben Sie sich selten oder nie über die Endpunkte Ihres Kontinuums hinausgewagt. Der vertraute Bereich zwischen den Stopschildern wurde zur unbewußten Begrenzung der Möglichkeiten, die Sie bewußt für möglich hielten.

Dadurch verbannen Sie möglicherweise alle anderen Verhaltensmöglichkeiten aus dem gesperrten Bereich, einschließlich Ihres entrechteten kreativen Selbst. Ihre natürlichen Lernverhaltensweisen aus der Kindheit, mit denen Sie Ihre Welt entdeckten, sind vielleicht immer noch an einen Ort verbannt, wo weder die Menschen in Ihrer Umgebung noch Sie selbst sie wahrnehmen können.

Mit Hilfe der Natürlichen Brillanz können Sie wiederentdecken, daß es nicht nur das eine oder das andere Ende gibt. Das Geheimnis freudvollen Lernens liegt darin, ein breites Spektrum emotionaler, körperlicher und intellektueller Wahlmöglichkeiten wahrzunehmen. Über sie nachzudenken reicht aber nicht aus, um Ihr Nervensystem umzuschulen. Sie müssen diese Möglichkeiten üben, die Sie vielleicht Jahrzehnte lang unterdrückt haben.

In Kapitel 12 werden die Schritte zur Natürlichen Brillanz in eine Reihenfolge gebracht, die einen Veränderungsprozeß ergeben, den ich „*New Option Generator*" nenne. Damit können Sie die Stopschilder orten, die Sie unbewußt in Ihrem Leben errichtet haben, und diese herausreißen. Um Oszillation zu vermeiden, können Sie die Extreme Ihrer Verhaltensbereiche auflösen. Sie können anfangen, in den Spielraum Ihrer Handlungsmöglichkeiten das ganze Spektrum von Wahlmöglichkeiten zu integrieren. Alle Möglichkeiten, die Sie bisher nicht in Erwägung gezogen haben, sind auf einmal vollständig verfügbar. Mit Hilfe des „New Option Generator" können Sie Ihr kreatives Potential zurückgewinnen.

Prinzip 2: Nehmen Sie langsam kleine Anpassungen vor, um Ihr Ziel zu erreichen

Fliegen zu lernen ist eine höchst ungewöhnliche Angelegenheit. Die Fliegerei ist ein perfektes Laboratorium, wenn man Menschen studieren will, die versuchen, mit einer instabilen Umgebung zurechtzukommen.

Eine Übung beim Pilotentraining erfordert einen speziellen Helm, der es unmöglich macht, aus dem Cockpit herauszuschauen. Dieser Helm ermöglicht nur die Sicht nach vorne auf die Instrumentenkonsole. Ziel der Übung ist, die Piloten darin zu trainieren, nur nach den Informationen ihrer Instrumente zu fliegen, und nicht nach anderen Informationen, die ihr sensorisches System möglicherweise falsch interpretiert.

Während der Übung läßt der Fluglehrer die Flugschüler Richtung und Höhe verändern und andere kleine Anpassungen vornehmen. Die typische Reaktion darauf ist, ein Übermaß an Kontrolle über das Flugzeug ausüben zu wollen. Ist z.B. eine geringfügige Kurskorrektur von fünf Grad erforderlich, führt die Anspannung im Körper des Flugschülers zu einem Verlust an Sensibilität bei der Bedienung des Steuerknüppels, so daß beispielsweise eine Überkorrektur vom Zwei- bis Dreifachen des eigentlich Notwendigen durchgeführt wird. Eine Überkontrolle des Flugzeugs bringt es in eine Oszillation, die eher zu einer Verschlechterung der Flugsituation führt, weil sie das Flugzeug über das gewünschte Ziel hinausbringt.

Ein erfahrener Pilot macht kleine und langsam zunehmende Korrekturen ganz gelassen und entspannt. Er vertraut dem Flugvorgang. Loslassen. Alles wird gut.

Je mehr Sie sich bemühen, aus der Blockade herauszukommen, um so schwieriger wird die Aufgabe. Paradoxerweise verschlimmern stärkere Anstrengungen die Blockade.

Nehmen wir das Beispiel eines Beziehungsproblems. Je energischer man versucht, andere davon zu überzeugen, ja nicht wütend zu werden, desto wütender werden sie. Mit anderen Worten: Wenn Sie an einem Ende des Problems hart kämpfen, führt dies zu einem noch stärkeren Ausschlag. Je mehr Sie oszillieren, desto weiter entfernen Sie sich von einer Lösung.

Wenn ein Flugzeug im Sturzflug auf die Erde zurast, versuchen die meisten Flugschüler, das Flugzeug hochzuziehen. Ihre Panik bringt das Flugzeug ins Trudeln – eine weit gefährlichere Situation. Paradoxerweise muß man das Flugzeug nicht einfach hochziehen, sondern erst einmal sanft in den Fall hineinsteuern. Dann strömt ausreichend Luft über die Tragflächen und erzeugt Auftrieb, und das Flugzeug kann weiterfliegen. Dann kann der Pilot langsam das Flugzeug aus dem Sturzflug heraussteuern. Das erfolgreiche Herausziehen gibt einen Hinweis darauf, wie man fast alle Situationen meistern kann, in denen es zur Oszillation kommt. Ein Teil der Lösung besteht darin, kleine Korrekturen vorzunehmen.

Prinzip 3: Erreichen Sie einen Seinszustand, indem Sie *sind*, nicht *tun*

Wenn ich Sie fragen würde: „Was wollen Sie erreichen?", was würden Sie antworten? Was Sie als Ziel nennen, wird etwas sein, daß Sie für sich oder Ihre Familie wirklich gern erreichen möchten.

Wenn ich dann weiterfrage, werden Sie anfangen, die Ziele zu identifizieren, die hinter Ihrem vordergründigen Ziel liegen. Was glauben Sie, werden Sie herausfinden, wenn ich Sie noch weiter frage: „Wenn Sie *dieses Ziel* erreicht haben, welches *noch wichtigere* Ziel würden Sie dann gern erreichen?" Dieses Fragen führt zu einer Kette von Zielvorstellungen. Am Ende dieser Kette wartet Ihr wahres Ziel, das Endziel, keine Ziele, die Mittel zum Endziel sind. Mit Hilfe der Natürlichen Brillanz können Sie auf angenehme Weise Ihr wahres Ziel erlangen.

Beispielsweise fragen wir die Teilnehmer der PhotoReading®-Seminare, was sie im Seminar erreichen möchten. In jedem Seminar sagt mindestens einer: „Ich möchte die Techniken des PhotoReading® beherrschen." Ich bitte den oder die Betreffende dann, an einer Demonstration teilzunehmen, bei der wir eine Kette von Zielen elizitieren. Nach jeder Aussage frage ich: „Wenn Sie dieses Ziel erreicht haben, welches noch wichtigere Ziel möchten Sie darüber hinaus erreichen?" Die Aussagenkette von einer Demonstration sah folgendermaßen aus:

Erstes Ziel: Die Technik des PhotoReadings® beherrschen
- In der Lage sein, mich mit Arbeitskollegen auf hohem fachlichen Niveau über diverse wichtige Themen auszutauschen
- Befördert werden und mehr Geld verdienen
- Das Wohlbefinden und Glück meiner Familie fördern
- Sehen, wie meine Kinder zu glücklichen, gesunden, fähigen Erwachsenen heranwachsen
- Die Fülle meines eigenen Potentials erleben

Kernziel: Totales „Sein", ein Gefühl völligen Friedens

In diesem Beispiel, wie bei allen anderen Beispielen dieser Übung, ist das Endziel immer ein Kernzustand des Seins.

Alle diese Ziele der Zielekette sind in Wirklichkeit Mittel zum gewünschten Zweck. Oft erreichen die Menschen ein Ziel und sind trotzdem nicht befriedigt. Natürlich nicht. Sie versuchten in Wirklichkeit ein anderes Ziel zu erreichen. Hier ist das interessante Dilemma: Ziele sind Dinge, die Sie tun, während das Endergebnis in Wirklichkeit ein *Seins*zustand ist. Das *Tun* ist das Mittel zum Zweck.

Das Problem der meisten Menschen ist, daß sie sich des Ziels hinter ihren Zielen nicht bewußt sind. Dadurch fixieren sie sich auf das, was sie *tun*, um zu sein, und kommen nie dort an, wo sie *sein* wollen. Viele Menschen meinen, daß sie nur ihre Zielekette abzuarbeiten bräuchten, um schließlich den Zustand zu erreichen, den sie sich wünschen. Leider schaffen es nur sehr wenige Menschen, alle ihre Ziele auch zu erreichen. Die Menschen, die nur einige ihrer Ziele erreichen, entdecken die Leere, die darin liegt, wenn man *handelt, um zu sein*.

Wenn man Menschen durch einen Prozeß führt, bei dem sie ihre innere Motivation untersuchen, entdecken sie, daß das Ziel hinter den Zielen das Erreichen eines Kernzustands ist – eine Erfahrung voller Lebendigkeit. Sie drücken dies als „Sein", „Vollkommenheit" oder „Ganzsein" aus.

Es scheint einen kulturellen Imperativ zu geben, der besagt: Erst dann verdienen wir, daß es uns besser geht, wenn wir die Dinge besser machen. Das Resultat dieses Imperativs ist Oszillation, eine Blockade, die viele Menschen zwanghaft, ohne Erfolg aufzulösen versuchen.

Connirae Andreas schlägt in ihrem Buch *„Der Weg zur inneren Quelle – Core-Transformation in der Praxis"* (Paderborn 1997) vor, daß wir unsere Zielekette umdrehen sollten, um alles zu beflügeln, was wir im Leben tun. Beginnen Sie mit dem Zustand des Seins, dann werden Sie fähiger und effizienter in all Ihren Handlungen des täglichen Lebens sein.

Der Prozeß, den Connirae Andreas beschreibt, durchbricht auf brillante Weise den Zustand der Oszillation vom „Handeln" zum „Sein". Wenn Sie sich an das Beispiel der Aussagenkette aus dem PhotoReading®-Seminar errinnern, dann können Sie feststellen, daß die Umkehrung der Zielekette sinnvoll ist. Tatsächlich werden die Kursteilnehmer in die Lage versetzt, ihre Ziele der Reihe nach zu verwirklichen, wenn sie ihre Ziele mit einem Gefühl „totalen Seins, einem friedvollen Gefühl" angehen.

> „Ich habe nicht, was ich besitze, auch habe ich nicht, was ich tue. Ich habe allein, was ich bin."
>
> D. Trinidad Hunt
> *Remember to Remember Who You Are*

Das Durchbrechen des Paradoxons „Handeln-um-zu-Sein" ist ein integraler Teil des Modells der Natürlichen Brillanz. Ich werde Ihnen zeigen, wie Sie den Schritt 3, Handeln, aus einem kraftvollen Zustand des Seins heraus angehen können. Die Entschiedenheit und das Engagement, das in einem solchen Zustand liegt, fokussiert Ihre persönliche Kraft auf effektives Handeln und Erfolg.

Prinzip 4: Bleiben Sie zielorientiert und vergrößern Sie Ihre Wahlmöglichkeiten

Ein anderes Schlüsselprinzip des Modells der Natürlichen Brillanz ist, daß Sie sich das Lernen leichter machen können, wenn Sie sich nicht auf Probleme, sondern auf Ergebnisse konzentrieren. Dadurch orientiert sich der Geist, das perfekteste Zielsuchgerät, am zu erreichenden Ergebnis und nicht an dem, was man nicht will.

Über Probleme nachzugrübeln ist, als wollte man mit dem Auto vorwärts fahren, indem man nur in den Rückwärtsspiegel schaut. Wir tendieren dazu, nur die Grenzen zu sehen, die Probleme schaffen. Es ist einfach, Blockaden, Mangel an Ressourcen, Fehler und Schuld wahrzunehmen. Entsprechend machen wir uns mit größter Wahrscheinlichkeit schlechte Gefühle und quälen uns entweder mit Schuldgefühlen über die Vergangenheit oder mit Zukunftsängsten.

Generell gilt: Die Fokussierung auf Probleme ist der sicherste Weg, um die Oszillation Ihrer Blockade aufrechtzuerhalten. Andererseits öffnet die Fokussierung auf Ergebnisse Ihren Blick für ungeahnte Möglichkeiten. Wenn man beim Fahren den Blick eher nach oben richtet, kann man besser auf die vorüberziehenden Bilder reagieren. Auf lange Sicht führt das Neubewerten und Erforschen der Vergangenheit zu Neugier und zu Lerneffekten, die Ihnen den Schlüssel zum Erfolg an die Hand geben.

Die Orientierung an dem, was man erreichen möchte, eröffnet einem mehr Wege und Möglichkeiten. Das Modell der Natürlichen Brillanz nutzt diese Zielorientiertheit bei den Schritten des Wahrnehmens, Handelns und Beobachtens, damit sichergestellt ist, daß jeder Schritt Sie zu tieferen Einsichten führt.

Prinzip 5: Entscheiden Sie sich für schöpferische Veränderung, und Sie erzielen die besten Ergebnisse

Das Modell der Natürlichen Brillanz ist ein schöpferisches Modell für Lernprozesse und Persönlichkeitsentwicklung. Es behebt nicht nur das Problem, es zeigt vor allem die Art und Weise auf, wie das Problem überhaupt geschaffen wurde, und bringt es in Ordnung. Wenn Sie sich auf einen Reißnagel gesetzt haben, rennen Sie nicht gleich zum Arzt, um sich Morphium gegen die Schmerzen verschreiben zu lassen. Eine medikamentöse Behandlung versucht, die unmittelbaren Symptome des Problems zu beheben. Veränderungen durch Heilmittel stellen das Gegenteil von schöpferischen Veränderungen dar. Viele therapeutische Modelle versuchen, Heilmittel für Probleme zu finden.

Schöpferische Veränderung bedeutet, daß der Prozeß der Problemveränderung Lernerfahrungen für zukünftige Situationen erschafft. Wenn man einen Reißnagel im Po hat, besteht die schöpferische Weise des Schmerzabbaus darin, den Reißnagel herauszuziehen.

Veränderung durch Heilmittel gibt nur noch mehr Energie in wachsende Oszillation. Natürliche Brillanz verringert die Oszillation und stärkt den Lernenden mit jedem weiteren Durchlaufen des Prozesses.

Bei einer Firmenberatung besteht meine Aufgabe darin, meinen Klienten beizubringen, *wie* ich mache, *was* ich mache ..., mich selbst überflüssig zu machen und mir sozusagen den Job sozusagen selbst wegzuarbeiten. Ich lehre schöpferische Veränderung. Natürliche Brillanz, als ein Modell schöpferischer Veränderung, ermutigt Sie, die elegantesten und effizientesten Wege zu suchen, um stärker zu werden. Wenn Sie einem Problem mit Natürlicher Brillanz begegnen, steigern Sie Ihre Fähigkeit zur Problemlösung.

Nähern Sie sich auf brillante Art den Vorteilen des Lebens

Das Modell der Natürlichen Brillanz beruht auf fünf Prinzipien, die sich an den durchgreifendsten und effektivsten bekannten

Ansätzen auf dem Gebiet der Persönlichkeitsentwicklung messen können. Natürliche Brillanz löst paradoxe Probleme auf effektive Weise, führt zu entspannten, schrittweisen Veränderungen und zur Steigerung Ihrer Möglichkeiten. Es ist ein Modell des „Sein, um zu tun" und bricht damit den kulturellen Zwang des „Tun, um zu sein". Natürliche Brillanz beinhaltet eine machtvolle Zielorientierung; sie bündelt die Gesamtheit Ihrer Ressourcen so, daß Sie Ihre Ziele auf die effektivste Art und Weise erreichen. Letztendlich stellt sie einen schöpferischen Ansatz der Persönlichkeitsentfaltung und -veränderung dar. Zusammenfassend hier die Prinzipien der Natürlichen Brillanz:

Prinzip 1: Tolerieren Sie Mehrdeutigkeiten, um Ihr volles Potential zu verwirklichen.

Prinzip 2: Nehmen Sie kleine Anpassungen vor, um Ihr Ziel zu erreichen.

Prinzip 3: Erreichen Sie einen Seinszustand durch *Sein* nicht durch *Tun*.

Prinzip 4: Bleiben Sie zielorientiert und vergrößern Sie Ihre Wahlmöglichkeiten.

Prinzip 5: Entscheiden Sie sich für schöpferische Veränderung, und Sie erzielen die besten Ergebnisse.

In den nächsten fünf Kapiteln werden Sie die Schritte des Modells der Natürlichen Brillanz erlernen und dieses Wissen und diese Fertigkeiten in Ihren Wachstums- und Entfaltungsprozeß einbringen. Wenn Sie sich auf dieses Lernmodell einlassen, werden Sie von Anfang an einen Gewinn daraus ziehen. Sie werden herausfinden, daß die Natürliche Brillanz

- auf natürliche Weise die Oszillation Ihrer gegenwärtigen Blockaden minimiert
- Sie als kompetenten und fähigen Lerner ansieht
- Ihnen ermöglicht, die Entfaltung Ihrer Genialität zu erleben
- Ihr Bewußtsein für Ihre persönlichen Stärken erweitert

> Schuldgefühle eliminiert, wenn ein Ziel nicht erreicht wird
> Leistungsdruck beim Lernen eliminiert

In Kapitel 1 erhielten Sie einen Überblick über das Modell der Natürlichen Brillanz und die Techniken, die Sie zu unmittelbaren Ergebnissen führen. Kapitel 2 erläuterte die Stopschilder, Oszillationen und Blockaden. Es ist eine Einladung an Sie, zu erforschen, wo Sie Durchbrüche erzielen und Zugang zu Ihrem genialen Potential erlangen können. Kapitel 3 beschrieb die fünf Prinzipien der Natürlichen Brillanz, damit Sie das Modell zuversichtlich nutzen können, um Ihre Ziele zu erreichen.

Nun ist der Überblick vollständig, und Sie können Ihren bewußten Verstand und Ihr inneres Bewußtsein durch diesen Prozeß führen, um Ihre Natürliche Brillanz wiederzugewinnen. Auf die Plätze! Fertig! Reißen Sie die Stopschilder heraus, und ... los!

Loslassen

Stellen Sie sich vor, wie Ihr Tag verlaufen würde, wenn Sie an bevorstehende Ereignisse entspannt und ausgeglichen herangingen. Wenn Sie sich entspannen, dann erweitert sich Ihre Sinneswahrnehmung und verarbeitet nützliche Informationen. Entspannung steigert die Empfindlichkeit Ihrer physischen Rezeptoren und verbessert Ihre feinmotorische Kontrolle, was Ihnen ermöglicht, sich effektiv und effizient zu bewegen. Wenn Sie entspannt sind, können Sie in erweiterte Bewußtseinszustände eintauchen und Zugang zu den Ressourcen Ihres inneren Bewußtseins erhalten und dadurch leichter lernen und sich mehr Möglichkeiten erschließen. Am wichtigsten jedoch ist, daß ein entspanntes Herangehen an den Tag Ihnen die nötige kognitive und emotionale Flexibilität ermöglicht, um in unserer chaotischen modernen Zeit zu wachsen und zu gedeihen. Schritt 1, Loslassen, erlaubt Ihnen den ausgeglichenen und entspannten Zustand, den Sie zum Erfolg benötigen.

„In einer Atmosphäre der Angst können weder Verstehen noch Lernen stattfinden."

Dr. Frank Smith
Reading Without Nonsense

Ihre persönliche Spitzenleistung beginnt mit dem Loslassen von widersprüchlichen Gedanken, Emotionen und Verhaltensweisen. Das Eliminieren unnötiger Oszillation und das Zentrieren Ihres Körper-Geistes führen zum Abbau von Streß und Anspannung. Die meisten Menschen, mit denen ich arbeite, merken nicht, wie die Anspannung ihren Körper beherrscht und ihre Denkfunktionen einschränkt, es sei denn, sie sind in einer akuten Streßsituation. In diesem Kapitel werden wir versteckte körperliche und mentale Spannungen auffinden und einfache Techniken zum Loslassen dieser Spannungen entwickeln.

Wo sitzt die Spannung?

Das Gegenteil von Entspannung ist Spannung. Wenn Sie eine große Katze in ihrem angestammten Revier herumschleichen sehen, erkennen Sie den Unterschied. Der Blick der Katze wird ganz weit, mit erweiterten Pupillen, um Informationen von überallher aufzunehmen. Wenn dann etwas ihre Aufmerksamkeit auf sich zieht, ziehen die Pupillen sich sofort zusammen, die Augen fokussieren und... der ganze Körper geht in Alarmbereitschaft über.

Das gleiche gilt für Sie. Wenn sich die Systeme Ihres Körpers und Ihres Geistes anspannen, dann hat das natürliche physiologische und psychologische Konsequenzen. Ihre sensorischen Systeme neigen dazu, sich zu verengen. Ihr Hören, Fühlen und Denken konzentriert sich. Dieser begrenzte Sinnes-Input erlaubt Ihnen, sich auf eine Sache gleichzeitig zu konzentrieren. Weil auch die emotionalen und kognitiven Möglichkeiten begrenzt sind, sind Sie genau auf Kurs und frei von ablenkenden oder widerstreitenden Gedanken.

Leider arbeitet solch eine Reaktionsweise mit Spannungen im Zeitalter der Information gegen uns. Wir sind kontinuierlich gefordert, Probleme zu lösen und Entscheidungen zu treffen; um effektive Entscheidungen treffen zu können, müssen wir Informationen frei aufnehmen. Machen wir uns über Probleme und Entscheidungen Sorgen, begrenzen wir unsere Fähigkeiten der Entscheidungsfindung und Problemlösung.

Ein anderes negatives Nebenprodukt von zuviel Spannung sind die Auswirkungen auf die körperliche Leistungsfähigkeit. Anspannungen in einzelnen Muskeln zwingen uns zum Einsatz großer Muskelgruppen, die ohne feinmotorische Koordination viel angestrengter arbeiten müssen. Die Bewegungen großer Muskelgruppen führen zu Überkompensation und „Überkontrolle". Die Leistungsfähigkeit läßt nach.

Ein klassisches Beispiel für dieses Leistungshindernis ist, wie Menschen sich in Eingangstests für eine neue Stelle verhalten; z.B. Stenographie, Sortieren von Briefen nach Postleitzahlen oder Schreibmaschineschreiben. Die Lernenden können alle Fertigkeiten, die sie für diese Aufgaben brauchen, bewußt erlernen. Um jedoch einen Test bestehen zu können, müssen sie loslassen, um Informationen aufzunehmen. Ihre Körper müssen schneller reagieren, als ihr bewußter Verstand denken kann, daher müssen die

Lernenden die bewußte Aufmerksamkeit loslassen, um so schnell zu arbeiten, wie es nur das innere Bewußtsein kann.

Leider verkrampfen sich viele Lernende bei Leistungstests; sie versuchen zu angestrengt, alles richtig zu machen. Sie schneiden nicht so gut ab wie sie eigentlich könnten, und sie sind zu langsam, um den Test bestehen zu können.

Nehmen Sie sich einen Augenblick Zeit und fühlen Sie in Ihrem Körper, wie Anspannung Probleme erzeugt.

> Spannen Sie behutsam Waden, Oberschenkel, Bauch, Rücken, Schultern und Gesicht an. Holen Sie Luft und halten Sie die Luft einen Augenblick an. Wie fühlen Sie sich? Wie lange können Sie Ihrer Meinung nach diesen Zustand beibehalten?
>
> Atmen Sie jetzt aus – mit der Luft auch all die Spannung. Achten Sie darauf, was in Ihrem Körper, Ihrer Atmung, Ihrem Geist passiert. Die natürliche Antwort auf Anspannung ist Entspannung. Was machen Sie, wenn Sie am Ende eines harten Arbeitstages nach Hause kommen? Wenn Sie einen freien Augenblick haben, holen Sie wahrscheinlich tief Luft und atmen mit einem Seufzer aus, während Sie sich hinsetzen. Dabei lockern Sie spontan Ihre Schultern, Ihren Bauch und Ihren Rücken. Was fühlen Sie nach der Entspannung?

Am Ende eines Tages, wenn Sie sich hinlegen und Ihren Kopf auf das Kopfkissen betten, fühlen Sie sich dann nicht wunderbar? Die Erlaubnis, sich zu entspannen, kommt, wenn Sie zu sich sagen: „Ich muß nichts mehr tun, außer ausruhen." Der Körper revitalisiert und regeneriert alle Systeme des Körpers und des Geistes, ferner frischt er erschöpfte Reserven wieder auf.

Ich möchte Sie nicht in die Irre führen. Das Mittel zu größerer menschlicher Leistungsfähigkeit ist nicht die totale Entspannung. Zuwenig Spannung führt zu Trägheit und Langeweile. Studien der letzten Jahrzehnte haben gezeigt, daß unsere Systeme eine gewisse Spannung benötigen, um optimal zu funktionieren.

Der Wissenschaftler und Autor Mihaly Csikszentmihalyi nennt die „feine Zone zwischen Langeweile und Angst" den „Flow-Zustand". Der Harvard-Mediziner und Forscher Herbert Benson zeigte, daß sich ein „Angstzyklus" durch Initiierung einer „Entspannungsreaktion" durchbrechen läßt. Das PhotoReading® nutzt diesen Flow-Zustand für die Informationsverarbeitung von gedrucktem Material. Während des Photolesens schaltet sich der ganze Geist ein, versetzt den Leser in einen gesteigerten Bewußtseinszustand und erschließt ihm bemerkenswerte Fähigkeiten. Das Ziel der Entspannung ist, den Körper und den Geist in einen idealen Zustand der Leistungsfähigkeit zu bringen.

Loslassen: Von der Anspannung zur Entspannung

Viele Dinge bewirken Spannungen in uns und hindern uns, die volle Bandbreite unserer Ressourcen zu nutzen. Jeder äußere Reiz, den wir als gefährlich interpretieren, setzt einen Angstzyklus in Gang. Oftmals erinnert uns ein Reiz aus unserer Umwelt an eine negative Erinnerung aus der Vergangenheit, die uns automatisch zu defensivem Handeln veranlaßt.

Manchmal verspannen wir uns beim Fernsehen oder anderen Medien, wenn wir die Sinne mit zuviel Informationen bombardieren. Wir können uns daran gewöhnen, in einem Zustand der Anspannung zu leben, so daß wir kaum erkennen, wie wir Spannungen im unteren Rückenbereich, im Unterleib oder in der Nackengegend mit uns herumtragen.

Es gibt viele Wege zur Spannung und ebensoviele Wege zur Entspannung. Zahlreiche einfache Techniken können uns helfen, uns sofort zu entspannen.

Ich sprach bei der Mittagszusammenkunft eines örtlichen Rotarier-Clubs über Techniken zur Sofort-Entspannung. Nach der Demonstration der 90-Sekunden-Technik an sechs Freiwilligen eröffnete ich die Diskussion. Eine der Versuchspersonen warf ein: „Bevor Sie diese Diskussion beginnen, möchte ich allen etwas mitteilen."

Der Mann zog zwei rosa Zettel aus der Tasche seines Tweedblazers und meinte daraufhin: „Dies sind zwei Rezepte für Tranquilizer. Ich bekam sie heute von meinem Arzt verschrieben. Ich habe gerade erkannt, daß ich sie gar nicht brauche, denn in diesen 90 Sekunden habe ich mich mehr entspannt als in den gesamten vergangenen sechs Monaten. Das wollte ich Ihnen nur mitteilen."

Tiefe körperliche und mentale Entspannung ist kein Wunder. Sie ist immer nur einen Gedanken weit von Ihrem gegenwärtigen Zustand entfernt. Wenn Sie die folgenden Anweisungen aus diesem Kapitel befolgen, werden Sie lernen, sehr schnell einen optimalen Zustand der Entspannung herzustellen.

In seinem Buch *„Autogenic Training"* skizziert Kai Kermani zahlreiche Techniken, mit deren Hilfe man einen optimalen Entspannungs-Zustand erreicht. Sein Ansatz dreht sich um einige einfache Prinzipien:

➤ Arbeiten Sie mit Ihren Gedanken: Ruhige Gedanken beruhigen Geist und Körper.
➤ Gehen Sie auf Emotionen ein: Emotionen sind bewegte Gedankenenergie in Ihrem Körper. Lernen Sie, wie Emotionen, die über Sie hinwegspülen, Platz machen können für Ruhe.
➤ Verändern Sie Ihre Physiologie: Die Physiologie gibt den Ton an für Ihren emotionalen Zustand und erschafft die Grundlage für mentale und emotionale Entspannung.
➤ Trainieren Sie Ihre wichtigsten Muskelgruppen: Zusätzlich zum Abbau angestauter Spannungen kann diese Übung Neurochemikalien im Gehirn freisetzen, die die Stimmung auf positive Art und Weise verändern.

> *„Als Rettungsschwimmer lernen Sie, was Sie tun müssen, wenn ein Opfer nach Ihnen greift, um sich selbst zu retten. Die natürliche Reaktion wäre wohl ein Kampf an der Wasseroberfläche. Als Rettungsschwimmer lernt man dagegen, sofort tief und schnell unterzutauchen. Dort will das Opfer nun absolut nicht hin, und es läßt sofort los. Wie meine Lehrerin Mrs. Baily in der sechsten Klasse immer zu sagen pflegte: ‚Es ist leicht, wenn man weiß wie!'"*
>
> **Dr. Charles Connolly**

Entwickeln Sie Fertigkeiten

Wenn Sie Entspannungstechniken studieren, werden Sie feststellen, daß sich ein bestimmtes Muster abzeichnet. Ganz gleich, ob Sie emotional angespannt, mental durcheinander oder körperlich gestreßt sind ... die Regel ist immer die gleiche: An erster Stelle steht die Physiologie.

Wenn Sie Ihren physiologischen Zustand verändern, verändern Sie alles. Wie Sie bereits an früherer Stelle in diesem Kapitel gelernt haben, leitet ein tiefer Atemzug und eine Entspannung des Schulterbereichs und Ihrer gesamten Haltung eine allgemeine Entspannungsreaktion ein. Jede Technik des Loslassens beginnt mit Entspannung.

Lassen Sie mich das kurz illustrieren. Wenn mir jemand Nase und Mund zuhielte, so daß ich nicht atmen könnte, würde sich mein Körper nach ein, zwei Minuten verkrampfen und nach Sauerstoff ringen. Wenn ich nach drei Minuten immer noch bei Bewußtsein wäre, würde ich wie wild um mich schlagen, um mich zu befreien.

Der Atem verbindet Körper und Gehirn unsichtbar miteinander. Wenn Sie Ihre Atmung verändern, verändern Sie Ihren mentalen und körperlichen Zustand. Versuchen Sie es.

> Holen Sie tief Luft und atmen Sie aus. Entspannen Sie sich jetzt und atmen Sie gleichmäßig ein und aus. Atmen Sie einen kompletten Zyklus ohne Pause zwischen Ein- und Ausatmen. Stellen Sie sich vor, Sie würden einen Kreis atmen, in dem jeder Atemzug gleichmäßig ohne Ruck oder Pause in den nächsten fließt. Nehmen Sie sich 30 Sekunden Zeit, um die Augen zu schließen und weiter so zu atmen. Achten Sie darauf, welche Auswirkungen dieses „Kreis"-Atmen auf Ihren Körper und Geist hat.

Sie haben wahrscheinlich bemerkt, daß die Entspannung der Atmung eine spontane Entspannung des Körpers und des Geistes zur Folge hatte. Wenn Sie die Verbindung zwischen diesen beiden entspannen, folgen Körper und Geist sofort. Die korrespondierenden Veränderungen in Ihrem Körper und Ihrem Geist verändern auch Ihre Emotionen.

Entscheiden Sie sich für persönliche Höchstleistung

Wenn Sie eine Blockade verändern wollen, dann verändern Sie zunächst Ihre Physiologie. Lassen Sie los, und Positives wird die Folge sein.

Hier eine Möglichkeit Ihren Zustand zu verändern, um schnell an Ihre Ressourcen zu gelangen:

> Stellen Sie sich hin, lassen Sie die Schultern nach vorn hängen und neigen Sie den Kopf. Versteifen Sie Ihr rechtes Knie und verlagern Sie das Gewicht auf die rechte Ferse. Lassen Sie die Arme baumeln. Dies ist die Physiologie der Depression. Lassen Sie nun Ihre Atmung flacher werden. Denken Sie nun an etwas Deprimierendes, etwa an einen schlimmen Fehler, der Ihnen vor langer Zeit unterlaufen ist.
>
>
>
> Wie Sie aus Ihrer Depression in 30 Sekunden wieder herauskommen können, zeige ich Ihnen jetzt. Bereit?
>
> Während Sie die Wirbelsäule strecken, atmen Sie tief durch, heben den Kopf und richten sich in den Schultern auf. Atmen Sie aus und verlagern Sie dabei das Körpergewicht auf beide Füße, die schulterbreit voneinander entfernt stehen. Stellen Sie einen Fuß leicht vor den anderen und verlagern Sie Ihr Gewicht auf die Fußballen. Atmen Sie gleichmäßig tief in Bauch und Brust ein und aus. Dies ist die Physiologie der persönlichen Höchstleistung. Erinnern Sie sich nun an einen großen Erfolg.
>
>

Wie fühlen Sie sich? Achten Sie auf die Unterschiede zwischen Depression und Höchstleistung. Die Physiologie persönlicher Höchstleistung wird Ihren emotionalen Zustand immer erfolgreich verändern, weil die Physiologie die Emotionen leitet. Jetzt wissen Sie, daß, wenn Sie sich nun deprimiert oder blockiert fühlen, Sie innerhalb von 30 Sekunden umschalten können. Nehmen Sie die Physiologie der persönlichen Höchstleistung ein. Stehen Sie einfach aufrecht und atmen Sie anders, und sofort werden Sie einen Unterschiede in Ihrer mentalen Einstellung bemerken. Der

Zugang zu einer kraftvollen Physiologie und einem positiven mentalen Bild wird Sie ressourcevoll machen.

Ankern Sie die Entspannungsreaktion

Sie sollten jedesmal, wenn Sie den Zustand wahren Loslassens erleben, diesen Zustand ankern. Der Prozeß des Ankerns besteht darin, einer Reaktion einen Reiz zuzuordnen. Das Konzept des Konditionierens wurde erstmals durch den russischen Psychologen Iwan Petrowitsch Pawlow (1849-1936) mit seinen berühmten Hundeexperimenten vorgestellt.

Der Anker, den Sie setzen, kann körperlich, auditiv, visuell sein oder aus einer beliebigen Kombination bestehen. Ein körperlicher Anker kann beispielsweise darin bestehen, daß Sie die rechte Hand zu einer Faust schließen und wieder öffnen. Wenn Sie diese Verbindung des Schließens und Öffnens der Faust mit einem Entspannungserlebnis verbinden, wird das Schließen und Öffnen Ihrer rechten Hand in Zukunft einen ähnlichen Zustand der Entspannung auslösen. Je öfter Sie diesen Anker wiederholen, um so wirkungsvoller wird er.

Ein auditiver Anker kann ein inneres Wort oder eine Wortfolge sein, wie z.B. *„hervorragend"* oder *„ruhig und gelassen"*. Ein visueller Anker könnte das innere Bild eines religiösen Symbols oder einer Vorstellung, die Sie zeigt, wie Sie gerade Erfolg haben, sein.

Ankern ist eine effektive und einfache Technik. Nutzen Sie das Ankern bei den folgenden Übungen.

Entspannung in 90 Sekunden

Erinnern Sie sich noch an die Geschichte über meine Demonstration bei den Rotariern? Hier ist die komplette Übung. Sie können sie allein oder mit einem Freund ausprobieren.

> Setzen Sie sich auf einen Stuhl, die Füße fest auf den Boden und die Hände auseinander, mit den Handflächen nach

oben auf Ihren Oberschenkeln. Atmen Sie tief ein, und während Sie ausatmen, schließen Sie die Augen und denken an die Worte „*Laß los*"; wiederholen Sie es innerlich. Denken Sie nur an die Worte „*Laß los*". Innerhalb von 90 Sekunden werden Sie sehr entspannt sein.

Ein zusätzlicher Schritt besteht darin, sich vorzustellen, Ihr dominanter Arm und Ihre dominante Hand seien so leicht und locker wie ein Seidentuch. Greifen Sie mit Ihrer nicht-dominanten Hand das Handgelenk Ihres dominanten Arms, heben ihn 15 cm an und lassen Sie ihn auf Ihren Oberschenkel plumpsen. (Das geht etwas einfacher bei jemand anderem, aber es geht auch allein.)

Entspannen Sie sich so lange, wie Sie wollen, und bringen Sie dann Ihre Aufmerksamkeit wieder nach außen, indem Sie im Geiste von eins bis fünf zählen. Öffnen Sie die Augen, atmen Sie tief durch und strecken Sie die Arme.

So einfach ist das. Versuchen Sie es!

Tiefere Entspannung

Die Haupttechnik der Tiefentspannung nennt sich „progressive Entspannung", wobei Ihre Aufmerksamkeit von einer Muskelgruppe zur nächsten geht.

Während Sie Ihre Aufmerksamkeit auf irgendeinen Teil Ihres Körpers richten, stellen Sie sich vor, wie die betreffenden Muskeln locker werden und sich entspannen. So können Sie vom Kopf bis zu den Zehenspitzen oder umgekehrt vorgehen und werden merken, wie Sie sich dabei tief entspannen.

Experimentieren Sie damit:

> Richten Sie Ihre Aufmerksamkeit auf den großen Zeh Ihres rechten Fußes. Machen Sie sich Ihren Zeh ganz bewußt. Gut. Richten Sie Ihre Aufmerksamkeit nun auf die Ferse Ihres linken Fußes, jetzt auf Ihre rechte Kniescheibe. Gut. Können Sie Ihren linken Ellenbogen bewußt wahrnehmen?

Richten Sie nun Ihre Aufmerksamkeit auf Ihre Nase. Spüren Sie den Fluß des Atems, wie er beim Einatmen in Ihre Nase hinein- und beim Ausatmen wieder herausströmt.

Sie haben Ihre Aufmerksamkeit von einem Körperteil zum nächsten geleitet und dadurch schließen Sie alle irrelevanten Reize aus, die möglicherweise dafür verantwortlich waren, daß Ihr Körper und Ihr Geist verkrampft und verspannt waren. Raffiniert, nicht?

Nun, da Sie eine Vorstellung von dieser Technik bekommen haben, möchte ich Ihnen noch ein detailliertes Skript geben, nach dem Sie vorgehen können. Wenn Sie möchten, nehmen Sie dieses Skript für sich auf Kassette auf oder lassen Sie es sich von jemandem vorlesen. Sie können auch eine professionell produzierte Entspannungskassette benutzen, beispielsweise meine Paraliminal-Kassette *„Deep Relaxation"*.

Der folgende Entspannungsprozeß dauert ca. 10 bis 15 Minuten. Wenn Sie den Text jetzt einmal überfliegen, können Sie ihn später, wenn Sie Zeit haben, Schritt für Schritt durchgehen. Es handelt sich um den gleichen Entspannungsprozeß, den auch die PhotoReading®-Teilnehmer lernen, um sich durch einen tiefen Atemzug in einen optimalen Lernzustand zu begeben. Während des Kurses lernen die Teilnehmer das Muster des Loslassens kennen, das Sie dann jederzeit zur Entspannung einsetzen können.

Die Paraliminal-Kassetten nutzen eine einzigartige Mischung aus Neurolinguistischem Programmieren, beschleunigtem Lernen und vor-bewußter Verarbeitung, um dem inneren Bewußtsein beizubringen, auf eine Weise zu reagieren, die hilft, das gesetzte Ziel zu erreichen. Sie enthalten keine subliminalen Botschaften.

Informationen erhalten Sie von Learning Strategies Corporation. In Deutschland erhalten Sie die Paraliminal-Kassetten bei Sintonia Seminare. Adresse siehe S. 264.

Nehmen Sie einen tiefen Atemzug ... halten ihn einen Augenblick und während Sie langsam ausatmen, schließen Sie Ihre Augen, denken Sie an die Zahl 3 und sprechen innerlich *laß los*. Das Zeichen für Ihre körperliche Entspannung. Stellen Sie sich eine Welle der Entspannung vor, wie sie durch Ihren ganzen Körper fließt, von Kopf bis Fuß.

Eine Welle der Entspannung kann oben an Ihrem Kopf beginnen und langsam über die Muskeln Ihrer Kopfhaut strömen, weiter über Ihre Stirn und alle Muskeln um Ihre Augen herum lockern, die Nasenflügel, die Wangen und weiterfließen durch die Muskeln Ihres Mundes, Ihres Kinns und Kiefers. Und während diese Welle die Muskeln in

Ihrem Gesicht löst, fließt sie weiter durch Ihren Hals und Nacken und über Ihre Schultern. Stellen Sie sich diese Welle der Entspannung vor, wie sie von oben über Ihre Schultern, die Seiten, vorn und hinten hinunterfließt. Diese angenehme Welle der Entspannung kann durch Ihre Arme fließen und entspannt dabei die Oberarme, Unterarme, Hände, Finger und Fingerspitzen.

Stellen Sie sich vor, daß diese Welle der Entspannung geradewegs aus Ihren Fingerspitzen fließt und alle engen, angespannten Gefühle mitfortnimmt. Vielleicht spüren Sie ein angenehmes Kribbeln oder Vibrieren in den Fingerspitzen, während die Muskeln noch mehr loslassen.

Diese angenehme Welle der Entspannung fließt von Ihren Schultern herunter durch die Muskeln Ihrer Brust und Ihres Rückens. Stellen Sie sich vor, wie sich die Welle sanft und gleichmäßig über die Muskeln in Ihrer Brust und in Ihrem Rücken verteilt und auch Ihren Atem entspannt und alles um Ihr Herz herum. Während Sie alles um Ihr Herz herum entspannen, nehmen Sie seinen gleichmäßigen Rhythmus und sein Schlagen wahr. Und wenn Ihre Gedanken woanders hingehen, dann können Sie sie sanft, ganz sanft wieder zu dem zurückführen, was Sie gerade tun. Später gibt es viel Zeit für andere Gedanken, jetzt entspannen Sie sich tief.

Während Sie sich weiter entspannen, stellen Sie sich die Welle vor, wie sie Ihren Rücken herabfließt, durch Ihren Bauch und durch alle Organe Ihres Körpers, wie sie sich langsam ausbreitet in Ihr Becken und Ihre Hüften. Sie spüren die Entspannung sich ausbreiten in den Muskeln Ihrer Beine, in Ihren Oberschenkeln, Waden, Ihre beiden Beine hinunterfließen bis zu Ihren Knöcheln und Füßen. Und dort fließt die Welle geradewegs durch die Fußsohlen hinaus und nimmt alle Spannungen einfach hinfort, hinaus, sie schmelzen dahin.

Und immer, wenn Sie sich so tief entspannen möchten oder noch tiefer als jetzt, können Sie an Ihr Zeichen für körperliche Entspannung denken, die Zahl 3 und *laß los* ... Sie bestimmen die Entspannung.

{Pause}

Nehmen Sie nun einen weiteren tiefen Atemzug ... halten Sie ihn einen Augenblick, und während Sie langsam ausatmen, denken Sie an die Zahl 2 und wiederholen innerlich *laß los*. Das Zeichen für Ihre geistige Entspannung. Lassen Sie alle Gedanken an die Vergangenheit oder Zukunft los und konzentrieren Sie Ihre Aufmerksamkeit einzig in diesen Augenblick, ins Hier und Jetzt.

Stellen Sie sich vor, wie Sie mit jedem Ausatmen alle Furcht, Sorgen oder irgendwelche Probleme loslassen, einfach gehen lassen. Atmen Sie einfach aus und lassen Sie sie los.

{Ein Atemzug Pause}

Und mit jedem Einatmen stellen Sie sich vor, wie Sie Gelassenheit, Ruhe und Wohlbefinden in jeden Teil Ihres Körpers einatmen.

{Ein Atemzug Pause}

Und mit jedem Atemzug lassen Sie mehr los, entspannen sich noch tiefer. Stellen Sie sich vor, wie sich Ihr Bewußtsein in diesen jetzigen Moment ausbreitet.

Und immer, wenn Sie sich so tief entspannen möchten oder noch tiefer als jetzt, können Sie an Ihr Zeichen für geistige Entspannung, die Zahl 2, denken und *laß los* wiederholen.

Geräusche von außen, die keine Bedeutung für Sie haben, können Ihnen dann sogar helfen, sich noch tiefer zu entspannen.

{Pause}

Nehmen Sie noch einen tiefen Atemzug, halten ihn einen Augenblick ... Und während Sie langsam ausatmen, hören Sie innerlich den Klang der Zahl 1, stellen Sie sich vor, wie Sie eine wunderbare Pflanze oder Blume betrachten.

{Pause}

Dies ist das Zeichen, daß Sie Ihr Gewahrsein nach innen konzentriert haben, auf den optimalen Lernzustand. Hier haben Sie einen erweiterten Zugang zu Kreativität und Wahrnehmungsfähigkeit. Sie sind in Kontakt mit den unendlichen Ressourcen Ihres inneren Bewußtseins.

Wenn Sie möchten, können Sie sich selber in einer wunderschönen, ruhigen und friedvollen Szene vorstellen, wie Sie dort sitzen oder liegen, entspannen und diese Zeit des Wohlbefindens genießen.

{Pause}

Dies ist der ideale Zeitpunkt, sich selbst die Affirmationen zu geben, die Ihnen helfen, das zu lernen, was Sie sich wünschen. Geben Sie sich jetzt, während Sie diesen entspannten, nach innen gerichteten Zustand genießen, positive und konstruktive Affirmationen, die Ihnen helfen, den Schritt des „Loslassens" der Natürlichen Brillanz zu entwickeln.

Sagen Sie sich beispielsweise: „Ich kann alles erreichen, worauf ich meinen Geist klar ausrichte. Ich glaube an mich und bin bereit, mein volles Potential als Lerner anzunehmen."

Nehmen Sie sich die Zeit und stellen Sie sich vor, wie Sie sich selbst loben, einige positive Formulierungen, die Ihnen helfen, das zu erreichen, was Sie wünschen. Hören Sie diese in Ihrem Inneren, so als ob Sie mit Ihrer eigenen inneren Stimme zu sich sprechen würden.

Wenn Sie soweit sind, bringen Sie sich allmählich wieder auf einen mehr nach außen gerichteten Bewußtseinszustand zurück.

Bringen Sie sich auf die äußere Bewußtseinsebene mit dem Standardverfahren, indem Sie vorwärts zählen von 1 bis 5.

Bei jeder Zahl stellen Sie sich vor, daß Sie zu einer immer mehr äußeren Aufmerksamkeit gelangen und alle guten Gefühle und die Wachheit, die Sie entwickelt haben, mit sich bringen. Bei der letzten Zahl öffnen Sie Ihre Augen, fühlen Sie sich erfrischt, entspannt und wach.

Beginnen Sie nun und lassen Sie sich soviel Zeit, wie Sie brauchen, um jetzt zurückzukommen.

Zusammenfassung

Sie merken sicherlich, daß Loslassen so einfach ist wie tiefes Ausatmen. Wenn Sie Ihren Körper und Geist richtig führen, kann sich jeder Teil von Ihnen entspannen. Nehmen Sie in den nächsten Tagen Gelegenheiten wahr, Ihr geschäftiges Leben mit einigen Augenblicken der Entspannung anzureichern. Sie werden sich schnell trainieren, spontan in beliebigen Situationen loszulassen, weil Sie wissen, daß Sie es können.

In stressigen Situationen werden Ihnen das Wissen und die Fertigkeiten von Schritt 1, Loslassen, unmittelbaren Nutzen bringen. Bei Angelegenheiten, die Sie sonst regelmäßig blockierten, entspannen Sie sich und werden Sie spielerisch. Wenn Sie die Techniken dieses Kapitels einsetzen, werden Sie wesentliche Fertigkeiten auf ganz natürliche Weise entfalten. Nehmen Sie sich vor, jeden Tag eine oder mehrere der unten aufgeführten Ideen umzusetzen, bis Sie alle ausprobiert haben. Haken Sie ab, was Sie schon gemacht haben, damit Sie Ihren Fortschritt mitverfolgen können.

Aktions-Checkliste für das Loslassen

❑ *Die Physiologie kommt zuerst:* Atmen Sie 30 Sekunden lang in vollen, gleichmäßigen Zyklen und achten Sie auf die Auswirkungen auf Körper und Geist.

- *Persönliche Höchstleistung:* Nehmen Sie eine ausgeglichene, kraftvolle Physiologie der persönlichen Höchstleistung ein und denken Sie an eine positive Situation.
- *Entspannungsanker:* Erleben Sie den Zustand des Loslassens und ankern Sie diesen Zustand körperlich, auditiv und/oder visuell.
- *90-Sekunden-Entspannung:* Sitzen Sie bequem, atmen Sie tief aus und fokussieren Sie den Geist auf *Laß los* und wiederholen Sie dies innerlich. Fühlen Sie Ihren Arm so entspannt wie ein Seidentuch.
- *Tiefenentspannung:* Folgen Sie dem Skript für die progressive Entspannung von Kopf bis Fuß.

Im Anhang finden Sie zusätzliche Tips.

Wahrnehmen

Das Wahrnehmen, der 2. Schritt der Natürlichen Brillanz, schaltet Ihre Sinnessysteme wieder ein, wenn sie durch Spannungen und Oszillation ausgeschaltet worden sind. Wenn Ihre Sinne sich einschalten, wird eine Fülle wertvoller Informationen zugänglich, die Ihnen neue Erfolgs-Möglichkeiten eröffnen. Das Erlebnis, die Sinne wieder einzuschalten, kann erfrischend sein und Ihnen ganz überraschende Sichtweisen eröffnen, so als trete man aus einem dunklen Tunnel, und die ganze Welt breitet sich lebendig vor einem aus.

Nach 20 Stunden Flugtraining als Privatpilot bat mich mein Fluglehrer, den benachbarten Flughafen von Anoka County anzufliegen. Wochenlang war ich besessen davon gewesen, auf Nummer sicher zu gehen und jedes Detail beim Flug zu beachten. Ich prüfte ständig meine sechs Instrumente, zur Bestätigung, daß ich mich auf dem richtigen Kurs und auf der richtigen Flughöhe befand. Ich schaute rechts und links über die Flügel, um sicherzugehen, daß ich gerade flog. Den Horizont prüfte ich mittels einer Markierung auf der Windschutzscheibe, damit ich garantiert parallel zum Boden flog.

„Gerade und horizontal, alle Instrumente gecheckt", sagte ich mir innerlich immer wieder vor. Jedesmal, wenn ich in der Luft war, dominierte in meinem Bewußtsein diese Prozedur. Aber an diesem bestimmten Tag ereignete sich etwas Ungewöhnliches, was mein Fluggefühl für immer verändern sollte.

Als wir uns dem Flughafen näherten, erkannte ich, daß ich alles um mich herum sehen konnte. Ich konnte den gesamten Verkehr im Umkreis von 15 Meilen sehen. Ich kannte den exakten Anflugweg meines Flugzeugs in Beziehung zu den Konfigurationen der Rollfelder. Ich konnte mit einem Blick alle sechs Instrumente überprüfen. Ich mußte weder nach rechts noch nach links schauen. Die Tragflächen waren wie Verlängerungen meiner Schultern, und ich wußte, daß sie horizontal lagen, ich brauchte nur nach vorne auf mein Ziel zu schauen.

„Irre!" sagte ich zu meinem Fluglehrer, der rechts neben mir saß. „Es ist unglaublich! Es ist, als könnte ich alles auf einmal sehen."

Mr. Hlusak lächelte zurück und sagte: „Herzlichen Glückwunsch, Sie haben die Scheuklappen abgenommen."

Dieses Abnehmen der Scheuklappen stellt sich bei allen Piloten irgendwann ein. Die Dominanz der begrenzten bewußten Verarbeitung des analytischen Verstandes gibt plötzlich den Weg frei, und der gesamte Geist schaltet um auf Panoramasicht.

Das Ziel des Schrittes „Wahrnehmung" besteht darin, in Ihrer Welt die Panoramasicht einzuschalten. Weg mit den Scheuklappen!

Treten Sie aus Ihrem Tunnel heraus

Immer, wenn wir zu angestrengt versuchen, unser Leben perfekt zu leben, schalten wir die gewaltigen Ressourcen des ganzheitlichen Geistes aus. Aufgrund dessen leben wir unser Leben mit einem Tunnelblick. Wir gewöhnen uns so sehr daran, die Welt mit dem Tunnelblick wahrzunehmen, daß wir gar nicht mehr merken, wie beschränkt unsere Wahrnehmungen eigentlich sind.

Mit acht Jahren bekam mein Bruder Lee eine Brille. Weder er noch meine Eltern hatten gewußt, wie unglaublich kurzsichtig er war. Das Erlebnis, mit klarer Sicht in die Welt zu treten, verblüffte ihn.

Er beschrieb es so: „Ich wußte überhaupt nicht, daß Gras aus einzelnen Halmen besteht. Ich dachte immer, es sei ein großer undifferenzierter grüner Klecks, genauso, wie mit den Bäumen. Ich hab gar nicht gemerkt, daß Bäume einzelne Blätter haben, bis ich aus der Praxis des Optikers kam."

Wenn unsere Sinnessysteme eingeschränkt oder ausgeschaltet sind, merken wir nicht, daß die Welt um uns herum Informationen für uns bereithält, die wir brauchen. Der Tunnelblick kann ein Hindernis in unserer persönlichen Entwicklung darstellen. Wir wissen solange nicht, was es bedeutet, Scheuklappen zu tragen, bis wir sie endlich abnehmen.

Mehr Wahrnehmen zum Überleben und zur vollen Entfaltung

Nachdem wir mit dem ersten Schritt, Loslassen, uns vom Streß verabschiedet haben, stellen wir nun wieder eine natürliche Sensibilität für unsere Sinnessysteme her. Das erschließt uns all die beachtlichen Fähigkeiten unseres Gehirns und ermöglicht uns, die nötigen Unterscheidungen zu treffen, um unsere Ziele zu erreichen.

Schritt 2, Wahrnehmen, ist absolut entscheidend für unseren Erfolg in der Welt – ja, für unser Überleben – wie auch für unsere Fähigkeit, in dieser modernen Zeit zu bestehen. Schauen Sie sich verschiedene Kulturen auf der Welt an, die in rauhen Umgebungen überleben mußten und Sie werden ein interessantes Muster erkennen: Überleben kommt der Fähigkeit gleich, aufgrund von sensorischen Informationen weise Entscheidungen zu treffen.

„Unsere Wahrnehmungen sind die Tür zur Veränderung – Bewußtheit ist der Schlüssel!"

Rex Steven Sikes, Gründer von IDEA Seminars

Vielleicht haben Sie von der Fähigkeit der Eskimos gehört, verschiedene Schneearten zu unterscheiden. Sie und ich können vielleicht sieben oder acht Arten unterscheiden, die Inuit, wie sie lieber genannt werden, treffen mehr als fünfzig Unterscheidungen. Wenn das eigene Leben davon abhängt, eine Schneeart von der anderen unterscheiden zu können, ist es nur logisch, daß man dabei sehr sorgfältig vorgeht. Stellen Sie sich vor, Sie fahren übers Land und können die Straßenschilder nicht auseinanderhalten. Ganz schön gefährliche Angelegenheit, nicht wahr?

Wenn Sie sich mit Nordischen Völkern befassen, werden Sie ein ähnliches Muster sensorischer Wahrnehmung finden. Sie hatten ein ziemlich kleines Arbeitsvokabular für alles, was mit dem Leben im Landesinneren zusammenhing. Wenn es aber um die Beschreibung von Küstenregionen ging – Felsen, Steine, Wellen und andere Qualitäten des Wassers –, dann verfügten sie über wesentlich mehr Begriffe. Die Nordländer trafen bemerkenswert feine Unterscheidungen hinsichtlich des Wassers, von dem ihre Existenz abhing und aus diesen Unterscheidungen erwuchs auch ihr Erfolg.

Kommen wir nun zu Ihnen und mir. Wir leben im Zeitalter der Informationsgesellschaft. Wir müssen aus den Daten und der Welt um uns herum Bedeutungen extrahieren, um Entscheidungen für effektives Handeln treffen zu können. Wenn wir Auto fahren, kommen Informationen schnell auf uns zu. Rechtsanwälte, Informatiker, Mediziner und andere Fachleute müssen enorme Informationsmengen verarbeiten, um in ihrem Bereich Schritt halten zu können. Welche sensorischen Unterscheidungen sollten wir treffen, um zu überleben und uns zu entwickeln? Wie können wir erkennen, worauf wir achten müssen, um heutzutage ein erfülltes Leben zu leben?

Machen Sie den ersten Schritt in Richtung Gleichgewicht

Indem Sie Ihre Wahrnehmung von der Welt um Sie herum und Ihre entsprechenden Sinneseindrücke schärfen, befreien Sie sich von Verwirrung und finden zum Gleichgewicht. Ich erwähnte in Kapitel 1, daß der Schritt *Wahrnehmen* zu einem „Beobachterbewußtsein" führt. Ich benutzte die Analogie des Von-der-Wippe-Springens, anstatt auf der Wippe von einem Ende zum anderen zu laufen, um sie ins Gleichgewicht zu bringen. Wenn man eine Perspektive außerhalb des oszillierenden Systems einnimmt, dann werden die wilden Schwingungen gedämpft und die Wippe kommt ins Gleichgewicht.

Die Flugnavigation basiert auf demselben Gleichgewichtsprinzip. Selbst wenn Sie wissen, wo Sie gestartet sind und in welche Richtung Sie fliegen, wissen Sie solange nicht, wo genau auf dem Weg Sie sich befinden, bis Sie einen dritten Referenzpunkt festlegen. Wenn Sie wissen, wo Sie sich in bezug auf einen dritten Punkt befinden, können Sie eine Schnittlinie zeichnen und so Ihre Position zwischen Standort und Ziel bestimmen.

Orientierung erfordert Triangulation. Auch Gleichgewicht verlangt danach. Wahrnehmungen erschaffen diese Triangulation. Um das zur Oszillation führende Entweder-oder-Denken zu reduzieren, brauchen Sie eine Beobachterperspektive. Wenn Sie einen anderen Standpunkt einnehmen, außerhalb der Wippe, können Sie entdecken, was Sie getan haben und welche anderen Möglichkeiten Sie haben, um dorthin zu gelangen, wo Sie hin wollen. Das Wahrnehmen ermöglicht Ihnen, sich von den negativen Auswirkungen der Orientierungslosigkeit zu befreien und eine ausgewogene Wahrnehmung dessen zu erlangen, was als nächstes zu tun ist.

Schärfen Sie Ihre Sinneswahrnehmung

Sie nehmen sich und die Welt um Sie herum mit Ihren fünf körperlichen Sinnen wahr. Sie nutzen den visuellen und auditiven Sinn, den Sinn des Fühlens, um Energie und Bewegung wahrzunehmen und zusätzlich noch Schmecken und Riechen. Ihre Sinneswahrnehmungen stärken Sie, indem Sie Ihre Fähigkeit, Veränderungen wahrzunehmen, stärken. Ihr Gehirn registriert Veränderungen, selbst feinste Veränderungen. Wenn Sie aktiv all das wahrnehmen, was Ihr Gehirn wahrnimmt und erkennt, schärfen Sie Ihre Sinneswahrnehmung.

Gerade jetzt, während Sie diese Wörter lesen, nehmen Sie einmal bewußt wahr, was Sie auf der Unterseite Ihrer Oberschenkel spüren. Welche Temperatur hat Ihre Kopfhaut? Was passiert in Ihrem rechten Zeigefinger? Welche Geräusche hören Sie jetzt, die Sie bisher noch nicht wahrgenommen haben?

Sie richten eben aktiv Ihre Aufmerksamkeit auf die unterschiedlichen Sinnessysteme. Vielleicht nahmen Sie dabei einige völlig triviale Informationen wahr. Das ist gut so. Sehen Sie, wie einfach es ist, etwas wahrzunehmen, was Sie bisher nicht wahrgenommen haben.

Zu jedem äußeren Sinnessystem besitzen wir eine korrespondierende innere Repräsentation. Diese Repräsentationen stellen das Betriebssystem oder die Sprache des Gehirns dar. So wie wir unsere äußere Sinneswahrnehmung steigern können, können wir auch unsere innere Sinneswahrnehmung steigern. Unsere Fähigkeit der Informationsverarbeitung, der effektiven Entscheidungsfindung und – letztendlich – für unseren gesellschaftlichen Erfolg, hängt davon ab, daß wir innere sensorische Unterscheidungen treffen. Der Rest dieses Kapitels wird Ihnen helfen, Ihre interne und externe Sinneswahrnehmung zu entwickeln.

Erweitern Sie Ihren Blick

Stellen Sie sich einen visuellen Eingangskanal vor, der Informationen direkt in Ihr inneres Bewußtsein befördert. Dann kann Ihr Geist die Daten durchforsten und Ihnen bewußte Antworten zuspielen, sobald Sie diese wollen oder brauchen. Wäre das nicht toll? Nun, wissen Sie was? Sie sind von Geburt an genau damit schon ausgerüstet.

Das *PhotoReading*® *Whole Mind System* basiert auf der Idee, daß Sie ein inneres Bewußtsein und eine vorbewußte Informationsverarbeitung haben. Mit PhotoReading® können Sie die Informationen von mehr als einer Seite pro Sekunde verarbeiten. Das ist nicht einmal eine radikale Idee. Die Konzepte, auf denen das PhotoReading® basiert, gibt es schon seit Hunderten von Jahren. Ein wichtiger Durchbruch bei der Entwicklung des *PhotoReading*® *Whole Mind System* ist die Art und Weise, eine Textseite anzuschauen. Entsprechend haben wir eine Sehweise entwickelt, die sicherstellt, daß die Informationen, die man sich anschaut, direkt in die umfangreichen Speicher des inneren Bewußtseins gelangen

PhotoFokus, wie wir dies nennen, befähigt Sie, eine ganze Seite auf einmal wahrzunehmen, anstatt angestrengt auf einzelne Wörter oder Wortgruppen zu fokussieren. Mit Hilfe des PhotoFokus umgehen Sie die Grenzen des bewußten Verstandes, um direkten Zugang zum unbegrenzten Verarbeitungspotential des Gehirns zu bekommen. Im wesentlichen geht es beim Photo-Fokus um das „Sehen mit weichen Augen". Dies ist das Gegenteil zum engen Fokus, der unserer normalen Lesegewohnheit entspricht, scharfe, klare Bilder, einzelne Wörter, Wortgruppen oder Druckzeilen zu bekommen. Mit dem PhotoFokus öffnen wir unsere periphere Sehweise und photografieren mental ganze Seiten.

Über das *PhotoReading® Whole Mind System* werden Sie mehr in Kapitel 10 erfahren. Als Vorbereitung für den PhotoFokus können Sie mit folgender Übung experimentieren. Das Ziel dabei ist, ein visuelles Phänomen zu erleben, das PhotoReader den „Cocktailwürstchen-Effekt" nennen.

Um den „Cocktailwürstchen-Effekt" zu sehen, schauen Sie auf einen Punkt auf der Ihnen gegenüberliegenden Wand. Während Sie nun weiter auf diesen Punkt schauen, halten Sie Ihre beiden Hände in einer Entfernung von etwa 50 cm vor Ihre Augen. Bringen Sie dann die Spitzen Ihrer Zeigefinger zusammen.

Während Sie leicht über die Fingerspitzen hinweg auf den Punkt schauen, achten Sie darauf, was in Ihrem Sehfeld mit Ihren Zeigefingern passiert. Lassen Sie Ihre Augen entspannt und versuchen Sie nicht, irgend etwas scharf zu fokussieren.

Sie werden ein Phantombild sehen, das wie ein dritter Finger oder wie ein kleines Cocktailwürstchen aussieht.

Wenn Sie das Cocktailwürstchen sehen, bedeutet das, daß Sie Ihre Augen divergieren, anstatt sie auf einen festen Punkt mit engem Fokus zu konvergieren. Dadurch wird Ihr Sehfeld weicher und Ihre periphere Wahrnehmung weiter. Sie können den Effekt nur sehen, wenn Sie nicht direkt auf Ihre Finger schauen.

Sie können dasselbe mit den Seiten eines Buches tun. Probieren Sie es aus, indem Sie Ihren Blick auf einen Punkt richten, der etwas oberhalb des Buches liegt, oder auf einen Punkt an der Wand. Nehmen Sie dabei in Ihrem peripheren Sehfeld die vier Ecken des Buches und den weißen Raum zwischen den Absätzen wahr. Da Ihre Augen divergieren, werden Sie eine Verdoppelung des Falzes zwischen linker und rechter Seite sehen. Sie werden den etwas gewölbten Streifen einer Phantomseite zwischen den Falzen erkennen. Das nennen wir „Blipseite".

Über den PhotoFokus erfahren Sie mehr in meinem Buch *„PhotoReading® – Die neue Hochgeschwindigkeits-Lesemethode in der Praxis"* (Paderborn 1995). Betrachten Sie vorläufig den PhotoFokus als einen direkten Kanal zu Ihrem inneren Bewußtsein. Wenn Sie diesen weichen Blick nutzen, um in Nullkommanichts durch Bücher zu flitzen, werden Sie feststellen, was für eine fabelhafte Hilfe Ihr inneres Bewußtsein Ihnen zu bieten hat.

> „Ich erinnere mich daran, wie Buckminster Fuller berichtete, daß er die Welt mit einem weichen Fokus sah, weil er keine Brille trug, bis er vier oder fünf Jahre alt war. Er sagte mir, daß ein Geheimnis seines Erfolges die Tatsache war, daß sein Sehvermögen erst dann korrigiert wurde, nachdem er die Welt mit weichem Blick wahrgenommen hatte."
>
> **Peter Kline,**
> *Vorsitzender von Integra Learning Systems*

PhotoFokus kann man sich als eine Art „Zweites Gesicht" vorstellen. Als neurologisches Phänomen kann man es auf verschiedene Weise einsetzen, um das visuell-sensorische System zu öffnen und die Fähigkeit zu steigern, nützliche Informationen aus unserer Umwelt aufzunehmen.

Nelson Zink vom Embudo Center in Mexiko hält Seminare im „Nachtwandern". Dies ermöglicht den Teilnehmern in totaler Dunkelheit, in mondscheinlosen Nächten, eine Technik einzusetzen, die mit dem PhotoFokus vergleichbar ist. Im PhotoReading® nutzen wir das zweite Gesicht, um Informationen von Textseiten aufzunehmen, während wir auf einen distanzierten Punkt schauen. Beim „Nachtwandern" setzen wir das zweite Gesicht ein, um Informationen von unserer Umgebung zu erhalten, während wir den Blick immer ca. 50 cm vor unserem Gesicht lassen, indem wir auf das Ende eines Stabes blicken, der am Schirm einer Baseballmütze befestigt ist.

Funktioniert das Nachtwandern? Es ist bemerkenswert! Ich selbst habe Gruppen kilometerlang durch bewaldete Pfade geführt. Die Teilnehmer stolpern weder über den unebenen Boden, noch verlieren sie die Richtung. Ohne bewußten Grund duckte sich ein Mann, und als er sich wieder aufrichtete, bemerkte er, daß sein inneres Bewußtsein ihn vor einem niedrigen Ast in Stirnhöhe gewarnt hatte.

Das zweite Gesicht ist ein wertvolles Werkzeug zur Entwicklung des zweiten Schritts der Natürlichen Brillanz. Die Wahrnehmung der Welt mit einem weichen Blick ist auch eine bekannte Trainingstechnik für Kampfsportarten. Beispielsweise kann ein Aikidomeister sich gegen zehn gleichzeitig vorrückende Angreifer verteidigen, da er ein 360°-Bewußtsein entwickelt hat. Ich fand Schriften, die auf die Verbindung zwischen dem weichen Blick und einer altertümlichen tibetischen Tradition hinweisen, die als „Teilen der Äther" bekannt ist. Auch Carlos Castaneda beschreibt das Phänomen in seinem Buch *„Die Lehren des Don Juan – Ein Yaqui-Weg des Wissens"* (Frankfurt 1973) und in seinen anderen Büchern über den indianischen Krieger und Lehrer Don Juan, der ihn ein ähnlich offenes Schauen lehrte.

Diejenigen von uns, die einen typischen modernen Lebensstil pflegen, können das Öffnen der visuellen Sinne in alltäglichen Situationen üben. Sie können sofort damit beginnen, wertvolle Informationen überall um sich herum wahrzunehmen. Und so geht's:

Wenn Sie in einem Auto fahren, richten Sie Ihren Blick auf. Blicken Sie auf einen Punkt am Horizont. Nehmen Sie gleichzeitig die Informationen aus dem Rückspiegel und den Außenspiegeln wahr. Durch das periphere Sehen nehmen Sie auch Informationen von den Straßenrändern wahr.

Beim Spazierengehen kann man den gleichen Blick üben. Stellen Sie sich einen Bogen von Ihrer Stirn bis zum Horizont vor. Lassen Sie Ihren Blick diesen Bogen sowie die Menschen und Gegenstände um Sie herum umfassen. Eine Frau berichtete mir, daß in einer U-Bahnstation von Minneapolis eine Frau hinter ihr ging, von der sie genau wußte, daß sie ein rotes Kleid trug. Als sie sich zu dieser Frau umdrehte, sah sie, daß sie recht hatte. Kein Zweifel, ihr Geist hatte reflektierte Informationen um sie herum wahrgenommen.

Nutzen Sie diese Technik, wenn Sie durch eine große Menschenmenge gehen. Statt die Menschen direkt anzusehen, nehmen Sie den weichen Fokus an, um Ihren Weg zu bestimmen. Mit dem gleichen Konzept können Sie eine Zeitung oder Zeitschrift photolesen. Statt einzelne Artikel zu fokussieren, gehen Sie durch solchen Lesestoff im PhotoFokus und lassen Ihr inneres Bewußtsein alles verarbeiten. Nun kann Ihnen Ihr Geist den idealen Weg aufzeigen, die Informationen zu bekommen, die Sie benötigen, und Sie zu bestimmten Artikeln und Absätzen führen.

Alle diese Techniken werden Ihnen dabei helfen, Ihr visuelles System zu öffnen, zu stärken und auszubalancieren. Sie werden mehr wertvolle Informationen wahrnehmen und so eine Datenbank aufbauen, die Ihnen hilft, effektiver auf die Welt um Sie herum einzugehen.

Der weiche Blick ist eine wichtige Fertigkeit, die uns metaphorisch beeinflussen kann. Mit anderen Worten: Wie wir die Zukunft sehen, hat direkt damit zu tun, wie gut wir aufschauen und den Horizont vor uns ausgebreitet sehen können. Man bekommt die Zukunft in den Blick, wenn man beim Spazierengehen nicht mehr auf den Boden schaut, sondern auf den fernen Horizont.

Peter Kline, *Vorsitzender von Integra Learning Systems*

Schärfen Sie Ihr Gehör

Ähnlich der Wahrnehmung wertvoller visueller Informationen können Sie auch die Qualität Ihres Hörsinns steigern. In Wirklichkeit hören wir alle nur einen Teil des gesamten auditiven Spektrums.

Falls Sie schon einmal Ihre Ohren testen ließen, dann wissen Sie, daß Ihr Audiogramm die Frequenzen anzeigt, die Sie bewußt hören können. Dr. Alfred A. Tomatis, ein französischer Hörexperte und Professor für Audio-Psycho-Phonologie und Psycholinguistik, schrieb das Buch „*The Conscious Ear*". Dr. Tomatis erklärt in seinem Buch, daß wir dazu neigen, nur die Töne zu hören, die uns aufgrund unserer Kultur und Sprache vertraut sind.

Die Menschen in Indien produzieren den Klang des Buchstaben F nicht. Die Aussprache fällt ihnen schwer, hauptsächlich deshalb, weil sie das F gar nicht hören. Im Mandarin-Chinesisch gibt es für die auszusprechenden Wörter vier Töne. Je nachdem, wie man ein Wort ausspricht, ändert sich die Bedeutung: *MA* beispielsweise hat vier verschiedene Bedeutungen.

Das Erlernen einer Fremdsprache eröffnet einem die wunderbare Möglichkeit, sein Audiogramm zu erweitern. Mein Kollege Peter Kline benutzte eine hervorragende Technik, um einer Frau aus dem Süden der USA die Aussprache des Wortes *Oil* (Öl) beizubringen. Sie konnte es nur als *Earl* aussprechen. Hier die Technik.

Peter spielte über einen Kassettenrecorder eine Auswahl klassischer Musik ab, die dem Gehirn ein breites Klangspektrum liefern. Dazu stellte er einen anderen Recorder auf Aufnahme. Dann sollte Susan ihm nachsprechen:

Peter:	Oil
Susan:	Earl
Peter:	Oil
Susan:	Earl
Peter:	Oil
Susan:	Eril

Peter:	Oil
Susan:	Eryll
Peter:	Oil
Susan:	Oy-ill
Peter:	Oil
Susan:	Oil

Während des Experiments konnte Susan *keine bewußten Unterschiede* ihrer Aussprache des Wortes *Oil* wahrnehmen. Nach dem Experiment spielte Peter die Aufnahme ab. Sie war überrascht, wie sie sich selbst das Wort korrekt aussprechen hörte. Erst mit Hilfe dieser Methode erkannte Susan, daß sie ihren auditiven Bereich erweitern konnte.

Obwohl Susan wieder dazu überging, *Earl* zu sagen, als Peter die klassische Musik ausstellte, begann sie nach weiterem Hören der Musik anders zu hören und zu sprechen.

Der unbewußte Erwerb einer Sprache wird am besten verdeutlicht, wenn jemand mehrere Jahre lang im Ausland lebt. Wenn ich mit einem Engländer spreche, den ich kenne, dann empfinden meine Ohren einen deutlichen britischen Akzent. Wenn er dann aber wieder in seine Heimat kommt, tadelt seine Familie ihn wegen seines „furchtbaren" amerikanischen Akzents. Ich dagegen kann das bei diesem Engländer nur bei bestimmten Wörtern direkt feststellen: Sein früheres britisches *can* [ka:n] flacht zu einem *can* [kæn], wie es im mittleren Westen der USA gesprochen wird, ab.

Eine eindrucksvolle Geschichte über den unbewußten Erwerb von Informationen kam von einem Volvo-Mitarbeiter, der an einem PhotoReading®-Seminar in Boston teilnahm. Um PhotoReading® zu üben und sich auf eine Geschäftsreise nach Schweden vorzubereiten, photolas Tom das schwedisch-englische Wörterbuch mehrere Dutzend Male jedesmal nur für ein paar Minuten. Er sprach kein Wort Schwedisch.

Nach seiner Ankunft lud ihn sein Gastgeber in ein Restaurant ein. Nachdem er bestellt hatte, sagte sein Gastgeber: „Ich wußte ja gar nicht, daß Sie Schwedisch sprechen."

„Tu ich auch nicht", sagte Tom, völlig verblüfft über die Aussage des Mannes.

„Kommen Sie, Sie wollen mich wohl auf den Arm nehmen. Sie haben gerade Ihr Essen in einwandfreiem Schwedisch bestellt."

„Nein", schüttelte Tom den Kopf.

„Haben Sie wohl", lachte der Mann. Um es zu beweisen, rief er die Kellnerin zurück an den Tisch. „Hat mein Freund gerade sein Essen auf Schwedisch bestellt?", fragte er sie.

„Ja", antwortete sie. „In wunderbarem Schwedisch."

Tom fragte erstaunt: „Und was habe ich bestellt?"

Als sie es ihm sagten, erwiderte Tom: „Ja, das ist genau das, was ich haben wollte."

Während Tom sich in Schweden aufhielt, hörte sein Gehirn das Audiogramm, das charakteristisch für die schwedische Kultur war. Dadurch wirkte das Restaurant als ein auditives „Smorgasbord". Spontan und unbewußt aktivierte sein Gehirn die Sprache. Von da an war Tom in der Lage, den Sinn dessen zu verstehen, was die Menschen um ihn herum auf Schwedisch sprachen. Er sprach während seiner Reise nicht wieder schwedisch, aber er konnte intuitiv verstehen.

Zusätzlich zum Hören klassischer Musik und Photolesen fremdsprachiger Texte vor Reisen können Sie Ihre auditive Wahrnehmung noch auf andere Weise schärfen. Ich möchte Sie ermutigen, Ihr Ohr für Ihre innere Welt zu öffnen. Die Beruhigung des bewußten Verstandes und das behutsame Ausrichten der Aufmerksamkeit ermöglicht Ihnen den Zugang zu Ihrem inneren Bewußtsein:

Sorgen Sie zuerst für Ruhe um sich herum. Üben Sie sich darin, beim Autofahren Radio oder Stereoanlage nicht einzuschalten, oder setzen Sie sich kontemplativ in eine ruhige Umgebung. Hören Sie auf Ihren Geist. Stellen Sie sich eine Frage und achten Sie darauf, was passiert. Hören Sie ganz bewußt und aufmerksam auf die „stille, kleine Stimme in Ihnen", die Stimme Ihrer höheren Intelligenz. Die alte Vorstellung *„Bitte, und es wird dir gegeben"* verbindet Sie mit der Quelle unendlicher Intelligenz.

> „Fragen fokussieren unser Denken. Stellen Sie Fragen, die Sie weiterbringen, wie z.B.: Was ist gut daran? Was ist daran noch nicht perfekt? Was kann ich beim nächsten Mal machen? Wie kann ich das machen und Spaß dabei haben?"
>
> **Dr. Charles Connolly**

Zweitens stellen Sie dann das Geplapper des Geistes ruhig. Gelegentlich hören wir nach einem geschäftigen, stressigen Tag, wie im Kopf sinnlose Bandschleifen abgespielt werden. Wahrscheinlich haben Sie eine Melodie wiederholt oder eine Szene aus einem Film wieder und wieder abgespielt. Durch den Einschub einer kleinen Ersatzszene können Sie diese Endlosschleife unterbrechen. Ich z.B. setze einen meditativen Gesang ein, den ich im Meditationsunterricht gelernt habe. Oder ich singe ein paarmal meinen Lieblingschoral. Manchmal erinnere ich mich auch an etwas Erfreuliches oder male mir positive Ereignisse in der Zukunft aus. Alle diese bewußt gewählten Gedanken verdrängen geistlose Endlos-Schleifen und geben mir wieder die Autorität über meine eigenen Denkprozesse.

Schärfen Sie Ihren Tastsinn

Haben Sie jemals gesagt: „Ich fühle mich mies!" oder: „Heute bin ich gut drauf."? Diese Äußerungen weisen auf den Energiefluß in Ihrem Körper hin. Wenn Sie sich blockiert fühlen, dann gibt Ihnen Ihr Körper Alarmsignale, die sagen, daß Ihr Körper auf Ihr Gestreßtsein reagiert, indem er Energie für das Kampf-oder-Flucht-Verhalten reserviert. Während dieser Alarmbereitschaft können Sie keinen Zugang zu Ihren anderen inneren Ressourcen bekommen.

Versuchen Sie das folgende Experiment:

> Stellen Sie sich einen Moment lang hin. Lassen Sie Ihre Schultern nach vorne hängen, legen Sie die Stirn in Falten und lassen Sie den Kopf hängen. Neigen Sie Ihr Becken so, daß sich Ihr Bauch nach innen bewegt und Ihre Knie nach vorne zeigen. Nun sagen Sie sich innerlich in depressivem Tonfall: „Mein Gott, ich fühle mich wundervoll! Dies ist der beste Tag meines Lebens!"

Was für ein Gefühl war das? Lächerlich, nicht wahr? Versuchen Sie jetzt folgendes:

Strecken Sie Ihren Rücken und Ihre Beine. Stehen Sie gerade, Schultern zurück und entspannt, Ihren Kopf leicht geneigt, so daß Sie leicht nach oben schauen. Spüren Sie einen Hauch von Lächeln in Mund- und Augenwinkeln. Knicken Sie Ihre Knie so ein, daß Sie sich elastisch in den Beinen fühlen. Nun sagen Sie sich innerlich mit erhobener, begeisterter Stimme: „Ich fühle mich absolut gräßlich. Dies ist der schlimmste Tag meines Lebens!"

Was für ein Gefühl war das? Ist es nicht merkwürdig, wenn Körper und innere Stimme Ihrer Behauptung entgegenarbeiten? Dieses Experiment zeigt Ihnen, wie tiefgreifend Ihre Physiologie und Ihre Selbstgespräche Ihre Gefühle beeinflussen. Wie Sie in der Welt agieren, hängt von Ihren Gefühlen ab. Wenn Sie wissen wollen, was in der Welt um Sie herum vorgeht, nehmen Sie einfach diejenige Physiologie ein, die Sie am empfänglichsten für Informationen aus Ihrer Umwelt und Ihrer Innenwelt macht.

Barbara Brenan, Autorin des Buchs „*Hands of Light*", beschreibt den Entwicklungsprozeß der „hochsensitiven Wahrnehmung", mit der man die Energiefelder in der Umgebung und im Inneren von lebenden Organismen wahrnehmen kann. Nach Brenan kann man die Wahrnehmung der feinen Energien zur Selbstheilung, Selbsttransformation und Heilung anderer Menschen einsetzen.

Mit ein wenig Geduld und Ausdauer können Sie Ihre feinstofflichen Energien spüren. Nehmen Sie diese Energien wahr, wenn Sie Ihren Geist und Körper zur Ruhe bringen. Ich benutze hierzu Übungen aus dem Hatha-Yoga.

Einige Menschen stellen sich einen Yogi als einen ausgemergelten indischen Swami mit Turban vor, der sich wie eine Brezel verknotet. Obwohl ich nicht so aussehe, praktiziere ich Yoga als einen Weg zur Stärkung der Wirbelsäule, der körperlichen Flexibilität und der mentalen Kontrolle. Seit ich Hatha-Yoga am College lehrte, habe ich es als Erwachsener immer wieder geübt..

Das Ziel vieler östlicher Traditionen ist die Stärkung des Nervensystems. Diese Traditionen gehen von der Vorstellung aus, alle Energie entspringe dem „Chi"-Zentrum – das dem Sonnengeflecht entspricht – und alle Bewegung entspringe aus dem Rückgrat. Hatha baut Stärke auf, Gleichgewicht und Bewußtsein sowohl im Sonnengeflecht als auch im Rückgrat. Durch ein paar einfache Übungen und Haltungen, die ich täglich mache, erfreue ich mich gesteigerter Energie und Leichtigkeit. Bevor ich einen neuen Kurs unterrichte oder eine Rede halte, verwende ich ein paar Minuten darauf, meine Lieblings-Hatha-Übungen zu machen.

Sie können sich darauf verlassen, daß Sie durch den Gewinn an Stärke, Gleichgewicht und Bewußtheit in Ihrem Körper gleichzeitig mehr Informationen über Ihre körperlichen Sinne aufnehmen können. Das Ziel des zweiten Schrittes, Wahrnehmen, ist die Schärfung Ihrer Sinne.

Ich habe noch ein anderes System studiert, die *Educational Kinesiology* (deutsch: Edu-Kinästhetik), die jedem Lernenden unglaublichen Nutzen bringt. Diese Technik wurde von Dr. Paul E. Dennison und seiner Frau Gail entwickelt und ermöglicht durch leichte Übungen die Balance von Körper und Geist als Vorbereitung für effektives Lernen.

Stellen Sie sich die körperliche Balance in drei Dimensionen vor: Sie können sich vertikal ausbalancieren – oben und unten; seitlich – rechts und links; und horizontal – vorne und hinten. In dem Buch „*Brain-Gym*" (Freiburg 1990) von Dr. Paul E. Dennison und Gail E. Dennison werden die Techniken einfach und Schritt für Schritt erklärt. Wenn Sie möchten, können Sie eine dieser Übungen direkt jetzt ausprobieren.

> Stehen Sie auf. Marschieren Sie auf der Stelle und heben Sie dabei abwechselnd Ihre Knie bis auf Taillenhöhe an. Berühren Sie Ihre Knie mit der jeweils anderen Hand: linke Hand an rechtes Knie, rechte Hand an linkes Knie. Die Dennisons nennen diese Übung Überkreuzbewegung: Sie behaupten, daß diese Übung die Synchronisation beider Gehirnhälften fördert. Sie werden vielleicht auch einen energetisierenden Effekt feststellen können. Ich empfehle Ihnen diese Übung immer dann, wenn Sie länger als 20 Minuten sitzen. Dr. Dennisons Beitrag geht über traditionel-

le Lernansätze hinaus, indem er aufzeigt, daß das Nervensystem des Menschen nicht imstande ist, effektiv zu lernen, wenn es aus dem Gleichgewicht ist. Wenn wir zu sehr aus dem Gleichgewicht sind, „schalten" wir „ab".

Andere einfache Wege zum „Einschalten" und zur Steigerung Ihrer Natürlichen Brillanz wurden von Christine Ward und Jan Daley entwickelt und in ihrem Buch *„Learning to Learn: Strategies for Accelerating Learning and Boosting Performance"* dargestellt. Diese Lehrer aus Neuseeland empfehlen:

➤ Wasser trinken
➤ Füllen Sie Ihre Lunge mit frischer Luft
➤ Machen Sie grundlegende Brain-Gym-Übungen
➤ Machen Sie Aerobic-Übungen
➤ Machen Sie Entspannungsübungen oder Meditation

Zusätzlich empfehlen die Autoren genügend Schlaf und gesunde Ernährung, angenehme Farben, natürliches Licht, gute Düfte, ruhige Musik und natürliche Fasern für Kleidung und Möbel.

Was davon spricht Sie an? Nutzen Sie diese Möglichkeiten, um Ihre persönliche und berufliche Entwicklung voranzubringen.

Steigern Sie Ihre intuitiven Fähigkeiten

Sind Sie hellsichtig veranlagt? Sie dachten sich schon, daß ich Sie das fragen würde, oder? Seit vielen Jahren habe ich Hunderten von Menschen beigebracht, Ihre Intuition einzusetzen, und ich bin zu dem Schluß gelangt, daß wir alle mit bemerkenswerten Fähigkeiten zur außersinnlichen Wahrnehmung geboren wurden. Wenn diese Fähigkeiten in Fertigkeiten umgewandelt werden, dann wird dies üblicherweise als hellsichtig bezeichnet.

Die Steigerung Ihres Bewußtseins für Ihre inneren Sinnesrepräsentationen kann tatsächlich Ihre Intuition und Ihre außersinnliche Wahrnehmung fördern, da Ihre inneren Bilder, Klänge und Gefühle wichtige Verbindungen zu bewußten und unbewußten Sinneswahrnehmungen haben. Intuition stellt man sich gemeinhin so vor: Man weiß etwas, ohne es zuvor wahrgenommen zu haben. Meine persönliche Definition von Intuition lautet hingegen: Man weiß etwas, ohne es vorher bewußt wahrgenommen zu haben. Wir können uns darauf verlassen, daß unsere nicht-bewußten Prozesse uns das Äquivalent zu „medial intuitiven" Fähigkeiten erschließen. Und es ist ganz einfach.

Während eines PhotoReading®-Kurses in Mexiko fragte mich kürzlich ein Ingenieur, wie er seine Intuition entwickeln könne. Guilliermo fürchtete, als analytischer Denker ohne jegliche Intuition zu sein. Ich meinte zu ihm: „Wir können ein kleines Spiel spielen. Ich werde gleich dreimal den Namen John sagen und dabei jedesmal an eine andere Person denken. Ich werde die Reihenfolge verändern, aber ich sage dir, daß es sich einmal um meinen Sohn, einmal um einen Freund und einmal um meinen Schwiegervater handelt."

Guilliermo ordnete jedesmal alle drei Personen richtig zu. Er sagte, daß er meinen Schwiegervater eindeutig herausspüren konnte. Ich bat ihn, mir John Blackford zu beschreiben. Er beschrieb meinen Schwiegervater mit unglaublicher Genauigkeit. Seine Intuition sagte ihm, daß mein Schwiegervater in der Navy und im Kirchendienst gewesen sei. Er erwähnte auch, daß sein weniges verbliebenes Haar schwarz sei. Alles wahr.

Mit einer Mischung aus Erstaunen und Freude sagte er: „Ich wußte gar nicht, daß ich so was kann."

Wenn man keine Experimente macht, wie kann man dann seine Fähigkeiten entdecken? Jeder besitzt das Potential zum Genie, es liegt an uns selbst, dieses Genie zum Leben zu erwecken.

Spielen Sie mit Ihrer Intuition. Denken Sie an irgend etwas und stellen Sie sich Fragen darüber. Das Stellen von Fragen wird Ihre innere Sinneswahrnehmung schärfen. Denken Sie an eine Zeit, als Sie eine starke Intuition hatten, die sich bewahrheitete. Selbst die besten Hellseher haben nur eine Trefferquote von etwa 80 Prozent. Betrachten Sie also alles über 50 Prozent als besser als zufällig, als hervorragend.

Überlegen Sie sich nun, wie diese Intuition zu Ihnen gekommen ist. Kam sie als Bild, als Stimme oder als Gefühl in Ihrem bewußten Verstand an? Versuchen Sie sich an das Signal zu erinnern, das Sie kurz vor der Sinneswahrnehmung empfingen. War es ein Gefühl, eine Stimme oder ein Bild? Der Sitz Ihrer Intuition ist das Gewahrsein, das an der Peripherie Ihres Bewußtseins liegt.

Für viele Menschen der amerikanischen Kultur ist der kinästhetische oder Tastsinn der Ort, wo die Intuition wohnt; gleichzeitig haben wir aber oft keinen Kontakt zu unseren Gefühlen. Wir neigen dazu, unseren „nicht-bewußten" Sinn als „geheimnisvoll" zu beschreiben. Die Amerikaner nutzen am häufigsten den visuellen und den auditiven Sinn, die daher für sie weniger geheimnisvoll sind. Um Kontakt zu Ihrer eigenen geheimnisvollen Informationsquelle aufzunehmen, Ihrer Intuition, finden Sie es heraus!

Erkunden Sie alles, was ich bisher über Intuition erwähnt habe, die Sinne, die Ihnen am wenigsten vertraut sind, die Peripherie Ihres Bewußtseins, die Grenzen Ihrer Sinneswahrnehmung und die Unterscheidungen, die Sie jederzeit in sich und um sich herum machen können. Seien Sie neugierig und empfänglich für alles, was Sie entdecken.

> „Die Ureinwohner von Hawaii nannten das Sonnengeflecht den Sitz der Intuition oder das zweite Gehirn; aus dem Na'au (Solarplexus), so meinten sie, stamme alles echte Wissen. Dies entspricht in unserer Übersetzung: etwas spüren oder ein Gefühl im Bauch zu haben."
>
> D. Trinidad Hunt

Zusammenfassung

Schritt 2, Wahrnehmen, ist oft wie ein Spiel. Gehen Sie die Dinge neugierig und offen an, wenn Sie das Gefühl haben, blockiert zu sein. Eine spielerische Einstellung schaltet den gesamten Geist ein. Ich definiere Genialität als das Produkt eines voll aktivierten Geistes. Erforschen Sie die Vorschläge dieses Kapitels, damit Sie merken, wie einfach Sie Blockaden überwinden können, um Ihre Genialität einzuschalten.

Schritt 1 und Schritt 2 zusammen – Loslassen und Wahrnehmen – erschaffen einen Zustand entspannten Gewahrseins. Wenn Sie diesen Zustand erreicht haben, sind Sie bereit für die Aktivierung des 3. Schrittes, Handeln. Sie können die volle Kraft Ihres Potentials realisieren, wenn Sie sich in die Richtung Ihrer Wünsche bewegen. Egal, ob Sie eine Handlung ausführen oder nicht, ob Sie versagen oder Erfolg haben, Ihre persönliche Kraft und Ihre Genialität erstrahlen, wenn Sie auf die Herausforderung kreativ reagieren.

Üben Sie täglich einen oder mehrere der Vorschläge aus diesem Kapitel, bis Sie alle Übungen erlebt haben. Haken Sie in der folgenden Liste ab, was Sie schon gemacht haben – so sehen Sie Ihre Fortschritte schwarz auf weiß.

Wahrnehmungs-Checkliste

- ❑ *Wahrnehmungspause*: Nehmen Sie wahr, was Sie bisher nicht wahrnehmen, und zwar mehrmals täglich in unregelmäßigen Abständen. Nehmen Sie wahr, worauf Sie nicht achten. Welche kinästhetischen, auditiven und visuellen Informationen haben so einen unangenehmen Eindruck auf Ihre Sinne gemacht, daß Sie abschalteten?
- ❑ *Weicher Blick*: Nutzen Sie das Konzept des PhotoFokus, um die Welt um Sie herum mit weichem Blick wahrzunehmen. Erweitern Sie Ihre periphere Sicht und nehmen Sie alles um sich herum auf, ohne sich auf etwas Spezielles zu konzentrieren.
- ❑ *Hören Sie in sich hinein*: Wählen Sie eine ruhige Umgebung. Beruhigen Sie den aktiven Geist oder das, was Ihr Denken dominiert. Hören Sie auf Ihre eigene stille, kleine Stimme.
- ❑ *Stretching*: Führen Sie einige einfache Yoga-Haltungen oder Tai-Chi-Bewegungen aus, um Ihren Energiefluß und Ihr Gleichgewicht zu verbessern.
- ❑ *Edu-kinästhetische Überkreuzbewegung*: Machen Sie die Überkreuzbewegung immer dann für 1 Minute, wenn Sie länger als 20 Minuten gesessen haben. Schalten Sie sich ein, indem Sie Wasser trinken und frische Luft atmen.
- ❑ *Entwicklung der Intuition*: Stellen Sie sich selbst immer wieder Fragen und achten Sie darauf, wie sich daraufhin visuelle, auditive und kinästhetische Informationen einstellen. Stellen Sie Vermutungen an auf der Grundlage Ihrer inneren Sinneswahrnehmungen und überprüfen Sie z.B. mit anderen, ob sie der Realität entsprechen.

Handeln

Bei Schritt 3, Handeln, geht es darum, etwas zu tun, um den Wert dessen einzuschätzen, was sich verändert. Alles, was wir tun und was wir nicht tun, beeinflußt die Ergebnisse, die wir im Leben erreichen. Obwohl wir wollen, daß alles gut ausgeht, verschlimmern manchmal paradoxerweise unsere Handlungen das Ganze noch.

Dieses Kapitel untersucht Entscheidungen und Handlungen, die zu Quantensprüngen in der Leistung führen. Zu erkennen, wie wir Oszillation erschaffen und wie wir sie minimieren oder dämpfen können, ist nur ein Teil der Geschichte. Der Schritt des Handelns im Modell der Natürlichen Brillanz ist der Ausgangspunkt, der von der Blockade zur Genialität führt.

Marcus Wynne ist ein ehemaliger Regierungsbeauftragter, Spezialist für Waffen und Taktik (S.W.A.T.), mit besonderer Ausbildung in Terroristenbekämpfung. Er besuchte eins meiner Hypnoseseminare, um seine Fertigkeiten und seine Kenntnis menschlicher Verhaltensweisen zu verbessern.

Er stellte in Frage, was ich in den ersten 30 Minuten den Kursteilnehmern erzählt hatte: „Sie alle werden gleich mit einem Partner eine komplette Hypnosesitzung durchführen."

„Das kann nicht angehen", dachte er. „Kein Mensch hier drin weiß irgend etwas über Hypnose. Und wer kümmert sich um die Sicherheitsfragen?"

Marcus erkannte nach dieser Eröffnungsübung voll und ganz den Erfolg an, den die Teilnehmer hatten. Nach dem Wochenende hatte er sich Fertigkeiten auf einem Niveau angeeignet, das über seine Erwartungen weit hinausging. Anstatt eine theoriebeladene Vorlesung über Hypnose zu halten, kam es mir darauf an, daß die Teilnehmer an diesem Praxis-Wochenende bemerkenswerte Veränderungsarbeit leisteten.

Als abschließende Übung führten die Teilnehmer unter den wachsamen Blicken eines Arztes eine medizinische Hypnose durch. Alle Hypnosetherapeuten führten ihre Probanden dahin, daß sie Schmerz und Blutung kontrollieren konnten. Während des Tests stach der Hypnotiseur eine sterile Nadel durch die Haut auf der Hand der Versuchsperson, ohne ihr dabei weh zu tun.

Nach dem Bestehen des Kurses beschäftigte sich Marcus mit den Trainingsmethoden auf seinem Gebiet. Er erkannte sehr schnell die Mängel der meisten traditionellen Trainingsmethoden. In Marcus' Worten:

„Ich erkannte, daß ein großer Unterschied zwischen Paul Scheeles Trainingsprogramm und den meisten anderen Programmen darin besteht, daß Paul davon ausgeht, daß die Leute, die zu ihm kommen, fähig sind, gute Arbeit zu leisten. Anstatt Zeit darauf zu verwenden, unnötige Regeln zu lehren und Angst vor Versagen zu verbreiten, beginnt er gleich mit dem schwierigsten Teil, und die Leute tun es einfach.

Ich war kein bißchen erstaunt, daß für typisches Handfeuerwaffen-Training und in Schulungen für den Zivilkampf für Polizeibeamte alles falsch gemacht wird. Die Trainer verbringen unglaublich viel Zeit damit, den Leuten zu sagen, was sie *nicht* machen dürfen."

Marcus entwickelte einen neuartigen Kurs. Die Abschlußprüfung wurde bereits vier Stunden nach Beginn des Kurses durchgeführt. Eine junge Frau, die noch nie in ihrem Leben eine Handfeuerwaffe in der Hand gehabt hatte, trat gegen einen Polizeibeamten an, der seit fünf Jahren dabei war und Marcus' Kurs nicht mitgemacht hatte. Vier Jahre lang hatte er Kampftraining im Wert von mehreren Hunderttausend Dollar mitgemacht, einschließlich einiger S.W.A.T-Kurse. Das einzige Mal, daß die Frau eine Waffe auch nur gesehen hatte, lag drei Jahre zurück.

In dem Test attackierte ein „Angreifer" die beiden Versuchspersonen nacheinander. Ihre Aufgabe war es nun, sich zu verteidigen, indem sie ihre Waffe, einen 38er Revolver, zogen und mit Baumwollkügelchen auf die Brust des Angreifers schossen.

Der Mann zückte seine Waffe und schoß sechsmal – in kurzen Abständen – um den Angreifer herum. Er landete keinen einzigen Treffer, der den Angreifer gestoppt hätte. Selbstsicher schoß die

---

„In diesem Kurs geht es darum, einen bestimmten Zustand wiederzuentdecken, einen Zustand in Ihnen selbst, der Ihr Geburtsrecht ist. In diesem Zustand fühlen Sie sich sicher und stark und sind in der Lage, sich dafür zu entscheiden, diese Stärke so weit auszudehnen, daß Sie sich selbst und diejenigen, für die Sie Verantwortung haben, schützen können."

Aus der Einführung in ein Seminar zum Thema „Vergewaltigung überleben".

Marcus Wynne, *Trainingsentwickler und Berater mit dem Spezialgebiet „Bewahrung lebenswichtiger Fähigkeiten unter Streß"*

Frau hingegen alle sechs Kugeln dicht an dicht auf die Brust des Angreifers.

Marcus Wynne verbesserte seine Trainingstechniken ständig weiter. Mittlerweile erhält er internationale Anerkennung für seine Erfolge im Training lebenswichtiger Verteidigungsfertigkeiten unter lebensbedrohlichem Streß.

Gehen Sie in die richtige Richtung: Nicht dorthin, wohin Sie nicht wollen

Was ist der Unterschied in der Natürlichen Brillanz, der den großen Unterschied macht? Was führt bei Marcus Wynnes Vorgehensweise zu den Quantensprüngen in der Leistung? Wenn Sie den nächsten Aspekt verstehen, dann besitzen Sie die Essenz der Natürlichen Brillanz.

Lassen Sie uns kurz zur Natur der Blockaden zurückkehren. Wenn Menschen blockiert sind, dann stecken sie ihre Energie in das Oszillieren zwischen entgegengesetzten Handlungen, von denen beide negative Konsequenzen haben. Sie fragen sich selbst: „Was sind das alles für Dinge, die ich gar nicht will?"

Wenn man dem Geist eine wichtige Frage stellt, beginnt er sofort mit der Suche nach einer Antwort. Er erstellt unmittelbar eine enorme Liste früherer Lernerfahrungen. Marcus erkannte, daß diese früheren Erfahrungen ihm sagten: „Hier ist das, was du nicht willst." Zum Beispiel: *Schade niemandem aus Versehen. Ziele nicht in die falsche Richtung. Sei sehr vorsichtig, um das Leben aller Beteiligten zu schützen. Trage nie eine geladene, ungesicherte Waffe. Feuere niemals eine Waffe ab, wenn du nicht absolut sicher bist, daß du mit den Konsequenzen dieser Handlung leben kannst.* Angesichts all dieser widersprüchlichen Botschaften ist es kein Wunder, wenn dies bei einem Polizisten jedesmal Oszillation auslöste, wenn er in Erfüllung seiner Pflicht eine Waffe abfeuern sollte.

Unsere Lebenserfahrung lehrt uns, daß, wenn wir etwas tun und nicht das erreichen, was wir wollen, sollten wir damit aufhören und das Gegenteil tun. Aber das Gegenteil kann auch direkt ins Oszillieren führen. Wir brauchen die Frage: „Was will ich?" Die junge Frau im Handfeuerwaffen-Training wollte ganz klar sich selbst verteidigen. Der Polizeibeamte neben ihr hingegen war voll von Verboten, die ihn unbewußt zwischen der Ausführung der Aufgabe und dem Vermeiden der inkorrekten Ausführung oszillieren ließen.

> *Sie kennen vielleicht den Witz über die Definition von Wahnsinn: Wahnsinn bedeutet, immer wieder das gleiche zu tun und zu hoffen, daß endlich etwas anderes dabei herauskommt.*

Was genau wollen Sie? Es mag lächerlich erscheinen, aber diese entscheidende Frage wird in der traditionellen Psychotherapie selten gestellt. Noch dramatischer ist es, wie wenige Therapieklienten diese Frage beantworten können. Der Grund? Sie sind ausschließlich auf ihr Problem orientiert, nicht auf ihre Ziele. Sie leiden an ihren Problemen, sie diskutieren ihre Probleme, verstehen ihre Probleme, aber sie bringen wenig Zeit für die Artikulierung dessen auf, was sie statt ihrer Probleme wirklich wollen. Solange wir uns nicht bewußt Ziele setzen und entsprechend handeln, um sie zu erreichen, können wir unsere Natürliche Brillanz nicht voll ausschöpfen.

> *„Stellen Sie sich vor, Sie haben Zugang zu einem Computer, der so groß ist wie das Empire-State-Building – dem größten Computer der Welt. Egal welche Frage Sie eintippen, Sie erhalten eine oder mehrere Antworten. Je spezifischer die Frage, um so schneller die Antwort. Jeder von uns hat Zugang zu so einem großartigen Computer. Es ist das menschliche Gehirn. Meine persönliche Strategie für diesen Zugang zu diesem Juwel ist das Niederschreiben der*

Natürliche Brillanz macht etwas ganz Einfaches. Sie trainiert Ihr Gehirn, eine ganz andere Frage – eine Ziel-Frage – zu stellen: „Was genau will ich?" Wenn Ihr Geist auf unmittelbare Suche nach einer Antwort auf diese Frage geht, erschafft er Möglichkeiten, Wahlmöglichkeiten, Handlungsmöglichkeiten. Je klarer Ihr Ziel ist, um so einfacher kann Ihr Geist es erreichen.

Der dritte Schritt des Modells der Natürlichen Brillanz – Handeln – wirft uns durch das Hervorbringen einer wirkungsvollen Antwort auf die Frage „Was genau will ich?" aus dem Zustand des Blockiertseins. Dieser Schritt überwindet ganz natürlich die Begrenzungen früherer uneffektiven Trainings.

Sie kennen vielleicht den Satz: „Wenn Sie das tun, was Sie immer getan haben, dann bekommen Sie immer das, was Sie immer bekommen haben." Die Botschaft in diesem Satz lautet: Wenn Sie etwas Neues wollen, dann müssen Sie etwas anders machen. Handeln bedeutet, entschieden geeignete Schritte zu unternehmen in Richtung Ihres gewünschten Ziels.

Finden Sie Gleichgewicht inmitten von Oszillation: Jonglieren Sie!

Zum Erlernen des Jonglierens benötigt man Bewegung, Balance und den Mut zum Versagen. Meines Erachtens ist alles, was wert ist, getan zu werden, auch wert, anfangs schlecht getan zu werden. Jonglieren lehrt einen, daß Perfektionismus nicht funktioniert. Keiner kann von Anfang an gut jonglieren.

Wenn Sie jonglieren wollen, dann müssen Sie nur zwei Dinge tun. Sie müssen einen Ball im Bogen von einer Hand zur anderen Hand werfen, und Sie müssen den geworfenen Ball wieder auffangen. Jonglieren wird schwierig, weil Sie diese beiden Handlungen gleichzeitig ausführen müssen – mit mindestens drei Bällen.

Für die meisten Menschen ist Jonglieren ein verwirrendes Durcheinander oszillierender Bewegungen. Jeder, der ab und zu einmal versucht zu jonglieren, sagt hinterher: „Ich kann das nicht!" Die meisten Menschen sagen sich das gleiche über ihre Blockaden. Sie nehmen ein verwirrendes Durcheinander konkurrierender Reaktionen wahr und sind überzeugt, daß es hoffnungslos ist.

Das Buch *Lessons from the Art of Juggling* von Michael J. Gelb und Tony Buzan erläutert die Verbindung zwischen Jonglieren und experimentellem Lernen. Nach Jahren wiederholter Versuche hatte ich beschlossen, daß ich nun mal „jonglierbehindert" war. Eines Abends erlebte ich eine mitreißende Vorstellung der Flying Karamozow Brothers. Nach der Vorstellung boten sie einigen Zuschauern aus dem Publikum an, ihnen ihre Kunst näherzubringen. Ihre einfache Trainingsmethode ermutigte, da man nur einen Ball zur Zeit wirft und fängt. Als ich es mit einem Ball konnte, „beförderten" sie mich zu zwei Bällen. Als ich es mit zwei Bällen konnte, wurde ich zu drei Bällen „befördert". Jedesmal, wenn ich einen Ball fallen ließ, hob ich ihn ohne Selbstvorwürfe auf und machte da weiter, wo ich aufgehört hatte. So erlernte ich das Jonglieren in weniger als zehn Minuten.

Handeln wie auch Jonglieren erfordern, daß man einen Ort des Gleichgewichts innerhalb einer Oszillation findet. Für viele von

---

Fragen in einem Notizbuch, immer mit genug Platz für die Antworten, die auf dem Monitor meines Geistes erscheinen. Mein Mega-Computer antwortet prompt, in einigen Stunden, Tagen oder Monaten. Der Computer wird immer weiter in seinen Datenbanken nach einer Antwort suchen, es sei denn, man bricht die Suche ab mit der Anweisung ‚Ich gebe auf!' oder ‚Ich schätze, es gibt keine Antwort auf diese Frage!'. Der Computer ist ständig in Bereitschaft – 24 Stunden am Tag –, bis ich ihn ausschalte."

James J. Asher, Autor des Buches „The Super School of the 21st Century (How to get the education you want for your children from preschool through high school)"

> „Ich wuchs auf mit der Devise: Wenn etwas wert ist, getan zu werden, ist es wert, es richtig zu machen. Heute weiß ich, daß man leicht etwas richtig machen kann, wenn man weiß wie. Was so schwer ist, ist, zu lernen, etwas richtig oder gut zu tun. Ich meine heute, wenn etwas wert ist, getan zu werden, ist es auch wert, schlecht getan zu werden. Nur so kann man lernen. Ich bin Experte darin, etwas schlecht zu machen, damit ich es später gut machen kann."
>
> **Peter Kline,**
> *Vorsitzender der Integra Learning Systems*

uns ist jedoch Gleichgewicht finden leichter gesagt als getan. Die meisten Erwachsenen versuchen, mit Hilfe uneffektiver Strategien aus der Schulzeit zu lernen, wie z.B.: „Mache es beim ersten Mal hundertprozent richtig."

Würden Sie glauben, daß Erwachsene, die etwas lernen, bis zu 50 Versuche brauchen, um korrekt beurteilen zu können, daß sie eine bestimmte Fertigkeit nicht erlernen können? Und dabei geben die meisten Leute normalerweise schon während der ersten zehn erfolglosen Versuche auf.

Stellen Sie sich vor, Kinder hätten beim Laufenlernen den gleichen Lernstil wie Erwachsene. Wenn das Kind zum zehnten Mal mit dem Gesicht im Dreck gelandet ist, dreht es sich auf die Seite und sagt: „Tut mir leid, Mama, aber ich kann nicht laufen. Ich bleibe wohl für den Rest meines Lebens ein Krabbler. Nur weil du ein Genie im Laufen bist, muß ich das nicht auch sein. Ich habe es versucht und versagt. Ich krieg es einfach nicht hin."

Handeln wird durch Ausdauer charakterisiert. Sie müssen so sehr an *ich kann es* glauben, daß Aufgeben überhaupt nicht in Frage kommt. Ihr Wille zum Erfolg wird einen Weg zum Erfolg finden.

Stellen Sie sich Ihrer Angst – und Ihre Kraft tritt zutage

Der Motivationsexperte Dennis Waitley schlägt zwei Herangehensweisen an das Leben vor. Die eine heißt *„Ziele erreichen"* und die andere *„Streßabbau"*. Wenn starke Angst und schwache Motivation zusammenkommen, dann ist Streßabbau wahrscheinlich der Weg, den wir einschlagen. Es ist wohl einleuchtend, daß, wenn wir auf ein inneres Stopschild treffen, wir erst einmal eine schnelle 180°-Wendung machen aus Furcht vor einem Rückschlag.

Wie kann man vernünftig mit den eigenen Ängsten umgehen, wenn jeder innere Antrieb nur nach Flucht schreit? Glücklicherweise kommen wir mit einer unerschöpflichen Quelle persönlicher Stärken zur Welt. Kraft zu handeln resultiert daraus, daß wir uns klare Ziele mit klarer Motivation und Absicht setzen und dann Verbindung zu unseren inneren Ressourcen aufnehmen.

So geht's:

1. Nutzen Sie das Modell der Natürlichen Brillanz, um Ziele mit entspannter Wachheit, innerer Ausgeglichenheit und der Klarheit für die vielen zur Verfügung stehenden Möglichkeiten und Optionen zu erreichen. Wenn Sie handeln, merken Sie sehr schnell, ob Ihre Reaktion Sie von Ihrem Wunschziel entfernt. Dadurch, daß Sie etwas *ausprobieren* und das *Feedback wahrnehmen*, bekommen Sie ein klares Gefühl dafür, was Sie brauchen, um erfolgreich zu sein.

2. Stellen Sie sich der Angst mit körperlicher und emotionaler Präsenz, dann bleiben Sie ressourcevoll. Durch Schritt 1 – Loslassen – sind Sie körperlich und emotional entspannt und geistesgegenwärtig. Durch Schritt 2 – Wahrnehmen – sind Sie mental wach und mit Ihren Sinneswahrnehmungen (intern und extern) verbunden. Entspannte Wachheit verbindet Sie mit der Weisheit Ihres inneren Bewußtseins. Wenn Sie bewußt auf Ereignisse in Ihrem Leben von einem ressourcevollen Platz aus antworten, dann werden Sie effektiv Ihre Ziele erreichen.

Unser inneres Bewußtsein kontrolliert unsere Gewohnheiten. Wenn wir mit Angst und Furcht reagieren, dann tut unser nichtbewußter Geist sein Bestes, um uns zu schützen.

Sie können auf einfache Art Ihrem inneren Bewußtsein beibringen, Sie von der Angst zu befreien. Es reicht schon eine Instant-Zündung, und Ihr inneres Bewußtsein schaltet die gesamte Kraft des Körper-Geist-Systems ein. „Just do it!" lautet der Slogan der erfolgreichen Nike-Werbekampagne. Er unterstreicht die Tatsache, daß 99% der Arbeit, die man aufwenden muß, um die eigenen Ängste zu überwinden, schon getan ist, sobald man auftaucht und aktiv an die Verwirklichung seiner Träume geht.

Der amerikanische Schriftsteller und Philosoph Ralph Waldo Emerson drückte das so aus: „Wer es nicht tut, hat nicht die Kraft. Wer es tut, hat auch die Kraft." Wenn wir mit der Absicht handeln, unsere Ziele zu erreichen, liefert unser inneres Bewußtsein die nötige Kraft. Motivieren Sie sich einfach genügend, zu reagieren, und alles andere folgt von selbst. Ihr Geist und Körper können genug Energie erzeugen, um die Angst zu überwinden.

> „‚Nun, worin besteht die Herausforderung in der ersten Simulation?' fragte Elan. ‚Resignation und Hoffnungslosigkeit', antwortete der Ältere. ‚Viele Menschen beginnen mit einem Ziel im Leben. Aber wenn sie etwas Verwirrendes oder ein Mißgeschick erleben, dann geben sie oft auf. Diese Menschen lassen sich ihr Leben durch äußere Umstände diktieren und erkennen nie, daß sie selbst die Kraft haben, Dinge zu verändern.' Elan wußte, daß es kein Zögern für ihn gab, und sagte: ‚Ich würde es gern tun. Ich würde gern meine Fähigkeit kennenlernen, mich den Dingen zu stellen und sie zu verändern.'"
>
> D. Trinidad Hunt

Entzünden Sie das Feuer leidenschaftlicher Begeisterung

Mein erster Sohn Ben stieß als kleiner Junge zu unserer T-Ball-Liga. Als ich Ben beim Training zuschaute, war ich frustriert, weil seine Aufmerksamkeit ständig abschweifte. Ich sprach mit dem Trainer: „Ben steht an der 2. Base und baut nur Sandburgen." Der Trainer lächelte Ben an und sagte: „Sie sollten begeistert sein, daß er überhaupt auf dem Spielfeld ist. Der Rest kommt später von selbst. Freuen Sie sich, daß er überhaupt Spaß daran hat, da draußen zu sein." Ich beobachtete wieder meinen kleinen fünfjährigen Sohn, wie er da mit seinen schmutzigen, ausgebeulten Khaki-Shorts auf dem Spielfeld stand. Er trug seine rote Baseballmütze mit den Haltegurten im letzten Loch, in der Hoffnung, sie möge auf dem Kopf bleiben. Meine Gespanntheit darüber, daß er das Spiel verpaßte, das Zulassen eines Punktes für den Gegner, das

Wenn Sie gewinnen wollen, müssen Sie bereit sein, zu verlieren. Wenn Sie die Aussicht nicht ertragen können, zu verlieren, ist das Spiel aus, bevor es begonnen hat. Harry S. Truman meinte: „Wenn's dir zu heiß wird, geh aus der Küche!" Das Eliminieren von Versagensangst ist so wie das Eliminieren jeglicher anderen Angst. Um zu handeln und Ihre Wünsche zu erreichen, müssen Sie das Spiel spielen und nicht weglaufen oder sich verstecken. Sie müssen nicht nur in der heißen Küche stehen, Sie müssen sogar eine noch größere Hitze leidenschaftlichen Verlangens nach dem gewünschten Leben erzeugen.

Die meisten Menschen lassen sich von ihren Zielen blenden. Ihre eigenen Maßstäbe klassifizieren sie als Gewinner oder Versager. Aber Versagen passiert einem nicht – wenn man versagt, dann tut man es aktiv. Wenn Sie das Ziel verfehlen, dann können Sie Feedback einholen und in Ihre Planung einbeziehen. Sie versagen nur, wenn Sie den Glauben an sich selbst verlieren. Es gibt kein anderes Versagen auf der Welt.

Dr. Paul Watzlawick und das P.A.B.T.C. (Klinik für Kurzzeittherapie in Palo Alto) in Kalifornien haben eine bahnbrechende Strategie für lebenslanges Lernen entwickelt, die das Erreichen von Zielen überraschend leicht macht.

Auch wenn Ihre Handlungen nicht immer zum Ziel führen, führen sie doch zu Ergebnissen. Wenn Sie in der Lage sind, die Resultate Ihrer Handlungen zu akzeptieren, können Sie jedes Ergebnis, das Sie produzieren, als Wegweiser zu Ihrem Ziel benutzen. „Was auch immer Sie tun", sagt Dr. Watzlawick, „ich werde Sie bitten, auch von den kleinsten konkreten Indikatoren für Erfolg zu berichten, von jeder Bewegung, die Sie Ihrem Ziel näherbringt."

Wenn Sie die Wirkungen Ihrer Handlungen erleben, öffnen Sie sich der Wahrnehmung des Fortschritts zum Ziel oder weg von Ihren Zielen. Konsequenterweise lautet das einzige Feedback: „Ich bin noch nicht da, wo ich sein will."

Die Durchbrüche auf dem Gebiet der Kurzzeittherapie verändern unsere Orientierung. Indem wir auf Wirkungen reagieren, nehmen wir Bewegung wahr. Wir erleben Erfolg in Richtung unserer Ziele, ohne das Ziel schon erreicht haben zu müssen. Wenn wir den Druck von uns nehmen, bleiben wir im Gleichgewicht, haben Spaß an der Reise und lernen kontinuierlich weiter.

Earl Nightingale, der Verkünder der Persönlichkeitsentwicklung in den 50er bis 80er Jahren, verlieh folgenden Zeilen Berühmtheit: „Erfolg ist die fortgeschrittene Realisierung eines würdigen Ideals." Dieser Satz faßt den Sinn des Schrittes des Handelns zusammen.

Handeln Sie mit Natürlicher Brillanz

Fassen wir den 3. Schritt des Modells der Natürlichen Brillanz zusammen:

➤ Durch Handeln streben wir einen Punkt des Gleichgewichts innerhalb eines oszillierenden Systems an.
➤ Effektives Handeln benötigt eine Ergebnisorientierung und Entscheidungen, die auf dem Wissen um die Ziele beruhen, die Sie erreichen möchten.
➤ Ressourcenfülle stellt sich ein, wenn Sie entspannt und wach sind. Entspannung bedeutet, physisch und emotional präsent zu sein; Wachheit bedeutet, daß die Sinnessysteme eingeschaltet sind.
➤ Sie realisieren die größte persönliche Kraft, wenn Sie auf den Plan treten, sich engagieren und tun, was Sie zu tun wünschen.
➤ Das beste Lernen stellt sich ein, wenn Sie konkrete, schrittweise Veränderungen in Richtung auf Ihr Ziel durchführen.
➤ Wenn Sie das Feedback Ihrer Handlungen bewerten und integrieren, können alle Resultate, die Sie erzielen, zum Lernen führen.
➤ Ausdauer ist entscheidend. Disziplin und harte Arbeit sind oft längst nicht so wichtig wie hartnäckiges Handeln, das auf intelligenten Entscheidungen beruht und auf ständigem Lernen bezüglich dessen, was funktioniert.

Verpatzen des „Pick-up" nagte sehr an mir, nicht aber an ihm. Er empfand das Baseballfeld als einen freundlichen Ort. Ich bekam die Chance, ein neues Paradigma zu erleben, das sich meinem Sohn eröffnete. Und ich nahm die Gelegenheit wahr, ihn etwas von Anfang an richtig machen zu lassen. Vier Jahre später holte Ben im 9. Inning mit einem großartigen Homerun den Sieg für sein Team. Seit der fünften Klasse spielt er kein Baseball mehr, aber mit Fußball, Karate und was noch so kam, durchliefen wir die gleiche Prozedur. Ich habe dem Trainer immer wieder für seine Weisheit und Ben für seine Bereitschaft und sein Engagement gedankt. Sie zeigten mir, daß das Dabeisein schon genügt, um dem inneren Genie zum Sieg zu verhelfen.

„Versagen führt zum Erfolg, so lautet einer der acht Schlüssel für ein erfolgreiches Leben. Man könnte auch

> sagen: **Lerne aus jeder Erfahrung.** Wenn wir aus jeder Situation lernen, egal was dabei herauskommt, dann wachsen wir weiter. Der Maler Henry Matisse schrieb einmal: ‚Es gibt überall Blumen für die, die sie sehen wollen.' Lernen ist überall – und der Erfolg zeigt sich denen, die kontinuierlich lernen und das Gelernte anwenden. Nehmen Sie ein Ergebnis, das man auch als Versagen einstufen könnte, und wandeln Sie es einfach in Information um. Durch die Analyse der Informationen sehen Sie klar, an welcher Stelle Sie noch lernen können. Sie werden beim nächsten Mal sehen, wo der Erfolg sich einstellt. Versagen ist jedoch nicht das einzige Ergebnis, das uns Informationen vermittelt. Auch Erfolg verstärkt unseren Lernprozeß in Richtung auf weitere Erfolge."
>
> **Bobbi DePorter,**
> *Präsidentin von Learning Forum SuperCamp, Quantum Learning Success Products*

Wir können eine große Veränderung der Ergebnisse durch eine kleine Veränderung der Orientierung erreichen. In einem relativ neuen Bereich der Mathematik, der Fuzzy-Logik, werden große Resultate erreicht, indem man Systeme in Begriffen der schrittweisen Annäherungen an Korrektheit betrachtet. Fuzzy-Logik wird in dem Buch „*Fuzzy-logisch. Eine neue Art des Denkens*" von Bart Kosko und Tony Buzan beschrieben. Man verabschiedet sich dabei von den Unterteilungen des Denkens in Kategorien wie wahr/falsch, entweder/oder, schwarz/weiß. Diese Art des Denkens und der Sprache erzeugt Oszillation. Fuzzy-Logik benutzt dagegen eine integrative Sowohl-als-auch-Grauton-Sprache, wie sie charakteristisch ist für die Natürliche Brillanz.

In der kurzen Zeit, seit es Fuzzy-Logik gibt, hat sie sich bereits zu einer milliardenschweren Industrie entwickelt, die Maschinen mit Hilfe von Computern kontrolliert. Beispielsweise sind Fahrstühle und Klimaanlagen nicht mehr nur noch „an" oder „aus", sondern auch eine Art von „irgendwie an" und „irgendwie aus". Nun können wir Maschinen entwickeln, die kontinuierlich auf Feedback reagieren und so ein Ziel durch schrittweise Annäherung erreichen.

Stellen Sie sich eine Maschine vor, die mit Hilfe kontinuierlicher Verbesserungen Probleme löst. Mit jeder Handlung wird sie schlauer.

Nun, raten Sie mal. Sie als Mensch sind ein viel besserer Lerner als jede Maschine, die wir je konstruieren können. Die Mathematiker, die Fuzzy-Logik entwickelten, und die Erfinder, die diese Maschinen bauten, haben sich menschliche Fähigkeiten zum Vorbild genommen. Ihr Körper und Ihr Gehirn funktionieren nach denselben Prinzipien wie Fuzzy-Logik und kontinuierliche Verbesserung.

Zusammenfassung

Ich möchte Sie ermutigen, jeden Zentimeter, den Sie vorankommen, wie auch alles, was Sie erreichen, zu feiern. Sie können alles erreichen, worauf Sie sich konzentrieren. Sie können Zugang zu

Energiereserven finden, von denen Sie bisher noch nicht einmal etwas geahnt haben. Sich Zeit zu nehmen, um die eigenen Erfolgserlebnisse zu würdigen und zu verstärken, bildet Schritt 4 des Modells der Natürlichen Brillanz: Selbstbeobachtung.

Denken Sie täglich über einen oder mehrere der Vorschläge dieses Kapitels nach, bis Sie alle durch haben. Haken Sie ab, was Sie gemacht haben – so sehen Sie Ihren Fortschritt:

Aktions-Checkliste für das Handeln

- Klare Zielvorstellungen: Schreiben Sie auf, was Sie erreichen möchten. Tun Sie Ihr Bestes, damit das Ziel auch erreichbar, glaubhaft, meßbar und lohnend ist.
- Gehen Sie in den Alpha-Zustand: Für optimale Ressourcenfülle begeben Sie sich in einen Zustand entspannter Wachheit, bevor Sie etwas Wichtiges unternehmen.
- Los geht's: Nehmen Sie sich vor, etwas zu tun, was Sie bisher nicht getan oder vermieden haben, und legen Sie los. Erleben Sie, was passiert, wenn Sie etwas in Angriff nehmen, was Sie bisher immer aufgeschoben haben.
- Messen Sie Ihren Fortschritt: Nehmen Sie jede kleine Veränderung in Richtung auf Ihr Ziel wahr. Feiern Sie jeden noch so kleinen Fortschritt.
- Nehmen Sie es leicht: Sie können nicht versagen, sondern nur lernen. Nehmen Sie sich Zeit, alle Ergebnisse zu überprüfen und zu bewerten, und integrieren Sie das Feedback aus Ihren Handlungen.
- Bleiben Sie dran: Treffen Sie neue Wahlen und handeln Sie, gehen Sie weit über den Punkt hinaus, an dem Sie früher aufgegeben hätten. Veranschlagen Sie für neue Verhaltensweisen mindestens fünfzig Versuche. Lernen Sie weiter von dem, was funktioniert.

Selbstbeobachtung

Stellen Sie sich die Sicherheit und die Freiheit Ihres Lernens vor, wenn Sie sich ehrlich sagen könnten, daß jede Erfahrung, die Sie machen, in Ordnung ist. Wenn Sie intellektuell, emotional und physisch nicht über diese Sicherheit verfügen, oszillieren Sie eventuell weg von Ihrem Ziel und geraten in eine Blockade. Die Selbstbeobachtung stellt eine außerordentlich sichere Oase dar, die uns pflegt und hegt, damit wir unser höchstes Potential im Leben realisieren können.

Als meine Frau Libby ein kleines Mädchen war, wollte sie so gern einmal einen Sprung vom Sprungturm machen. Der Sprungturm am Strand, wo ihre Familie den Sommer verbrachte, war der Mittelpunkt des Interesses. Jeden Tag beobachtete sie ihren Bruder, ihre Schwester und ihre Cousine, die verrückte Sprünge vom Sprungbrett vollführten. Libby sehnte sich zwar nach einem Sprung, aber sie hatte schreckliche Angst vor der Höhe.

Am letzten Nachmittag des Urlaubs faßte sie allen Mut zusammen. Sie kletterte die Leiter hoch, aber als sie oben ankam, setzte sie sich schnell auf die Plattform und klammerte sich ans Geländer. Ihre Geschwister versuchten alles, um sie zum Springen zu bringen. Als erstes bestärkten und lockten sie sie. Dann stachelten sie sie an. Als auch dies nicht half, beschwatzten sie sie.  Als letztes versuchten sie sogar, sie ins Wasser zu schubsen – alles vergeblich. Je mehr sie drängten, um so ängstlicher klammerte sie sich fest. In der Zwischenzeit mußten die anderen Kinder, die gewartet hatten, über sie rüberklettern, um ihre Wasserbomben oder Kopfsprünge auszuführen.

Später, als für alle die Zeit zum Aufbruch gekommen war, wußte Libby, daß sie keiner mehr nerven konnte. Sie stand allein auf dem Sprungbrett, ging ans Ende des Bretts und schaute hinunter. In ihrem Geist sah sie sich springen und wieder auftauchen. Sie hielt sich die Nase zu, machte die Augen zu und sprang.

Sie fand es ganz toll! Sie paddelte schnell wieder zurück an Land und kletterte wieder auf den Sprungturm. Nach weiteren sechs, „endgültig letzten" Sprüngen drängte die frustrierte Familie Libby dazu, endlich nach Hause zu kommen.

Im *Natural Brilliance Retreat* erkläre ich den Teilnehmern genau, wie Libby ihre Angst auf dem Sprungturm überwand und was sie bei diesem Prozeß lernte. Professionelle Hypnotiseure nennen dieses Phänomen das „Sich-Fallenlassen". Die gleiche Übung wird gerne in Kursen zur Persönlichkeitsentwicklung durchgeführt. Hier die einzelnen Schritte:

Stellen Sie sich so hin, daß die Füße geschlossen und die Arme auf der Brust gekreuzt sind. Hinter Ihnen steht jemand mit ausgestreckten Armen und den Handflächen auf Ihre Schultern gerichtet, die Beine schulterbreit, einen Fuß vor den anderen gestellt. Wenn Sie nun Ihre Augen schließen und sich nach hinten sinken lassen, wird Sie der „Fänger" mit seinen Händen auffangen.

Für einige ist dieses Sich-Fallenlassen sehr schwierig. Wer dabei Angst hat, versucht mitten im Fallen einen Fuß nach hinten zu stellen und sich abzufangen. Die, die Vertrauen haben, lassen sich immer mit der gleichen Strategie fallen: Sie sehen im Geist, wie sie in die Arme des Fängers fallen und sich sicher fühlen.

Beobachten Sie also vor Ihrem inneren Auge, von einer Perspektive hinter oder neben sich, wie Sie fallen und sicher aufgefangen werden.

Interessanterweise vervollständigen zwei kinästhetische Eindrücke dieses visuelle Erlebnis. Fühlen Sie zunächst die Hände des Fängers auf Ihrem Rücken, wenn Sie Ihren imaginären Fall und das Auffangen beobachten. Erfreuen Sie sich dann eines entsprechenden inneren Gefühls der Sicherheit.

Die letzte Komponente schließlich ist eine auditive Anweisung, die Ihnen das Signal zum Loslegen gibt. Vielleicht hören Sie eine Stimme, die Ihnen sagt: „Okay" oder: „Auf geht's!" Die Worte sind nicht so wichtig wie der Klang der inneren Stimme, die nicht angespannt und ängstlich, sondern entspannt und kraftvoll sein soll, kongruent mit dem Gefühl der Sicherheit.

Hier noch einmal die Strategie:

1. Visualisieren Sie den Fall aus der Beobachterperspektive.
2. Spüren Sie in Ihrer Vorstellung den Moment des Aufgefangenwerdens.
3. Fühlen Sie sich angenehm sicher.
4. Hören Sie Ihre innere unterstützende Stimme, die Ihnen grünes Licht gibt.

Dieses Sich-Fallenlassen ist ein sehr gutes Beispiel für Selbstbeobachtung. Wenn Menschen vor, während oder nach ihren Handlungen ihre eigenen Reaktionen auf die Welt beobachten können, dann erleben sie direkte Durchbrüche beim Lernen.

Was halten Sie davon, wenn ich diese Durchbrüche als Veränderung in Ihrem eigenen Glauben an sich selbst definiere? Meistens haben Sie Ihren persönlichen Glauben an Ihre Fähigkeiten erst dann verändert, wenn Sie z.B. ein neues Verhalten erlernt und damit etwas gewonnen oder ein Ziel erreicht haben. Das Gewinnen demonstriert Fähigkeit. Aber zuerst einmal müssen Sie für möglich halten, daß Sie gewinnen können.

Können Sie erkennen, daß Sie während der Selbstbeobachtung alles voll in der Hand haben und Ihren Lernprozeß selbst steuern? Sie steuern Ihr Lernen fast ausschließlich aus Ihrem Inneren heraus. Wie in unserem Beispiel die kleine Libby sich nicht beschwatzen ließ zu springen, liegt es allein an Ihnen, sich den eigenen Ängsten zu stellen und die Herausforderungen anzunehmen, die sich Ihnen stellen. Entsprechend können wir uns aber auch nicht zu Veränderungen zwingen. Die Selbstbeobachtung sorgt für Sicherheit und Freiheit beim Lernen und Gewinnen. Die Selbstbeobachtung stellt einen sicheren inneren Platz her, von wo aus wir uns als Gewinner sehen können

Nehmen Sie die Beraterperspektive ein

Bei der Beratung von Unternehmen habe ich den Vorteil der Perspektive eines Außenstehenden. Ich kann Dinge sehen, die neben oder hinter der Szenerie geschehen, verfüge also über eine Sichtweise, die die meisten „Insider" nicht haben, solange sie zu

> „Das Geheimnis des Lebens liegt nicht in der Entdeckung neuer Länder, sondern darin, die Welt mit anderen Augen zu sehen."
>
> **Marcel Proust,** *französischer Romancier und Philosoph*

sehr mit ihren Problemen beschäftigt sind. Teil meiner Aufgabe ist es, die Mitarbeiter in die Lage zu versetzen, ihre eigenen Arbeitsabläufe und ihre eigenen Lösungen zu beobachten.

Auch wenn ich mit einzelnen Klienten zusammenarbeite, habe ich eine Position, bei der ich ihre Situationen von außen betrachten kann. Ich bekomme so manchmal Einsichten, die sie von ihrem Standpunkt aus nicht sehen oder wahrnehmen können. Das Paradoxe an dieser Situation ist, daß die Klienten ihr Verhalten selbst ändern müssen, wie viele Ideen ich auch beisteuern mag.

Sie müssen von Ihrem persönlichen Sprungturm springen.

Das Ziel bei der Selbstbeobachtung im Modell der Natürlichen Brillanz liegt darin, daß Sie lernen, Ihren eigenen Berater-Standpunkt einzunehmen. Hinter dem Stopschild eröffnet sich ein herrliches Panorama von Möglichkeiten. Aus der Perspektive eines Beraters kann man sehr effektiv aus den eigenen Mißerfolgen und Erfolgen lernen. Sie lenken Ihr eigenes Leben und lernen aus den Konsequenzen Ihrer eigenen Handlungen und stärken dadurch Ihre Kraft als selbstbestimmtes Individuum.

Schon immer in der Geschichte haben Menschen großen Wert auf die Einsichten weiser Berater gelegt. Wir nennen solche Menschen *Mentor*, *Weiser* oder *Guru*. Früher wurden sie *Prophet*, *Orakel* oder *Engel* genannt. Sie haben in der Geschichte der psychischen, emotionalen und spirituellen Persönlichkeitsentwicklung eine enorm wichtige Rolle gespielt. Diese weisen Berater und Lehrer haben immer zur Freisetzung menschlichen Potentials beigetragen, ja, sie standen über die Jahrhunderte hin an der Spitze der Menschheit und haben zur Evolution des Bewußtseins geführt.

Wir stehen mit unserem Bewußtsein heute an einem Punkt, von dem aus wir den nächsten Schritt der Menschheitsentwicklung gehen können. Der Physiker und Autor Peter Russell kommt in seinem Buch *„Im Zeitstrudel – Die atemberaubende Erforschung unserer Zukunftschancen"* (Wessobrunn 1994) zu dem Schluß, daß der nächste Schritt der Menschheit die „Involution" ist, eine Supernova des Bewußtseins, die vergleichbar ist mit dem Implodieren eines ausgereiften Sterns zu einer Supernova.

In seinem Buch verwendet Russell folgendes Gleichnis:

> „Werden Sie Beobachter am Tor des Bewußtseins: Welche Meinung habe ich, die mich festhält? Welche Illusionen habe ich, die eigentlich mich ‚haben'? Welche Positionen habe ich eingenommen, die eigentlich mich eingenommen haben?"
>
> D. Trinidad Hunt
> *Remember to Remember Who You Are*

Ein Verstand, der sich an seine Überzeugungen klammert, ist wie ein Mensch, der sich an ein Seil klammert. Er hält sich mit aller Kraft fest, denn er ahnt, daß er zu Tode stürzen würde, wenn er losließe. Schließlich wurde ihm dies von seinen Eltern, Lehrern und vielen anderen erzählt, und wenn er sich umschaut, sieht er, daß alle anderen das gleiche tun wie er.

Nichts könnte ihn dazu bewegen, loszulassen.

Da kommt eine weise Frau daher. Sie weiß, daß Festhalten unnötig und die auf diese Weise erlangte Sicherheit eine Illusion ist, und einen nur dort festhält, wo man gerade ist. Also sucht sie nach einer Möglichkeit, den Schleier seiner Illusionen zu lüften und ihm zu helfen, frei zu sein. Sie spricht von echter Sicherheit, von einer tieferen Freude, von wahrer Glückseligkeit, von geistigem Frieden. Sie sagt ihm, daß er einen Geschmack davon bekäme, wenn er nur einen Finger vom Seil nähme.

Der Mensch denkt: „Ein Finger ist kein allzu großes Risiko für einen Augenblick der Seligkeit." Er beschließt, diesen ersten Schritt zu wagen. Und tatsächlich erhält er einen Vorgeschmack von tieferer Freude, Glückseligkeit und geistigem Frieden. Aber das ist nicht genug, um ihm anhaltende Erfüllung zu bescheren.

Sie sagt zu ihm: „Du kannst größere Freude, Glückseligkeit und Frieden erlangen, wenn du auch noch einen zweiten Finger losläßt."

Er sagt zu sich selbst: „Das hört sich schon schwieriger an. Kann ich das? Ist es sicher? Habe ich den Mut?" Er zögert, spannt seine Finger an und versucht zu spüren, wie es wohl wäre, noch ein wenig mehr loszulassen ... und riskiert es.

Als er merkt, daß er nicht fällt und statt dessen größeres Glück und inneren Frieden findet, ist er erleichtert.

Ist noch mehr möglich?

Sie sagt: „Vertraue mir. Habe ich dich denn bisher belogen? Ich weiß um deine Ängste, ich weiß, was dir dein Verstand einredet – daß dies verrückt ist, daß es das Gegenteil von allem ist, was du bisher gelernt hast –, aber bitte vertraue mir. Schau mich an, bin ich nicht frei? Ich verspreche dir, daß dir nichts passieren wird und du noch größeres Glück und Zufriedenheit kennenlernen wirst."

Er fragt sich: „Will ich Glück und inneren Frieden wirklich so sehr, daß ich bereit bin, dafür alles zu riskieren, was mir lieb und teuer ist? Im Prinzip ja, aber kann ich auch sicher sein, daß mir nichts passieren wird, daß ich nicht fallen werde?" Mit ihrer Unterstützung schaut er sich seine Ängste an, erwägt, woher sie stammen, und erforscht, was er wirklich will. Langsam spürt er, wie seine Finger nachgeben und sich entspannen. Er weiß nun, daß er loslassen kann, und er weiß auch, daß er es tun muß und daß es nur noch eine Frage der Zeit ist.

Und als er schließlich losläßt, durchströmt ihn ein noch stärkeres Gefühl des Friedens.

Er hängt jetzt an einem Finger. Sein Verstand sagt ihm, daß er schon längst hätte fallen müssen, aber nichts dergleichen ist geschehen. Er sagt sich: „Ist das Festhalten an sich falsch? Habe ich mich die ganze Zeit über geirrt?"

Sie sagt: „Diese Entscheidung mußt du selbst treffen. Ich kann dir nicht mehr helfen. Denke immer daran, daß alle deine Ängste grundlos sind."

Seiner stillen inneren Stimme vertrauend, entspannt er langsam den letzten Finger. Nichts geschieht. Er bleibt genau dort, wo er war.

Und er erkennt, warum: Er hat die ganze Zeit über auf dem Boden gestanden.

Und als er hinunterschaut und weiß, daß er sich nie wieder festzuhalten braucht, erlangt er wahren geistigen Frieden.

Denken Sie bei diesem Gleichnis an die Wichtigkeit der Beobachterperspektive, vor allem in Bezug auf das „Sich-Fallenlassen" und Libbys Sprung vom Zehnmeterbrett. Die Selbstbeobachtung bringt uns über die Grenzen unserer eigenen Glaubensmuster hinaus, in alternative Universen von Möglichkeiten. Die letztendliche Veränderung unserer Glaubensmuster hängt einzig und allein immer von uns selber ab.

Verändern Sie Ihre Wahrnehmungsposition

Selbstbeobachtung, so wie ich das Wort benutze, bedeutet Selbsterkenntnis, die man aus persönlicher Erfahrung gewinnt, sowie Wissen, das aus dem Beobachten der Handlungen anderer entspringt. Dieses Wissen, gewonnen durch Ihre inneren und äußeren Sinne, läßt Sie sich selbst und andere mit zunehmender Klarheit beobachten.

Betrachten wir drei typische Wahrnehmungspositionen, mit denen wir die Welt erleben:

„Erste Person" oder die erste Wahrnehmungsposition ist das Erleben der Welt durch unsere eigenen Sinnessysteme. Ich sehe meine Welt durch meine eigenen Augen. Ich spreche mit meiner eigenen Stimme.

„Zweite Person" oder die zweite Wahrnehmungsposition heißt, „einen Kilometer in den Schuhen des anderen zu laufen" oder die Welt von dem Standpunkt eines anderen aus zu betrachten. Ich spreche in der zweiten Person, wenn ich Ihren Standpunkt zu verstehen suche.

„Dritte Person" oder die dritte Wahrnehmungsposition ist die Wahrnehmung des Kontextes, in dem die Handlungen stattfinden. Ich sehe mich da drüben, und ich sehe Sie mit mir da drüben. Ich nehme also mental eine Position ein, von der aus ich uns beide wie auf einer Videoaufnahme beobachten kann. Die dritte Wahrnehmungsposition kommt der Perspektive der Selbstbeobachtung nahe, die Sie im vierten Schritt der Natürlichen Brillanz erreichen, sie ist aber nicht ganz identisch mit ihr.

Selbstbeobachtung, die vierte Wahrnehmungsposition, berücksichtigt gleichzeitig die erste, zweite und dritte Wahrnehmungsposition. Durch Selbstbeobachtung können Sie sich selbst, andere und den Kontext zielorientiert wahrnehmen.

Patricia Danielson, meine engste Kollegin bei der Entwicklung des PhotoReading®, beschreibt die Zielorientierung der Selbstbeobachtung als einen Zustand der „positiven Neutralität". In diesem Zustand nehmen Sie eine losgelöste Beobachterposition ein, während Sie gleichzeitig glauben, daß Sie und die andere Person das gewünschte Resultat erreichen können. Wir unterscheiden diesen Zustand von dem angestrengten Versuch, ein Ziel zu erreichen – also gegen jedes kleine Versagen besessen anzukämpfen. Positive Neutralität erlaubt uns, unsere Erfolge und unsere Mißerfolge in verschiedenen Situationen (oder Kontexten) innerhalb eines größeren Lebenszusammenhangs zu beobachten und zu beurteilen.

Die meisten Kulturen haben kein besonderes Wort für diesen komplexen Zustand. Er ist von paradoxem Wesen, erkennt die Existenz von Gegensätzen an und integriert sie. Aus der Beobachterperspektive heraus kann ich sagen: „Mein Mißerfolg heute macht nichts aus, da ich auf dem Weg zu etwas viel Wichtigerem bin." Beobachten aus der Position des unabhängigen Zeugen nimmt die Dualitäten an und löst sie auf.

Diese Art der Beobachtung, in ihrem distanzierten Engagement, kombiniert die Rolle der sorgenden Eltern mit der des beratenden Beobachters. Dieses Beobachten geht von der Meta-Position aus, daß Lernen alles ist, worum es geht.

Profitieren Sie von der Selbstbeobachtung

Die Auswirkungen des Handelns (Schritt 3) ohne Selbstbeobachtung (Schritt 4) können verheerend sein. Wenn Sie in Ihrem Lernvorgang und bei der Steigerung der Lebensqualität mit Mißfallen und Bestrafung konfrontiert werden, dann werden an jeder Kreuzung Stopschilder auftauchen. Im Gegensatz zu dem, was viele behaupten, gibt es keine „konstruktive Kritik". Konstruktives Feedback ist etwas ganz anderes als das Suchen nach Fehlern. Der urteilende Geist kritisiert und schreit: „Tu das nicht wieder!" „Etwas auszusetzen haben" führt zu Vorwürfen, Vorwürfe führen dazu, daß man sich schlecht fühlt, schlechte Gefühle führen zu Oszillation. Wenn dieser Teufelskreis beginnt, entstehen jede Menge Blockaden.

Wenn Sie handeln und die Beobachterposition einnehmen, nehmen Sie wahr, daß Sie eventuell etwas getan haben, was Sie nicht in die gewünschte Richtung führte. Beispielsweise verstand ich, daß mein aufbrausendes Temperament mich von der Liebe meiner Frau und Kinder entfremdete. Ich verstand vollkommen, daß meine Wut über ihr Verhalten letztlich ein Handeln war, das auf Furcht gründete. Na und? Das macht nichts. Ich kann in die Luft gehen bis zu meinem letzten Atemzug. Es ist mein Leben. Niemand kann meine Reaktionen auf das Leben verändern. Die Frage lautet nur: „Was will ich?" Wenn ich eine andere Reaktion als Jähzorn haben möchte, wie sollte sie aussehen?

Bemerken Sie die Oszillation, die entstand, wenn ich wütend wurde und mich selbst dafür kritisierte und andere kritisierte. Wir sehen jede Menge Autoaufkleber, politische Cartoons und sarkastische Witze, die auf der Paradoxie der Oszillation basieren. Ich denke an denjenigen, der sagte: „Menschen mit Vorurteilen gehören erschossen. Ich hasse Menschen mit Vorurteilen." Ich erinnere mich an einen Anstecker zur Todesstrafe, auf dem stand: „Warum bringen wir Menschen um, die Menschen umgebracht haben, um die Botschaft zu verbreiten, daß man Menschen nicht umbringen darf?"

Das Ziel der Selbstbeobachtung liegt nicht im Zurschaustellen unserer Unzulänglichkeiten. Das Ziel ist vielmehr, das zu erreichen, was wir erreichen wollen. Wenn ich einen Mißerfolg einstecken muß, dann muß ich nicht unbedingt gleich auf eine emotionale Achterbahn aufspringen, nur um noch härter auf den nächsten Mißerfolg hinzuarbeiten.

Stellen Sie sich Selbstbeobachtung als eine Oase vor, eine Möglichkeit für eine stärkende Pause für einen Wanderer in der Wüste. Selbstbeobachtung bietet eine Perspektive im Lernprozeß namens Leben, eine Pause, die uns emotional berührt, uns intellektuell informiert und uns spirituell erfrischt.

Wenn Sie jemals in Klausur gegangen sind, dann kennen Sie den weitreichenden Gewinn, den man aus der Selbstbeobachtung ziehen kann. In Klausur distanzieren Sie sich vom Leben in der äußeren Welt, um sich selbst näher kennenzulernen, damit Sie Ihr Leben voll ausschöpfen können. Die Erfahrungen Ihres Lebens können reiche Früchte tragen: Informationen, die Sie *informieren*, die sich *in Ihnen formen* und die schließlich *Sie formen*. Selbstbeobachtung erschließt diese reichhaltige Quelle an Informationen, die Ihnen auf allen Ebenen Ihres Seins zur Verfügung stehen.

Integrieren Sie Augenblicke der Wahrheit in Ihre Selbstbeobachtung

Ohne Selbstbeobachtung ist es leicht, die Konsequenzen meiner unsinnigen und unproduktiven Handlungen zu bestreiten und dadurch den Augenblick der Wahrheit zu verlieren – meine Chance zu lernen und zu wachsen. Wenn ich etwas tue, wobei ich ein gutes Gefühl habe, was mich aber auf dem Weg zu meinem

> „In unserem Büro halten wir jährlich ein Meeting ab: das Visions-Meeting. Jedes Jahr im Herbst analysieren wir einen ganzen Tag lang das vergangene Jahr. Wir stellen nur zwei Fragen bei dieser Analyse: ‚Was lief gut?' und: ‚Was könnte noch besser laufen?' Mit Hilfe dieser beiden Fragen sammeln wir Feedback. Unser Feedback besteht nicht nur aus Zahlen und statistischen Daten, sondern kommt auch von unseren Mitarbeitern, Sommer-Mitarbeitern und den Graduierten unseres Programms. Jeder ist eingeladen, seine Meinung mitzuteilen, eine Beobachtung, eine Einsicht oder auch eine Idee, eine Möglichkeit oder eine Lösung. So bestimmt jeder mit, wie das nächste Jahr aussehen wird. Wir nehmen jede Möglichkeit wahr, Feedback zu bekommen und umzusetzen, was wir gelernt haben. Wir investieren Zeit, um dieses Feedback zu strukturieren, Prioritäten

> **festzulegen und systematisch danach zu handeln. Durch das Feedback haben wir uns von einem einzigen Programm zu einer internationalen Organisation entwickelt. Unsere Studenten nehmen sich an uns ein Beispiel bei jeder Herausforderung, die wir ihnen stellen, und dabei sind sie gewiß, daß sie bei allem, was sie tun, erfolgreich sein können."**
>
> **Bobbi DePorter,**
> *Präsidentin von Learning Forum SuperCamp, Quantum Learning Success Products*

> „Ein Forscher führt vierjährige Kinder nacheinander in einen schlichten Raum und beginnt ein Experiment. ‚Du kannst diesen Marshmallow jetzt haben', sagt er zu ihnen. „Aber wenn du wartest, bis ich wiederkomme, kannst du zwei Marshmallows haben." Dann verläßt er den Raum. Einige Kinder nehmen sich sofort den Marshmallow. Andere halten es

Ziel nicht weiterbringt, habe ich einen Augenblick der Wahrheit. Ich weiß, was ich getan habe. Aber welche Perspektive werde ich wählen: lernen, um klüger zu werden, oder leugnen und weglaufen?

Beispielsweise kann ich mir ein ausgesprochen teures Hifi-Gerät kaufen und diesen Kauf als Schnäppchen rationalisieren. Das Problem, das ich als außenstehender Beobachter leicht vorhersagen kann, stellt sich ein, wenn die „Keine-Zinsen-Periode von sechs Monaten" abgelaufen ist. Wenn mein kurzfristiger Kaufimpuls meine langfristige Finanzplanung sabotiert, dann erlebe ich einen Augenblick der Wahrheit.

Ich lernte als Kind, daß ich nach Herzenslust Streiche aushecken konnte, wenn mich keine Autoritätsperson beobachtete. Ich konnte Regeln brechen und kam an das heran, was sonst außerhalb meiner Reichweite gelegen hätte. Als Erwachsene schaffen wir Regeln, um unser Verhalten zu steuern und uns selbst zu managen. Wir schaffen Regeln, weil wir wissen, daß wir sie nicht *immer* befolgen können – wir können nicht *immer* unseren höchsten Erwartungen gerecht werden. Wenn wir Regeln brechen, kommen Konsequenzen auf uns zu. Je strenger die Regeln, um so schwerer ist es, ihnen zu folgen, und um so größer sind die Konsequenzen.

Beobachten schreibt jedoch keine automatische Konsequenz vor. Wenn Sie die Position des unabhängigen Beobachters einnehmen, können Sie selbst entscheiden, wie Sie aus der Perspektive eines weiteren Lebenskontextes auf den Augenblick der Wahrheit reagieren wollen. Ihr Handeln, das aus einer langfristigen Perspektive des Beobachtens kommt, wird wahrscheinlich Ihr ganzes Leben positiv beeinflussen.

Hier eine Analogie: Ein Kunde in Mexiko hatte eine Nahtod-Erfahrung. Nahtod-Erfahrungen versetzen uns spontan in die Position des unabhängigen Beobachters. Niemand weiß warum, aber in dem Augenblick des nahenden Todes erleben wir plötzlich unser ganzes Leben und sehen es in einem besonders weiten Kontext.

Ein Klient von mir, Gerardo, hatte mit seinem Motorrad einen schweren Unfall. Er stürzte unter einen Laster vor ihm und wachte erst einige Tage später im Krankenhaus wieder auf. Nach allen Gesetzen der Biologie müßte Gerardo eigentlich tot oder unwiderruflich behindert sein. Er hat sich aber von dem Unfall vollständig erholt, neurologisch und körperlich.

Emotional durchlebte Gerardo dabei eine transformatorische Heilung. Im Krankenhausbett begann er sein Leben Revue passieren zu lassen. In seinem zwanzigjährigen Leben hatte er seinen Mitmenschen wenig Beachtung geschenkt, er benutzte sie einfach. Er verschwendete keinen zweiten Gedanken an die Menschen, denen er Unrecht tat. Sie waren nicht sein Problem, aber er war mit Sicherheit ein Problem für sie.

Gerardo hatte das Gefühl, durch ein göttliches Eingreifen eine zweite Chance im Leben erhalten zu haben. Er beschloß, sich bei jedem Menschen zu entschuldigen, den er je schlecht behandelt hatte.

Wenn man diesem Mann heute begegnet, dann erlebt man unmittelbar eine Weisheit, die über sein Alter hinausreicht. Es umgibt ihn eine spirituelle Ausstrahlung und die reine Lebensfreude. Seine entzückende Frau und sein Baby sind für ihn der höchste Segen. Gerardo fühlt, wie er es nun bei seiner zweiten Chance besser macht, als Resultat dessen, was er als unabhängiger Beobachter über sein Leben gelernt hat.

Man muß nicht die extreme Erfahrung machen, dem Tod nah zu sein, um sein Leben aus der Position des unabhängigen Beobachters zu betrachten. Sie können diese spezielle Perspektive gefahrlos und absichtsvoll erreichen. Die Selbstbeobachtung erlaubt uns wahrzunehmen, wie unsere Handlungen mit der Gesamtheit des Lebens verknüpft sind. Ein sehr schreckhafter und ängstlicher Mensch kann den möglichen Ausgang seiner Handlungen nur sehr beschränkt erkennen. Erfolgreiches Leben benötigt auf lange Sicht Bewußtsein dafür, wie unsere Reaktion auf das Leben heute die in ständiger Entfaltung begriffene Zukunft gestaltet. Selbstbeobachtung kann sich enorm auszahlen.

Stellen Sie sich diesen gegenwärtigen Moment auf einer imaginären Zeitlinie vor, die sich zurück in die Vergangenheit und vorwärts in die Zukunft erstreckt. Mit der Kraft Ihrer Vorstellung ist es

immerhin ein paar Minuten aus, bis sie nachgeben und zugreifen. Wieder andere sind fest entschlossen, zu warten und alles nur Erdenkliche zu tun, um nicht an die Süßigkeit zu denken und nicht zuzugreifen. Wenn der Wissenschaftler zurückkommt, gibt er ihnen die zwei versprochenen Marshmallows. Jahre später testet er die gleichen Kinder noch einmal. Wenn die Kinder schließlich auf die Highschool kamen, waren diejenigen, die auf den zweiten Marshmallow warten konnten, üblicherweise besser angepaßte, beliebtere, abenteuerlustigere, zuversichtlichere und zuverlässigere Teenager. Die Kinder, die der Versuchung früher nachgegeben hatten, waren eher einsam, leichter frustriert und halsstarrig. Sie gaben unter Streß nach und gingen Herausforderungen aus dem Weg."

Nancy Gibbs, *aus „EQ Factor",* ***Time Magazine*** **(2. Oktober 1995)**

> „Ich hörte William A. Miller – Autor des Buches »Der goldene Schatten. Vom Umgang mit den dunklen Seiten unserer Seele« (München 1994) – zu, der sagte, daß wir jedes eingesperrte Gefühl aus unserem Schattensack herausnehmen und uns mit ihm anfreunden sollen. So können wir das goldene, kreative Selbst entdecken. Ich wollte aufstehen und tanzen, da ich wußte, daß es stimmt. Als ich alle unterdrückten Emotionen freiließ, erfreute ich mich an den Gaben, die meine kreative Phantasie mir zukommen ließ."
>
> **Barbara E. Kobe,** *Kreativitäts-Mentor*

möglich, Ihren Lebensweg zu beobachten. Beispielsweise können Sie die Vergangenheit beobachten und den Weg erkennen, der Sie hierher geführt hat. Genauso können Sie auf vernünftige Art zukünftige Resultate vorhersagen, indem Sie den Trend Ihrer gegenwärtigen Gewohnheiten in die Zukunft ausdehnen. Führen Ihre heutigen Verhaltensweisen zu der Zukunft, die Sie sich wünschen? Wenn nicht, was wollen Sie statt dessen?

Wenn Sie die Angst ausschalten, die Ihnen den Blick vernebelt, erschaffen Sie spontan eine große Lebensperspektive. Statt gegen Stopschilder zu prallen, erhalten Sie ein inneres Signal, das Sie zum Weitergehen ermutigt.

Schauen Sie in die Schatten

Die Fähigkeit, von der Position des unbeteiligten Beobachtens aus Kontext und Wert dessen zu sehen, was wir tun, hat einen großen Nutzen für unsere persönliche Entwicklung. Die Selbstbeobachtung schenkt uns Einsicht in das Verdrängte oder den „Schatten", Energien, die wir vor anderen versteckt halten. Außerdem macht es die dysfunktionalen Strategien sichtbar, mit denen wir unseren Ängsten aus dem Weg gehen.

Angst führt zu schwerwiegenden negierenden Effekten im Leben. Obwohl Angst die biologische Funktion hat, uns auf Gefahren aufmerksam zu machen, ist sie selten gut für unser Wohlergehen. Paradoxerweise kommt uns die Angst oft nur in die Quere. Statt unser Leben zu retten, hält uns die Angst oft vom Leben ab. Wenn wir in der Vergangenheit Mißerfolge hatten, reagieren wir auf Angst auf der Grundlage einer unbewußt fehlerhaften Schlußfolgerung bezüglich unserer Fähigkeiten in der Zukunft. Unsere typischen Selbstverteidigungsmuster gegenüber Angst halten uns davon ab, unser volles Potential zu erschließen.

Haben Sie schon einmal ein Kind getröstet, das Angst vor der Dunkelheit hat? Hierbei können Sie beobachten, wie wir imaginäre Ängste hervorbringen und bewältigen. Kinder projizieren Schreckensbilder in die Sphäre jenseits des Lichtkegels und erzeugen entsprechend furchteinflößende Gefühle. Sie beschwören die schrecklichsten Monster, die in der Tiefe der Schatten lauern, herauf.

Eines Nachts wachte mein jüngster Sohn Scott auf und hatte schreckliche Angst vor einem grotesken Monster, das vor dem Fenster in der Nähe seines Bettes lauerte. Als ich ihm dann erzählte, daß die gräßlichen Fangzähne aus Marshmallows mit Schokoladensauce bestanden, ging mein fünfjähriger Sohn mit Freude auf dieses Spiel ein. Das Monster hatte dann noch rote Augen aus Bonbons, Klauen aus Gummiwürmern, Haare aus Spaghetti und eine Haut aus grünem Zuckerguß mit regenbogenfarbenen Sprenkeln. Friedlich schlief er wieder ein. Wochen später erwähnte er nüchtern, daß er wieder dieses Monster gesehen hätte. Diesmal hatte er es ganz alleine mit neuen, ebenso wundervollen Merkmalen ausgestattet.

Statt sich zu fürchten und zurückzuziehen, war Scott in der Lage, seine eigene Unsicherheit zu spüren und aktiv zu reagieren. Er übertrug die Bilder und Gefühle dessen, was er sich wünschte, in die Schatten seines Geistes. Anstatt den Kopf unter die Decke zu stecken, ergriff er die neue Möglichkeit.

In den Schatten der Erwachsenen lauern Erinnerungen an emotional schmerzvolle Erlebnisse. Die meisten von uns haben derartige Wunden. Wahrscheinlich ist es unmöglich, ganz ohne Verletzungen aufzuwachsen. Das große Problem bei diesen verletzenden Erfahrungen entsteht, wenn wir ihretwegen zu falschen Schlußfolgerungen über uns selbst gelangen und dadurch unrealistische Ängste erzeugen.

Beispielsweise die Einstellung: „Ich tauge nichts. Ich kann nicht lernen, etwas richtig zu machen" erzeugt imaginäre Ängste, die über Mißerfolg und Erfolg entscheiden. Solche Ängste führen dazu, daß wir etwas nicht tun oder Fertigkeiten nicht erwerben, die wir eigentlich brauchen. Wenn wir uns unsere Entscheidungen von einer Beobachterposition aus betrachten, entdecken wir oft, daß wir die Wahl getroffen haben, einen Teil unserer Lebendigkeit, unserer Kreativität, unseres Eifers, das Leben voll auszukosten, zu begraben.

Robert Bly, hochdekorierter Dichter der amerikanischen Männerbewegung, schrieb in seinem Buch *„Die dunklen Seiten des menschlichen Wesens"*, daß wir einen großen Sack hinter uns herziehen, der mit unterdrückten Teilen unserer Persönlichkeit angefüllt ist. Oft enthält die Tasche einige unserer kreativsten Ressourcen, die uns aufgrund von Beschämung und Ausgelachtwerden, was uns gefühlsmäßig sehr verletzte, verlorengegangen sind. Dazu Robert Bly: „Die schöne Seite unserer Persönlichkeit wird, in unserer idealistischen Kultur, schöner und schöner. Aber die Substanz in dieser Tasche nimmt eine eigene [verdrängte] Persönlichkeit an ... Jeder Teil unserer Persönlichkeit, den wir nicht lieben, wird uns zum Feind." Diese verdrängten Teile werden alle als unser *„Schatten"* bezeichnet.

Indem wir unsere Handlungskette auf Angst beobachten, können wir einen neuen Weg aus den Schatten heraus finden. Wir brauchen nur ein paar von Scotts Marshmallows, heiße Schokoladensauce und regenbogenfarbene Streusel. Das Geheimnis liegt darin, Angst durch Liebe zu ersetzen.

Dr. Milton R. Cudney verbrachte 30 Jahre seines Berufslebens mit der Erforschung selbstzerstörerischen Verhaltens. Sein brillantes Buch, das er zusammen mit Robert E. Hardy schrieb, beschreibt einen Weg heraus aus Angst, Selbstverleugnung und selbstzerstörerischen Fallen. In diesem Buch *„Self-Defeating Behaviors: Free Yourself from the Habits, Compulsions, Feelings, and Attitudes That Hold You Back"* finden wir folgende nützliche Einsicht:

„Verlieren Sie vor allem nicht aus den Augen, daß Selbstschutzmechanismen dieser Art sowohl gefährlich als auch trügerisch sind. Diese Verhaltensweisen kommen als Freunde in unser Leben, die in Augenblicken negativen Stresses Trost und Schutz anbieten. Sie helfen einem durch diese bedrohlichen Augenblicke hindurch, und dafür ist man dankbar – so dankbar, daß man meint, man könne ohne ihre trügerische Gesellschaft nicht leben. Früher oder später jedoch enthüllen diese Verhaltensweisen ihr wahres Gesicht. An diesem Punkt muß man dann einsehen, daß diese Selbstverteidigungs-Mechanismen keine ehrenwerten Kumpane sind, sondern Führer, die einen in die Irre leiten. Der

Trost, den diese Verhaltensweisen bieten, ist ein falscher Trost. Wenn man sich zu lange auf diese Mechanismen verläßt, bringen sie einen vom Weg der Gesundheit, des Wachstums und des Lebens ab. Selbstschutzmechanismen bringen einen dann genau dahin, wo man eigentlich gar nicht hin wollte."

Manifestieren Sie Ihr höchstes Gut

Die aufregende Möglichkeit, die die Selbstbeobachtung bietet, geht weit über Erfolg und Resultate hinaus. Die Bibel verweist auf die Kraft, die in der Integration der positiven und negativen Ergebnisse unserer Handlungen liegt. Der Satz im ersten Brief des Johannes fängt dies ein: „Furcht gibt es in der Liebe nicht ..." (4,18). William A. Miller beschreibt in seinem Buch *„Der Goldene Schatten. Umgang mit den dunklen Seiten der Seele"* (München 1994) den Reichtum – das Gold –, das wir genießen können, wenn wir unsere Schatten-Energie wiedergewinnen.

> „Wir können einen Weg finden, um dieses negative Potential in Kontakt mit seinem Gegenpart in unserer bewußten Persönlichkeit zu bringen und eine Vereinigung dieser Gegensätze zu bewirken. So finden wir einen Weg, um kreativ und konstruktiv das zu nutzen, was wir vorher verabscheuten, oder dessen Existenz in uns selbst wir abzustreiten suchten.
>
> Weiterhin entdecken wir die positiven unbewußten Elemente, die das Gegenteil der Abscheulichkeit in unserer bewußten Persönlichkeit darstellen und die die Vereinigung dieser Gegensätze bewirken.
>
> Dahinter liegt das echte Gold all des positiven Potentials in uns, das noch nie das Tageslicht gesehen hat. Welche Schätze in unserem Unterbewußtsein verborgen liegen, kann nur entdecken, wer nach ihnen sucht."

Im Modell der Natürlichen Brillanz schreiten wir vom Wahrnehmen über das Handeln hin zur Selbstbeobachtung. In der Phase der Selbstbeobachtung haben wir die Möglichkeit, all das zu integrieren, was wir gelernt haben, und uns auf unseren nächsten Entwicklungsschritt vorzubereiten, indem wir erneut loslassen. Ja, richtig. Wir gehen zurück zum Loslassen und führen unsere Genialität noch weiter in Richtung auf unsere Ziele.

„Die Aufmerksamkeit auf das zu richten, was man bereits hat, nenne ich Goldschürfen und Diamantensuchen. Wenn man sich auf diese Schätze konzentriert, passiert

> etwas Magisches, man entdeckt andere verborgene Schätze, die die ganze Zeit schon Teil von einem selbst waren. Also lernen Sie, diese Schätze zu würdigen und zu feiern. Ihr Leben wird sich verändern."
>
> **Rex Steven Sikes,**
> *Gründer von IDEA Seminars*

In dieser kontinuierlichen Kreisbewegung finden wir das Vorbild des lebenslang erfolgreichen Lerners. Im Zyklus des Modells der Natürlichen Brillanz wird das Feuer unserer Leidenschaft mit jedem Schritt des Lernens weiter genährt. Wir erleben Enthusiasmus für das Leben und das Lernen gleichzeitig. Enthusiasmus, aus der griechischen Wurzel *entheos* – „gottbegeistert" –, ist eine immerwährend fließende Quelle der Hoffnung. Die brillante Zukunft, die wir uns wünschen, manifestiert sich täglich mit jedem Schritt, den wir aufgrund unserer Natürlichen Brillanz hin unternehmen.

Zusammenfassung

Wir empfehlen, jeden Tag einen oder mehrere Vorschläge dieses Kapitels auszuprobieren, bis Sie alle kennengelernt haben. Haken Sie sie in der folgenden Aktions-Checkliste ab, damit Sie Ihren Fortschritt verfolgen können.

Aktions-Checkliste für Selbstbeobachtung

- ❏ *Sich fallen lassen:* Machen Sie mit einem Partner die Fallübung. Entdecken Sie, was Ihnen die Übung zu geben hat im Hinblick auf die Entscheidung, ob Sie etwas in Angriff nehmen sollen.
- ❏ *Die Beraterperspektive:* Tun Sie so, als würden Sie sich selbst gegenübersitzen, und nehmen Sie dabei die Rolle eines weisen und vertrauenswürdigen Beraters ein. Unterhalten Sie sich mit diesem imaginären Teil von Ihnen über ein Problem, das Sie lösen möchten. Beurteilen Sie das Ergebnis nicht ... lernen Sie einfach aus dieser Unterhaltung.
- ❏ *Wahrnehmungsposition:* Erinnern Sie sich an eine schwierige Situation mit einer anderen Person. Denken Sie mit Hilfe der drei Wahrnehmungspositionen durch, was passierte: Erste Position (Ihre), zweite Position (die der anderen Person) und dritte Position (eine distanzierte Sichtweise des ganzen

Kontextes). Beobachten Sie schließlich von außen, was Sie mit Hilfe dieser drei Wahrnehmungspositionen gelernt haben.

- *Das Oasenerlebnis:* Lassen Sie vor dem Einschlafen noch einmal den gesamten Tag Revue passieren, ohne Bewertung oder Kritik. Loben Sie sich selbst und erkennen Sie an, daß Sie Ihr Bestes gegeben haben. Fragen Sie sich selbst: „Was will ich in meinem Leben erreichen?" Setzen Sie Ihre Absicht in die Tat um, wenn Sie am Morgen erwachen.
- *Der Augenblick der Wahrheit:* Nehmen Sie sich vor, sich einem Augenblick der Wahrheit zu stellen, wenn er sich heute ergibt. Konfrontieren Sie Ihre selbstzerstörerischen Mechanismen mit der Frage: „Was will ich genau jetzt für mich selbst erschaffen?" Wenn Sie diese Frage beantworten können, danken Sie sich selbst und machen Sie unmittelbar den ersten Schritt zur Manifestation Ihres höchsten Gutes.
- *Blicken Sie in den Schatten:* Entdecken Sie Ihre Glaubensmuster, die Sie sich selbst nicht eingestehen wollen. Untersuchen Sie Ihre Reaktionen – egal ob Neugier oder Abscheu – auf die Charaktermerkmale und die Eigenschaften anderer. Prüfen Sie Ihre Verhaltensweisen: Blicke, schmutzige Witze, die Sie weitererzählen, oder Filme, die Sie sich ansehen. Welche Tabus brechen Sie selbst oder würden Sie gerne brechen? Was tun Sie, was Sie selber als gesellschaftlich, als unanständig betrachten?
- *Schattentanz:* Finden Sie Möglichkeiten, Ihre unangenehmen Seiten kreativ und konstruktiv zu nutzen. Aber eine Warnung: Stehen Sie zu Ihrem Schatten, geben Sie aber acht, daß Sie es nicht übertreiben. Setzen Sie sich Grenzen bei der Erforschung Ihres Schattens, damit Sie sicher sein können, daß alles, was Sie tun, in Ihrem besten Interesse geschieht.

Lassen Sie Natürliche Brillanz für sich arbeiten

Ein Geschäftsmann kam zu einer Einzelberatung zu mir. Er beschäftigte Tausende von Mitarbeitern und traf täglich Entscheidungen über mehrere Millionen Dollar. Was aber sein Privatleben anging, so hatte er es nicht sehr gut im Griff. Seine Ehe hatte mit einer turbulenten Scheidung geendet. Seine Beziehungen mündeten meistens in soziale Katastrophen. Er war nicht einmal imstande, zum Abendessen ein Restaurant auszuwählen. Da er sich nicht für eine Inneneinrichtung für sein Wohnzimmer entscheiden konnte, hatte er in seiner teuren Wohnung schlichte Aluminium-Gartenstühle stehen.

Die Arbeit mit diesem Mann war für mich eine sehr lehrreiche und wichtige Erfahrung. Erfolgsstrategien lassen sich nicht unbedingt von einem Lebensbereich eines Menschen auf einen anderen übertragen. Die Fähigkeiten zu geschäftlichem und finanziellem Erfolg sind völlig anders als die, die man braucht, um persönliche und zwischenmenschliche Angelegenheiten zu bewältigen.

Vielerlei Gründe in seiner Lebensgeschichte erlaubten diesem Mann, seine Genialität im Geschäftsleben zu verwirklichen, aber in seinem persönlichen Leben war er blockiert. Meine Erfahrungen zeigen, daß Menschen in einigen Bereichen ihres Lebens sich großer Erfolge erfreuen, während sie in anderen schwer zu kämpfen haben.

Denken Sie an Ihre eigenen Erfolgsbereiche. Darin haben Sie grundlegende Fertigkeiten erlernt und weiterentwickelt, um erfolgreiche Ergebnisse zu erlangen. Dabei haben Sie die vier Schritte der Natürlichen Brillanz viele Male durchlaufen. In einem lebenslangen Prozeß fortwährenden Lernens und Besserwerdens können Sie wirkliche Erfüllung finden und Besonderes erreichen. Selbst wenn Sie das Gefühl haben, zwei Schritte vor und einen Schritt zurück zu gehen, im Laufe der Jahre machen auch Sie Fortschritte.

Denken Sie nun an die Bereiche, in denen Sie sich blockiert fühlen. Wo erreichen Sie nicht die Resultate, die Sie sich wünschen? Wo behindern riesige Stopschilder Ihre Entwicklung? Fühlen Sie sich verunsichert, wenn Sie unfähig sind, das zu erreichen, was Sie wollen?

Wenden Sie das Modell der Natürlichen Brillanz auf Ihre Blockaden an und durchbrechen Sie damit die Begrenzungen Ihres Lernprozesses. Nutzen Sie wieder Ihre eigene Genialität, um das zu erreichen, was Sie sich wünschen.

Dieses Kapitel wird Ihnen helfen, Ihre Stopschilder zu beseitigen und Ihre Natürliche Brillanz dort, wo Sie sie am dringendsten brauchen, wieder herzustellen. So können Sie lernen, die Fähigkeiten zu entwickeln, die für Erfolg wesentlich sind.

Lernen Sie, wie man lernt

Der Sinn des Modells der Natürlichen Brillanz liegt in der Dämpfung des Jo-Jo-Effekts der Oszillation: dem Beseitigen der Stopschilder, die emotional, intellektuell und körperlich installiert wurden; dem Wahrnehmen Ihrer genialen Fähigkeiten; und dem Erschaffen eines Weges zum Erfolg.

Bei der Natürlichen Brillanz geht es um zielorientiertes, schöpferisches Lernen, nicht um Therapie. Mit jedem Fortschritt, den Sie machen, lernen Sie auch, wie man lernt und wie man erfolgreich ist. Der langfristige Vorteil ist, daß man nicht mehr in Oszillation gefangen ist, sondern ganz natürlich in einen fortwährenden Zyklus lebenslangen Lernens eintritt – Natürliche Brillanz.

Um darzustellen, wie Sie das Modell der Natürlichen Brillanz anwenden können, möchte ich Ihnen zwei Beispiele aus dem wirklichen Leben geben. Diese Beispiele handeln von Personen, die ihre Probleme mit Hilfe ihrer Natürlichen Brillanz lösen konnten. Ich habe diese beiden Geschichten deshalb ausgewählt, da sie die beiden entgegengesetzten Aspekte ein und desselben Problems betreffen. Vergleichen Sie deren Resultate vorher und nachher.

Patty hat Probleme damit, ein Gleichgewicht zwischen ihrem beruflichen Erfolg und ihren partnerschaftlichen Beziehungen zu finden. Als engagierte Person, die beharrlich und hart arbeitet, erhält Patty ständig Anerkennung für ihre Leistung. Sie bekam jeden Job, den sie haben wollte. Wenn sie sich entschied, ihre Karriere zu verändern, dann gelang es ihr leicht. Patty liebt ihre Karriere.

Ihre Ehe war eine andere Geschichte. Nach sieben schwierigen Jahren trennte sie sich von ihrer Highschool-Liebe. Sie hatte zwar gute Freunde, aber keinen festen Partner. Manchmal, wenn sie allein nach Hause in ihre leere Wohnung kommt, fühlt sie sich in ihrem Privatleben als Versagerin. „Ich bin attraktiv. Ich bin ein netter Mensch." Verwirrt über diese Diskrepanz zwischen ihrer erfolgreichen Karriere und ihrer mißlungenen Ehe fragt sie sich: „Also, was stimmt nicht mit mir?" Für Patty läuft eigentlich alles ausgezeichnet, außer wenn es um eine langfristige Partnerschaft mit jemandem geht, den sie liebt.

Beth dagegen ist vor allem eine geduldige, gewissenhafte Mutter und Ehefrau. Sie und Pete sind seit 18 Jahren verheiratet. Sie sind durch viele schwierige Zeiten gegangen, aber beide fühlen sich einander immer noch sehr zugetan.

Das Universitätsstudium als Kunstlehrerin hat Beth nie abgeschlossen, und sie ist auch nie einer eigenen Berufslaufbahn nachgegangen. Statt dessen opferte sie sich auf, um ihren Mann in seiner Karriere zu unterstützen. Seit die drei Kinder auf der Welt waren, war Beth immer für sie da. Sie war Präsidentin der Eltern-Lehrer-Vereinigung (PTA), Mitglied der Kirchenleitung, freiwillige Helferin in der Gemeinde und Schulmutter. Ohne ihre harte Arbeit zur Unterstützung der Schulkinder und der Gemeinde wären viele der Programme, die sie mittrug, fehlgeschlagen.

Seit jetzt auch das jüngste Kind ganztags in der Schule ist, fühlt Beth sich leer. Sie weiß, daß sie ihre Familie finanziell unterstützen muß, da die Kinder bald aufs College gehen. Während ihr Mann auf der Höhe seiner beruflichen Laufbahn ist, muß Beth erkennen, daß sie bisher nichts für sich selbst getan hat. Beth möchte arbeiten, aber sie weiß nicht, was sie für ein anständiges Gehalt anzubieten hat. Wenn sie einen Ganztagsjob annimmt, dann kann sie in den Frühlings- und Sommerferien nicht für ihre Kinder dasein.

Gefangen im Dilemma zwischen Arbeit und Familie fühlt sich Beth verloren. In ihrem Halbtagsjob ist sie eine wertvolle Kraft, aber ihr Gehalt ist kaum die Mühe wert. Sie liebt ihre Familie, aber sie hat das Gefühl, daß sie ihr eigenes Karrierepotential vertan hat.

Patty und Beth oszillieren zwischen gegensätzlichen Vorstellungen: Karriere vs. Beziehung. Beide besitzen bemerkenswerte Fertigkeiten in ihrem jeweiligen Erfolgsbereich. Wenn sie nun versuchen, sich in ihren schwachen Bereichen zu verbessern, fühlen sie sich bei der Suche nach einer Lösung mit jedem Mal mehr entmutigt. Der Weg scheint endlos, sie haben nur wenig Hoffnung. Beth beschreibt dies so: „Das Licht am Ende meines Tunnels ist nur ein weiterer entgegenkommender Zug."

Ich werde die Beispiele von Patty und Beth in diesem Kapitel benutzen, um zu veranschaulichen, wie die Schritte der Natürlichen Brillanz bei beiden Frauen von den Blockaden zur Zielerreichung führen.

Eine neue Einstellung gewinnen

In den letzten vier Kapiteln habe ich beschrieben, wie man die Fertigkeiten der einzelnen Schritte entwickelt. In dem nachfolgenden Schaubild der vier Schritte der Natürlichen Brillanz habe ich drei neue Einstellungen hinzugefügt, die Ihnen helfen werden, diese Fertigkeiten in Ihr Leben zu integrieren. Diese Einstellungen und die Übungen, die ich empfehle, stammen größtenteils aus meiner jahrelangen Arbeit und einem Modell kreativen und divergierenden Denkens, das Frank E. Williams vor mehr als 20 Jahren entwickelte.

Zwischen Loslassen und Wahrnehmen sollten Sie **empfänglich sein**; offen für die großartigen Möglichkeiten, die um Sie herum und in Ihnen im Überfluß vorhanden sind.

Zwischen Wahrnehmen und Handeln sollten Sie **schöpferisch sein**, alternative Interpretationen und ungewöhnliche Möglichkeiten für sich erschaffen. Denken Sie daran, daß in der Struktur jedes Problems die Saat für eine Lösung liegt. Wenn wir es richtig angehen, fördern wir neues Wachstum in Richtung unserer Ziele.

Zwischen Handeln und Beobachten sollten Sie **ausdauernd sein**; machen Sie Ihre Absicht zum Zentrum dessen, was Sie tun. Lernen durch Erfahrung heißt, sich auf das Leben einzulassen. Wenn Sie konsequent dranbleiben, gewinnen Sie aus Ihren Fortschritten ebensoviel wie aus Ihren Rückschritten.

Analysieren Sie Ihre Ergebnisse und nähern Sie sich der Natürlichen Brillanz

Um zu bekommen, was Sie wollen, müssen Sie analysieren, was Sie haben und wie dies von Ihrem eigentlichen Ziel abweicht, ihre Blockade erkennen und loslassen. Ich nehme an, daß Sie sich eine Blockade ausgesucht haben, mit der Sie nun spielen möchten. Sie haben bemerkt, daß Sie in einigen Bereichen Ihres Lebens nicht das erreichen, was Sie sich vorstellen. Statt dessen geraten Sie jedesmal in die gleiche gewohnte Oszillation, wenn Sie versuchen, Ihr Problem zu lösen.

Patty sieht Ihr Hauptproblem darin, eine langfristige Liebesbeziehung aufzubauen. Sie neigt dazu, sich eher auf ihre Karriere zu konzentrieren, und genießt die Leichtigkeit und den Erfolg ihrer Arbeit. Gleichzeitig kämpft sie mit der Schwierigkeit und dem Unbehagen beim Versuch, eine enge Partnerschaft aufzubauen.

Ihre Oszillation besteht aus vier Bestandteilen: Die Bewegung hin zu den Vorteilen einer liebevollen Beziehung, die Bewegung hin zu den Vorteilen erfolgreicher Arbeit, die Bewegung weg von den Nachteilen ihrer Verabredungen und die Bewegung weg von den Nachteilen der totalen Hingabe zum Beruf.

Durch das Hin und Her zwischen den Enden des Kontinuums, zwischen Karriere und Beziehung, ist Patty in einem Stillstand gefangen.

Zwischen welchen Polen oszillieren Sie? Gehen Sie zurück zur Beschreibung der Blockaden in Kapitel 2, wo Sie Ihre Blockade diagnostizierten. Füllen Sie dann auf dem folgenden Arbeitsblatt die Leerstellen aus, um Ihre Beschreibung zu vervollständigen.

1. In welchem Bereich wünschen Sie sich einen Durchbruch? Schreiben Sie dies unter den Text: *Lebensbereich*.
2. Welche Gegensätze kämpfen in Ihnen? Was zieht Sie an und was stößt Sie ab in Ihrer Oszillation?
   Tragen Sie am linken Rand der Linie des *Verhaltensbereichs* ein, wovon Sie sich wegbewegen möchten (Angst).
   Tragen Sie am rechten Rand der Linie des *Verhaltensbereichs* ein, wo Sie sich hinbewegen möchten (das Gegenteil der Angst, also wahrscheinlich Ihr Ziel).
   Diese Etiketten definieren die Endpunkte dessen, was ich in Kapitel 3 Komfortzone oder *Verhaltensspektrum* genannt habe.
3. Was sind die Vorteile an den Endpunkten? Schreiben Sie in das Feld über den Linien spezifische Vorteile auf, die Sie mit jedem Ende des Kontinuums verbinden.

Schreiben Sie über „Angst" auf, welche angenehmen Aspekte (das Positive) Sie gegenwärtig genießen. Das sind die Vorteile, die Sie behalten möchten, wenn Sie Ihren Lebensbereich ändern.

Schreiben Sie über „Gegenteil der Angst" all das auf, was Sie in Zukunft an Positivem erhoffen. Das sind die Vorteile, die Sie erreichen möchten, wenn Sie Ihren Lebensbereich verändern.

Die Vorteile sollten in positiven Begriffen niedergeschrieben werden. Zum Beispiel ist „Ich wäre nicht mehr alleine" keine vorteilhafte Aussage. „Ich würde mich sicher und geliebt fühlen" ist eine positive Äußerung.

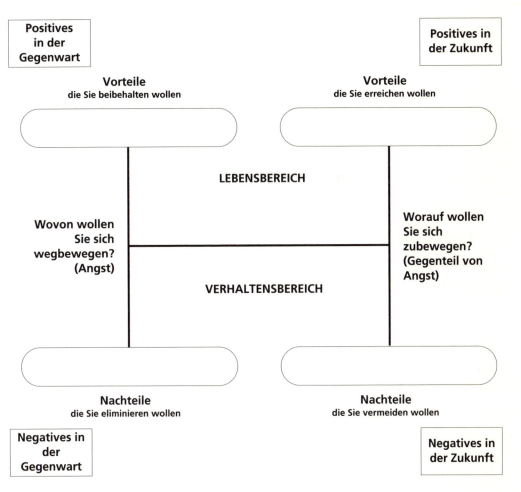

4. Was sind die Nachteile an jedem Endpunkt? Schreiben Sie in die Felder unter die Linie die spezifischen Nachteile auf, die Sie mit jedem Ende des Kontinuums verbinden. Schreiben Sie unter „Angst" das gegenwärtig Negative auf, unter dem Sie jetzt leiden. Dies sind die Dinge, die Sie eliminieren wollen, wenn Sie Ihren Lebensbereich ändern.

Schreiben Sie unter „Gegenteil der Angst" die Dinge auf, die Sie in der Zukunft nicht wollen (Negatives) und deren Auftreten Sie befürchten. Das sind Nachteile, die Sie vermeiden wollen, wenn Sie Ihren Lebensbereich verändern.

Machen Sie jetzt eine Pause. Beenden Sie Ihren inneren Kampf und lassen Sie den Streß verfliegen. Erinnern Sie sich: Sie können dieses paradoxe Problem nicht mit Ihren gewohnten Problemlösungsstrategien regeln, weil Sie damit immer wieder an den Ausgangspunkt des Problems zurückkommen.

Wenn Sie Ressourcen zum Loslassen brauchen, schauen Sie sich die Techniken in Kapitel 4 und im *Anhang* an.

Seien Sie empfänglich: Nehmen Sie Ihre Genialität an

In einem Kreativitätstest erzeugten Nobelpreisträger in kürzerer Zeit mehr unterschiedliche Ideen als die beiden Kontrollgruppen. Was wir daraus lernen können: Seien Sie offen für spontane und intuitive Ideen.

Blockaden führen zu emotionalem Aufruhr und mentaler Verwirrung. Durch Loslassen überwinden Sie die meisten negativen Auswirkungen Ihrer Problemsituation. Wenn Sie zur Ruhe kommen, steigern Sie Ihre Sinneswahrnehmung und Ihre Empfänglichkeit (siehe Kapitel 5, Wahrnehmen).

Nun legen wir los.

Empfänglich zu sein umfaßt drei wesentliche Bestandteile: **Flexibles Denken, neugieriges Hinterfragen und den Zugang zum inneren Bewußtsein.**

Flexibles Denken

Geschickte Problemlöser denken flexibel, um eine Vielzahl von Ideen, Antworten, Fragen und Lösungen für vorhandene

Probleme zu entwickeln. Suchen Sie nach so vielen unterschiedlichen Richtungen oder Alternativen wie möglich.

Wenn Sie darüber nachdenken, was Sie in einer Situation tun wollen, verändern Sie Ihre bisherigen Ansätze oder die Richtung Ihres Denkens, so als würden Sie mit dem Auto auf eine Umleitung stoßen. Flexible Denker kommen auf eine Vielzahl unterschiedlicher Ideen.

Spielen Sie in den nächsten Wochen diese Übungen durch und haken Sie jede erledigte Übung ab:

- ➤ Lassen Sie sich viele verschiedene Möglichkeiten einfallen, wie man einen Gegenstand auf ungewöhnliche und neue Weise benutzen kann.
- ➤ Denken Sie an andere Möglichkeiten, um aus dem Vorteil oder Nachteil Ihres Problems Nutzen zu ziehen.
- ➤ Erstellen Sie unterschiedliche Interpretationen bestimmter Ereignisse, Situationen und Probleme, die mit Ihrem Thema in Zusammenhang stehen.
- ➤ Wenden Sie ein Prinzip oder ein Konzept auf Ihren Lebensbereich an, das nichts direkt damit zu tun hat. Stellen Sie sich beispielsweise vor, Sie würden eine Karriere wählen, genau so, wie Sie einen großen Einkauf tätigen. Was, wenn Sie wüßten, daß Ihre berufliche Orientierung in fünf oder zehn Jahren nicht mehr gefragt ist?
- ➤ Betrachten Sie Ihr Problem vom Standpunkt einer anderen Person oder betrachten Sie Situationen anders als normalerweise.
- ➤ Diskutieren Sie Ihre Situation mit anderen und nehmen Sie einen anderen Standpunkt ein als Ihre Gesprächspartner.
- ➤ Denken Sie an eine Reihe verschiedener Möglichkeiten, Ihr Problem zu lösen.

Neugieriges Hinterfragen

Erfahrene Problemlöser bewahren sich ihre Neugier, die hervorstechendste Eigenschaft aller lernenden Menschen. Ein blockierter Mensch glaubt sich sicher. Jemand, der Probleme löst, hinterfragt und forscht.

Ein neugieriger Mensch beobachtet scharf und hinterfragt alles. Finden Sie mehr über die Menschen, Dinge und Situationen heraus, die in Zusammenhang mit Ihrem Problem stehen. Erlauben Sie sich Zeit, „nicht zu wissen", zu entdecken, zu fragen und Dinge eine Weile zusammenzupuzzeln.

Spielen Sie in den nächsten Wochen diese Übungen durch und haken Sie jede erledigte Übung ab:

➤ Erforschen Sie alles und fragen Sie jeden.
➤ Beobachten Sie Ihren Körper und Ihren Geist, wenn ein Problem dazu führt, daß Sie oszillieren oder zum Stillstand kommen.
➤ Hinterfragen Sie die Art, wie Sie normalerweise ein Problem angehen.
➤ Durchforsten Sie Bücher, Karten, Bilder, Menschen und Strategien und halten Sie ständig Ausschau nach neuen Ideen.
➤ Erforschen Sie das Unvertraute.
➤ Nutzen Sie all Ihre Sinne, um aus den Dingen Sinn zu machen.
➤ Überprüfen Sie im Detail, wie das Problem funktioniert.
➤ Untersuchen Sie die bedeutsamen Details.

Zugang zu Ihrem inneren Bewußtsein

Geschickte Problemlöser verlassen sich beim Finden von Antworten auf ihr inneres Bewußtsein. Sie wissen, daß die meisten Ressourcen zur persönlichen Veränderung und Entwicklung im inneren Bewußtsein und nicht im bewußten Verstand liegen. Der Versuch des bewußten Verstandes, Ihr Problem zu lösen, hat Sie in die Blockade geführt. Etwas Neues zu machen bedeutet, sich vom Kampf auf der bewußten Ebene zu innerer Führung zu verändern. Ein wichtiges Thema der Natürlichen Brillanz ist die außergewöhnliche Macht des inneren Bewußtseins.

Dr. F. Noah Gordon ist spezialisiert auf die Veränderung von Gehirnzuständen. In seinem Buch *„Magical Classroom"* beschreibt er drei mögliche Gehirnzustände. So wie beim Umschalten von

Fernsehkanälen können wir Gehirnkanäle umschalten und damit Zugang zu größerem Handlungs-, Lern- und Kreativitätspotential erlangen.

Sie nutzen den Handlungs-Kanal, wenn Sie körperlich aktiv sind. Sie gebrauchen ihn falsch, wenn Sie in diesem Zustand versuchen zu lernen, sich etwas zu merken und kreativ zu sein. Der Handlungs-Kanal führt bei Schultests zu sehr schlechten Ergebnissen, aber ironischerweise ist dies der Zustand, in dem die Kinder in den meisten Schulen lernen sollen. Um das unendlich größere Potential des inneren Bewußtseins anzuzapfen, ist der Handlungs-Kanal der schlechtest mögliche. Nutzen Sie den Handlungs-Kanal, *nachdem* Sie Ihre Blockade mit Hilfe der Natürlichen Brillanz aufgelöst haben.

Auf der anderen Seite erreichen Sie den Lern-Kanal durch ein „Entspannungs-Tor". Entspannen Sie Körper und Geist und bringen Sie dadurch Ihr Gehirn in den Alpha-Zustand, den Ort wirklichen Lernens. Dies ist ein ruhiger und entspannter Zustand, in dem Sie unmittelbar Sinnesdaten empfangen. In diesem Zustand können Sie müheloses Lernen genießen.

Der Kreativitäts-Kanal ist der „Ort der Superfähigkeiten", den Sie leicht erreichen können, wenn Sie den Zugang zum inneren Bewußtsein trainieren. In diesem tagtraumähnlichen Zustand empfängt man kreative Geistesblitze, intuitive Antworten und spirituelle Inspiration. „Hier liegt Ihre Genialität", so Dr. F. Noah Gordon. Man muß also in diesen Zustand gelangen, um Lösungen für paradoxe Probleme zu erhalten.

Während Sie mit Ihren inneren Ressourcen in Kontakt stehen, haben Sie die Möglichkeit, die kumulative Genialität anderer großer Geister anzuzapfen. Stellen Sie sich vor, Sie treten in einen entspannten inneren Zustand ein und laden sich in Ihre innere Datenbank das Expertenwissen der brillantesten Denker aller Zeiten zu jedem nur erdenklichen Thema herunter. Ausgehend von dieser enormen Datenbank kann sich spontan Erfolg manifestieren.

In Teil 3 dieses Buches werden Sie PhotoReading® und das Direkte Lernen kennenlernen, Methoden zur Verwirklichung des unendlichen Potentials Ihres inneren Bewußtseins. Ideen für Wege zum Erreichen der Resultate, die Sie sich wünschen, werden nur so hervorsprudeln. Die Effekte können sehr fein oder ganz deutlich ausfallen. PhotoReader erleben häufig eine Veränderung in ihren inneren Repräsentationen – ihren inneren Bildern, Stimmen und Gefühlen – und ihrem Handeln, nachdem sie inspirierende Bücher photogelesen haben.

Seien Sie schöpferisch: Erschaffen Sie neue Möglichkeiten

Die zweite Stufe der Natürlichen Brillanz ist das Wahrnehmen. Dies ist die Zeit, in der Sie Informationen aus der äußeren Welt und aus Ihrer inneren Welt sammeln. Wenn Sie mit den Einstellungen, die oben beschrieben wurden, gespielt haben, sind Sie schon auf dem besten Weg, Möglichkeiten zu erschaffen, die Sie früher nicht einmal im Traum für möglich gehalten haben.

Erinnern Sie sich an das Beispiel mit Beth. Sie war bemüht, sich ihren Traum von einer Karriere zu erfüllen. Durch Wahrnehmen begann sie darauf zu achten, wie sehr sie daran glaubte, daß die Gemeinschaft, die Kirche, ihre Kinder und ihr Ehemann sie jederzeit bräuchten. Sie hatte immer gemeint, ohne sie würde nichts laufen; gleichzeitig machte sie den anderen Vorwürfe dafür, daß sie ihre Lebensenergie in Beschlag nehmen.

Als sie das merkte, distanzierte sie sich von den Komitees in der Schule und den Gruppen in der Kirche und begann, ihre eigenen Prioritäten zu setzen. Sie machte ihren Einfluß geltend, indem sie meinte, es sei nun an jemand anderem, seinen Teil beizutragen. Beth bat ihren Mann und ihre Kinder, sich an der Arbeit im Haushalt zu beteiligen.

Schon kurze Zeit darauf hatte sie Zeit, über ihre eigene Karriere nachzudenken. Dabei zeigten sich ihre Stopschilder, Wunden, die sie sich bei Jobs nach der Highschool und während der Zeit auf dem College zugezogen hatte. Sie erkannte, daß sie Angst davor hatte, wieder in den Berufsalltag einzusteigen. „Was, wenn ich das nicht kann? Was, wenn ich nicht das Wissen und die Fertigkeiten für den Job mitbringe? Und wenn ich mehr Ausbildung brauche?"

Denken Sie daran, daß das Ziel hier nicht ist, das Problem zu lösen. Das Ziel ist, neue Möglichkeiten wahrzunehmen und anders zu reagieren, auf eine Weise, die zum Aufbau von kleinen, konkreten Hinweisen der Bewegung in die richtige Richtung führt. Widerstehen Sie in diesem Prozeß der Entdeckung, dem Drang, Ihr Leben zu früh und rasch verändern zu wollen. Andernfalls rennt man wieder in dieselben alten Probleme hinein. Der garantierte Weg für sicheren Erfolg lautet: Seien Sie schöpferisch.

Therapie oder Medikament, Sie erinnern sich, zielen darauf ab, zu reparieren, was kaputt ist. Mit der Alternative der „schöpferischen Veränderung" übernehmen Sie selbst die Initiative in Ihrer gegenwärtigen Situation: Sie erschaffen Ihre eigenen Resultate für Gegenwart und Zukunft.

Zwischen den Schritten Wahrnehmen und Handeln eingesetzt, trägt die schöpferische Methode der Problemlösung phänomenale Früchte. Die Bestandteile dieses Ansatzes sind unter anderem **Motiviertsein durch Komplexität** und Einsatz von **fließendem, originellem** und **elaborativem (ausarbeitendem) Denken**.

Suchen Sie Komplexität

Die erste Komponente einer schöpferischen Haltung ist der Wunsch, „eine Herausforderung anzunehmen". Denken Sie an Menschen, die Sie persönlich kennen, die angesichts komplizierter Situationen und schwieriger Probleme geradezu aufblühen. Sie erfreuen sich am Schaffen kluger Lösungen.

Trainieren Sie anhand der folgenden Herausforderungen in den nächsten Wochen Ihre „schöpferischen Muskeln" – nicht nur für Ihr persönliches Anliegen, sondern auch für Ihr tägliches Leben und für Ihre Karriere. Haken Sie die Übungen ab, die Sie durchgeführt haben:

> „Zwei Monate, nachdem ich die Schritte der Natürlichen Brillanz erlernt hatte, stand ich am Fuße des Kilimandscharo in Afrika. Meine Knie zitterten vor Angst, als ich die Herausforderung sah, die vor mir lag. Ich machte ein paar tiefe Atemzüge und sah mir genau an, was ich tat. Ich kam zu der Einsicht, daß meine Grundangst darin bestand, daß es mir auf dem Gipfel zu kalt werden könnte, lieh mir sofort winddichte Hosen und beruhigte mich auf der Stelle. Die 20.000 Fuß vor mir nahm ich ohne jede Angst oder Beklemmung."
>
> Chris Payne, *leitender Direktor von LifeTools, Ltd., England*

➤ Finden Sie etwas heraus, was Sie an komplexen Ideen oder Problemen schätzen.
➤ Entdecken Sie faszinierende Aspekte an verworrenen Situationen.
➤ Vertiefen Sie sich zuerst in die komplexeste Aufgabe und finden Sie heraus, was sie komplex macht.
➤ Betrachten Sie die verschiedenen Möglichkeiten, die sich ergeben, wenn Sie den schwierigsten Weg wählen.
➤ Finden Sie für sich, ohne Hilfe, die Lösung für zumindest einen Teil Ihres Problems heraus.
➤ Erfreuen Sie sich an der Herausforderung, etwas zu tun, was Ihnen schwerer fällt als die meisten anderen Aufgaben.
➤ Entdecken Sie den Reiz daran, etwas wieder und wieder zu tun, um Erfolg zu haben.
➤ Seien Sie hartnäckig und finden Sie Befriedigung darin, nicht leicht aufzugeben.
➤ Wählen Sie das schwierigere Problem, gerade weil es komplexer ist.
➤ Suchen Sie nach schwierigeren Antworten, anstatt einfache zu akzeptieren.

Denken Sie fließend

Die zweite Komponente des Schöpferischseins beinhaltet, daß jemand, der fließend denkt, normalerweise mit den meisten Ideen, Antworten, Lösungen oder Fragen aufwarten kann. Diese Menschen bringen eine Vielzahl von Möglichkeiten oder Vorschlägen hervor, wie man etwas tun kann. Charakteristisch für einen fließend Denkenden ist, daß er immer nach mehr als nur einer Antwort sucht; die Anzahl der Alternativen, die er hervorbringt, ist gerade ein Maß dafür, wie fließend er denkt.

Hier sind einige Vorschläge für Sie, wie Sie die kognitiven Fähigkeiten des fließenden Denkens trainieren können. Spielen Sie in den nächsten Wochen die folgenden Übungen durch und haken Sie jede durchgeführte Übung ab:

- ➤ Erzeugen Sie einen Fluß von Antworten, wenn Sie sich eine Frage stellen.
- ➤ Stellen Sie viele Fragen.
- ➤ Malen Sie mehrere Bilder, wenn Sie eines malen sollen.
- ➤ Schaffen Sie eine Vielzahl von Ideen, wo andere Probleme haben, nur eine zu finden.
- ➤ Benutzen Sie eine Vielzahl von Wörtern, um sich auszudrücken.
- ➤ Produzieren Sie mehr als andere um Sie herum.
- ➤ Arbeiten Sie schnell und machen Sie mehr als nur die Aufgabe, die vor Ihnen liegt.
- ➤ Addieren, subtrahieren, multiplizieren und dividieren Sie.
- ➤ Nehmen Sie das Gegenteil an: daß das Falsche wahr ist, das Lächerliche ernsthaft, das Lustige traurig.

Seien Sie erfinderisch

Bringen Sie originelle Ideen hervor. Erfinden Sie. Feiern Sie Ihre Einzigartigkeit. Denken Sie Ihre eigenen Gedanken. Die dritte Komponente des Schöpferischseins feiert Ihre Einzigartigkeit. Menschen, deren Stärke originelles Denken ist, erträumen normalerweise neuartige Ideen. Sie produzieren kluge Ideen anstatt nur gewöhnliche oder offensichtliche. Sie haben Spaß am Denken und am neuartigen Gestalten, und sie entscheiden sich dafür, Dinge herauszufinden und diese Dinge auf neue Weisen auszudrücken. Wenn man die Zahl ungewöhnlicher Antworten oder Ideen zählen könnte, würde man ein Maß dafür erhalten, wie originell jemand ist.

Originelle Denker kommen eher auf einen neuartigen Ansatz, der von anderen kaum erdacht wird. Sie nutzen Ihre Talente, um Teile des Gewohnten zu einem neuen und ungewohnten Ganzen zusammenzusetzen.

Spielen Sie, um Ihre Stärken im originellen Denken aufzubauen, mit diesen Übungen. Erforschen Sie sie im Laufe der nächsten Wochen und haken Sie ab, was Sie erledigt haben:

- ➤ Stellen Sie Gegenstände im Raum um oder erforschen Sie Asymmetrien in Bildern und Designs.
- ➤ Streben Sie nach einem neuen Ansatz zu einer stereotypen Antwort.
- ➤ Seien Sie anders und bringen Sie neuen Schwung in Ihr Denken oder Verhalten.
- ➤ Erfreuen Sie sich am Ungewöhnlichen und rebellieren Sie dagegen, Dinge so zu tun, wie jeder sie tut.
- ➤ Weichen Sie von anderen ab und tun Sie etwas auf Ihre Art und Weise.
- ➤ Finden Sie Ihre eigenen neuen Lösungen heraus.
- ➤ Erfinden Sie eine neue Möglichkeit, eine Tradition zu praktizieren.
- ➤ Wenn Ihnen die Kombination gefällt, essen Sie Essiggurken mit Erdnußbutter.
- ➤ Spielen Sie gleichzeitig mit Ihrer linken Hand in einer Dur-Tonart und mit Ihrer rechten in Moll.
- ➤ Streichen Sie diese Liste und erstellen Sie sich eine eigene.

Verfeinern und erweitern Sie

Schöpferische Denker arbeiten Dinge aus. Sie wollen Ideen und Produktionen weiterentwickeln. Sie leben, um Dinge auszudehnen, auszuweiten. Sie schmücken Materialien oder Lösungen gerne aus, um sie elegant und interessant zu machen. Solche Menschen sind nicht unbedingt Erfinder, aber wenn sie einer Idee auf der Spur sind, modifizieren oder erweitern sie diese.

Hier ein paar Vorschläge zur Stärkung Ihrer Fähigkeit, erweiternd und verfeinernd zu denken. Spielen Sie während der nächsten Wochen mit diesen Übungen und haken Sie jede erledigte Übung ab:

- ➤ Fügen Sie Linien, Farben und Details zu einem eigenen Bild oder zum Bild von jemand anderem hinzu.
- ➤ Spüren Sie den tieferen Sinn einer Antwort oder Lösung, indem Sie einzelne Komponenten detailliert auflisten.

- ▶ Modifizieren Sie eine großartige Idee eines anderen Menschen.
- ▶ Akzeptieren Sie die Idee eines anderen Menschen und „peppen Sie sie auf".
- ▶ Schmücken Sie etwas Nutzloses oder Unscheinbares, um es zu etwas hübsch Ausgefallenem zu machen.
- ▶ Fügen Sie dieser Liste Dutzende von Ideen hinzu.

Sie werden überrascht sein über die Qualität der Reaktionen, die sich aus einer entspannt-wachen Geisteshaltung ergeben. Indem Sie empfänglich und schöpferisch denken und handeln, wenn Sie vor einem Problem stehen, stellen Sie sicher, daß Sie mit entschiedenen Schritten in Richtung auf Ihr Ziel zugehen.

Beth entschied sich, einen Job anzunehmen. Obwohl dieser Job nicht die erste Wahl war, um ihre Karriere voranzubringen, arbeitete sie als Teilzeitmitarbeiterin im Kundendienst, als Datentypistin und in der Versandabteilung des Unternehmens Ihres Ehemannes. Beth entdeckte neu, was sie schon wußte. Sie lernte schnell. Ihre Teilzeitposition gab ihr Flexibilität in bezug auf den Stundenplan ihrer Kinder, inklusive der Sommerferien. Innerhalb eines Jahres hatte sie soviel Selbstbewußtsein und persönliche Kraft entwickelt, daß sie den Schritt in ihre eigene Karriere wagen konnte – sie arbeitet nun als Innenarchitektin, als Assistentin einer der besten Künstlerinnen auf diesem Gebiet.

Seien Sie ausdauernd: Bleiben Sie dran am Dranbleiben

Im Übergangsbereich zwischen den Schritten Handeln und Beobachten brauchen Sie Ausdauer. Ohne Konsequenz in Ihrem Verhalten greifen Ihre Handlungen in Richtung Ihres Ziels zu kurz. Ohne hartnäckige Selbstbeobachtung oder Wachsamkeit werden Sie vielleicht echte Lernmöglichkeiten verpassen.

Drei Jahre lang versuchte Patty ihre Beziehung angenehm und erfolgreich zu gestalten. Sie entschied sich, persönliche Beziehungen zu Männern aufzubauen, die älter, verheiratet und in ihren

Ehen unglücklich waren. Die Männer liebten die Aufmerksamkeit, die sie von einer jungen alleinlebenden Frau erhielten, so daß sie sich auch Zeit für sie nahmen. Von ihrer Oszillation her gesehen, schienen diese Männer ihr nicht gefährlich werden zu können, da sie sich garantiert nicht ernsthaft auf sie einlassen würden.

Als Patty erkannte, nach welchem Muster sie Beziehungen einging und beendete, begann sie, neue Wege zu gehen, außerhalb des Bereichs, der für sie immer bequem gewesen war. Sie ging ihre Probleme nun empfänglich und schöpferischer an und begann sich einzugestehen, welchen Preis sie dafür bezahlte, daß sie zu hart für ihre Karriere arbeitete. Sie schloß einen neuen Arbeitsvertrag ab, der ihr mehr Freizeit und mehr Zeit zum Reisen ließ. Sie brachte die Geschäftsführung dazu, einen Assistenten für sie einzustellen, damit sie eine normale Arbeitszeit hatte und nicht mehr bis zehn Uhr abends arbeiten mußte.

Ihre neugewonnene Freizeit ermöglichte ihr, sich darauf zu konzentrieren, eine Beziehung aufzubauen, die ihr wirklich etwas bedeutete. Patty begann neue Wege zu gehen. Sie traf sich außerhalb ihres Arbeitsplatzes mit alleinstehenden Männern. Sie sprach ihre Wahrheit aus und erklärte deutlich, was sie wollte. Wenn ein Mann nicht angemessen reagierte, wußte sie schon bald, wie es zu der Situation gekommen war. Sie begann, zwischen der Angst beim anderen und ihren eigenen Fehlern zu unterscheiden, anstatt alle Verantwortung für die Kommunikation auf die eigenen Schultern zu nehmen. Sie erlaubte sich, unsicher gegenüber ihren Begleitern zu sein. Mit jedem Telefongespräch und mit jedem Treffen wuchsen ihre Stärke und ihr persönlicher Mut.

Patty nahm eine wohlmeinende Sichtweise gegenüber ihren eigenen Erfolgen und Mißerfolgen ein. Sie fühlte sich, als würde sie zum ersten Mal gehen lernen. Einen Fehler zu machen war für sie nicht länger ein Grund, die Beschämung aus Zeiten der Highschool wiederzuerleben, oder der Beginn von Selbstbestrafung und Selbstzweifel. Indem sie sich ihren Ängsten stellte und akzeptierte, etwas auch nicht richtig zu machen, erfuhr sie immer mehr persönliche Kraft, um ihr eigenes Leben in die positive Richtung ihres Ziels zu lenken.

„Es ist unglaublich", erzählte sie mir, „wie wenig Fehler ich mir am Anfang erlaubt habe. Wenn ich 20 Jahre lang tiefergehenden Beziehungen aus dem Weg gegangen bin und vorher auch nur schlechte Erfahrungen gemacht hatte, wie sollte ich da sofort Erfolg erwarten?

Als ich begann, mich zu entspannen und zu spielen, merkte ich, wie das echte Lernen, das ich benötigte, in mein Leben strömte. Zu dieser Zeit war nicht alles davon großartig, aber ich merkte, wie jeder Schritt in meinem Leben zu meinem heutigen Glück beigetragen hat."

Patty machte vollen Gebrauch von den Schritten Handeln und Beobachten, um zu entdecken, daß die wesentliche Haltung bei beiden Schritten Ausdauer ist. Ausdauer besteht aus zwei Elementen – Mut und Phantasie. Mit diesen beiden Qualitäten können Sie ausdauernd in Richtung Ihres Ziels gehen und beobachten, wie sowohl durch Erfolg als auch durch Mißerfolg Ihre persönliche Kompetenz immer mehr zunimmt.

Gehen Sie Risiken ein – mit Sorgfalt und Mut

Mutig sein heißt, etwas trotz Ihrer Ängste zu tun. Natürlich müssen wir Risiken vorsichtig eingehen, nachdem wir beobachtet haben, welche besten und schlechtesten Ergebnisse möglich sind. Hier kommt die Phantasie mit ins Spiel: Mit Phantasie hat man die Möglichkeit, Chancen zu nutzen, ohne tollkühn zu sein.

Sie werden feststellen, daß in Ausdauer immer auch schon Mut enthalten ist. Menschen, die mutig Risiken eingehen, raten gerne, probieren Neues. Sie hören auf ihre Ahnungen und schauen, was dabei herauskommt. Mutige Menschen ignorieren Mißerfolge und Kritik, um ungewisse, unkonventionelle und unstrukturierte Situationen und Probleme bewältigen zu können.

Spielen Sie, um die Kraft Ihres Mutes zu entwickeln und neue Schritte im Leben zu gehen, in den nächsten Wochen mit den folgenden Vorschlägen. Haken Sie jede erledigte Übung ab:

- ➤ Verteidigen Sie Ihre Ideen gegenüber anderen Menschen, was auch immer diese denken mögen. Selbst auf die Gefahr hin, daß Ihre Idee falsch ist.
- ➤ Setzen Sie sich ohne Angst hohe Ziele und gehen Sie auf diese Ziele zu.
- ➤ Lassen Sie Fehler zu.
- ➤ Sagen Sie die Wahrheit, bis Sie sich gut fühlen.
- ➤ Gehen Sie die schwierigen Aufgaben an, die vor Ihnen liegen.
- ➤ Greifen Sie nach etwas Neuem und Schwierigem.
- ➤ Lösen Sie sich von dem, was andere über Sie denken oder von Ihnen halten könnten.
- ➤ Halten Sie an Ihren verschiedenen Erfolgsmöglichkeiten fest.
- ➤ Gehen Sie ein Risiko ein oder wagen Sie es, mehr über sich selbst herauszufinden.

Phantasie

> „Wenn Sie eine Vision bilden, die emotional besonders geladen ist, dann beginnt diese Vision ein Eigenleben zu führen. Sie können die Vision nicht abstellen, selbst wenn Sie das Interesse an dem ganzen Projekt verlieren."
>
> Peter Kline, *Vorsitzender von Integra Learning Systems*

Ein phantasievoller Mensch kann sich die Zukunft als etwas anderes vorstellen als nach vorn bewegte Vergangenheit. Mit der Kraft Ihrer Phantasie können Sie Handlungen und Ereignisse visualisieren und von ihnen träumen, die sie noch nie erlebt haben. Ihre Phantasie an erste Stelle zu setzen, ist die einzige Möglichkeit, um mit Glaube und Hoffnung auf Erfolg auf ein Ziel zuzugehen. Ohne Phantasie verdammen Sie sich dazu, Fehler zu wiederholen. Vielleicht haben Sie schon einmal den folgenden Satz gehört: „Wo keine Vision ist, werden die Menschen zugrunde gehen." Dieser Satz wurde vor Jahrhunderten geschrieben und drückt besonders klar aus: *Phantasievolle Vision ist das Herzstück der Natürlichen Brillanz.*

Menschen mit einer starken Vorstellungskraft nehmen den Unterschied zwischen Illusion und Realität wahr und nutzen ihn zu ihrem Vorteil. Wie Meister der Alchimie transformieren diese Menschen ihre phantastische Vision in phantastische Wirklichkeit.

Nachfolgend einige Übungen, damit Sie Ihre Phantasie üben können. Spielen Sie in den nächsten Wochen mit diesen Übungen und haken Sie jede erledigte Übung ab:

- ➤ Erzählen Sie eine Geschichte von einem Ort, wo Sie niemals hin können.
- ➤ Erspüren Sie intuitiv etwas, was sich noch nicht ereignet hat.
- ➤ Sagen Sie etwas voraus, was jemand, den Sie nicht kennen, gesagt oder getan hat.
- ➤ Gehen Sie in Ihren Träumen irgendwohin, ohne den Raum zu verlassen.
- ➤ Erschaffen Sie Bilder von Handlungen und Ereignissen, die Sie nie gesehen haben.
- ➤ Sehen Sie in einem Bild oder einer Zeichnung seltsame Figuren und Formen, die der Künstler wahrscheinlich gar nicht beabsichtigt hatte.
- ➤ Wundern Sie sich über etwas, was nie geschehen ist.
- ➤ Erwecken Sie leblose Wesen zum Leben.
- ➤ Malen Sie sich aus, wie Ihre kühnsten Träume wahr werden.

Schlußbemerkungen

Wie Sie gesehen haben, führt das Modell der Natürlichen Brillanz zu andauernder Weiterentwicklung der Persönlichkeit. Es garantiert Ihnen lebenslanges Lernen aus Erfahrung. Die Übungen in diesem Kapitel verfügen über eingebaute Sicherheitskontrollen. Die Natürliche Brillanz folgt der Maxime: „Herausforderung durch Wahlmöglichkeiten." Jede Bewegung, die Sie im Leben machen, führt zu Feedback. Wenn Sie über Ihre Lernkapazitäten hinausgehen, wird Ihr Feedback mit Schmerz antworten und weitere Stopschilder errichten. Wenn Sie in dem Rahmen bleiben, in dem Sie entspannt sind, wird Sie Ihr Feedback verblüffen und Ihre Neugier und Ihren Mut anstacheln.

Gesunde Spannung, die auch als *Eustreß* (das Gegenteil von Distreß) bezeichnet wird, geht ihren Weg zwischen Langeweile und Ängstlichkeit hin zum optimalen Lernen. In dieser strategischen Zone, in der Ihre Natürliche Brillanz in einem Zustand entspannter Wachheit fließt, können Sie auf die Welt reagieren, die Ergebnisse beobachten und Ihr Leben voll auskosten.

Bewahren Sie bei all Ihren Handlungen Ihre höchste Absicht. Wenn Sie morgen früh aufwachen, fragen Sie sich: „Was will ich heute wirklich?" Fragen Sie sich am Ende des Tages: „Inwiefern habe ich mein Leben absichtsvoll gelebt?"

Bleiben Sie bewußt Ihrem höchsten Gut treu. In den folgenden Kapiteln werde ich Ihnen vier der wirkungsvollsten Strategien für persönliche und berufliche Entwicklung vorstellen, die ich kenne: PhotoReading®, Direktes Lernen, Kreative Problemlösung und den „New Option Generator". Jede dieser Strategien beruht auf Ihrer Natürlichen Brillanz. Jede Technik führt Sie zu einer Anwendung der vier Schritte des Modells der Natürlichen Brillanz auf einer höheren Ebene. Nutzen Sie jeden dieser Schritte, um alles zu aktivieren, was Sie bisher gelernt haben. Beginnen Sie damit, sich auszusuchen, wie Sie Ihre Genialität in Ihrem Leben mit Gewinn einsetzen wollen.

Dieses Kapitel und den zweiten Teil des Buches möchte ich mit einer kleinen Gutenachtgeschichte für Ihren bewußten Verstand bzw. als Parabel für Ihr inneres Bewußtsein beschließen. Sie heißt „Der Stretch-Stich".

> Es war einmal eine weise alte Näherin, die seit Jahrzehnten ein erfolgreiches Geschäft führte. Sie besaß ein großes Geschäft mit vielen Mitarbeitern, Männer und Frauen, junge und im Herzen junggebliebene Menschen. Die Mitarbeiter erfreuten sich einer engagierten Partnerschaft von Begabung, Wissen und kreativen Ideen.
>
> Eines Tages kam ein anderer Geschäftsmann zu der Näherin und fragte sie, worauf Sie ihren Erfolg zurückführe. Sie antwortete: „Unser Erfolg liegt in der Lehre vom Stretch-Stich."
>
> „Der größte Teil unserer Arbeit besteht darin, zwei Stoffteile mit einer geraden Naht zusammenzunähen", erklärte die Näherin. Meistens hält diese Naht sehr gut,

aber manchmal reißt sie auf, weil sie brüchig, steif und geradlinig ist. Wenn die Naht reißt, löst sie sich nach und nach ganz auf. Und das wäre genau hier das Problem", sagte sie, ergriff den Mann am Ärmel und zeigte auf den Saum zwischen Ärmel und Schulter. „Ihr Ärmel würde einfach auf den Boden fallen, oder?

An so einer besonderen Stelle brauchen wir also etwas Besseres ..." Sie piekste dem Mann mit ihrem Finger in die Brust und fügte hinzu: „Und Sie haben eine Neigung für erfolgreiche Geschäfte, nicht wahr?" und zwinkerte ihm zu.

Die Näherin senkte ihre Stimme und flüsterte leise, damit der Mann auch wirklich zuhörte: „Der bemerkenswerteste Stich ist ganz einfach, zwei Stiche vorwärts und einen Stich zurück. Dieser Stich ist stark und gleichzeitig flexibel – mehr als jeder andere Stich. Dieser Stich ist ein Lehrmeister für alle, die bereit sind, Erfolg zu haben."

Sie beugte sich nach vorne und zwinkerte dem Mann bedeutungsvoll zu. Sie sagte: „Sind Sie bereit, alle paar Schritte nach vorn einen Schritt zurück zu machen? Achten Sie auf Ihren Fortschritt. Lernen Sie aus dem, woher Sie kommen, und achten Sie darauf, wohin Sie gehen. Sie werden schon bald bemerkenswerte persönliche Stärke und Flexibilität entwickeln. Mit diesen wertvollen Ressourcen werden Sie bei all Ihren Bestrebungen im Leben Erfolg haben."

Teil Drei

Leben Sie Ihre Natürliche Brillanz

Aktivieren Sie das Modell der Natürlichen Brillanz

Welchen Herausforderungen haben Sie sich jenseits Ihres vertrautbequemen Bereichs gestellt, seit Sie dieses Buch begonnen haben? Sie *können* sich von Stopschildern befreien, die bestimmte Bereiche Ihres Lebens in Oszillation halten. Sie müssen sich nicht länger von Ängsten, Begrenzungen oder Blockaden aus der Vergangenheit einschränken lassen. Vielleicht haben Sie schon beim Spielen mit diesen Ideen ein paar Stopschilder herausgerissen und sofort Nutzen daraus gezogen. Wenn ja, gratuliere ich Ihnen. Wenn nicht, haben Sie vielleicht darauf gewartet, erst das ganze Bild zu sehen, bevor Sie weitermachen. Ich lade Sie ein, die vielen Möglichkeiten, die Ihnen jetzt offenstehen, selbst zu erfahren.

Teil 3 verbindet alle Prinzipien, Schritte und Haltungen der Natürlichen Brillanz miteinander und macht daraus ein Ganzes. Bisher habe ich bereits überall praktische Anwendungen vorgeschlagen, aber jetzt stelle ich Formeln vor – kochbuchartige Rezepte –, die jeder nutzen kann, um handfeste Resultate zu erzielen. Nutzen Sie diese einfachen Übungen, um Ihre unproduktiven Verhaltensmuster für immer zu verändern.

Sie werden drei neue Anwendungen der Natürlichen Brillanz kennenlernen: das Direkte Lernen, das Auflösen paradoxer Probleme und den „New Option Generator" (NOG). Diese Anwendungen stellen Schritt-für-Schritt-Methoden für den Umgang mit lebenslangen Blockade-Zuständen dar. Wenn Sie diese Problemlösungs- und Persönlichkeitsentwicklungs-Technik erleben, so werden Sie feststellen, daß unmittelbare, manchmal unerklärliche Nutzeffekte in Ihrem Leben auftauchen.

Ab diesem Kapitel wird Teil 3 Sie vorbereiten auf die Integration der Natürlichen Brillanz als eine kontinuierliche, spontane Reaktion auf Oszillation. Wie einen teleportierten StarTrekkie kann Ihr Körper-Geist Sie zu Ihren Zielen beamen. Anstatt sich mit auftauchenden Problemen herumzuschlagen, können Sie ihnen auf einer höheren Ebene begegnen. Anstatt in Blockaden zu oszillieren, können Sie automatisch Ihre Wunschzustände des

„Ich bin ein sehr getriebener Mensch. Als ich das erste Mal Entspannung und Streß-Management machte, dachte ich, daß die Befreiung vom Streß zu einer Minderung meiner Kräfte führen würde. Ich sagte: ‚Ich brauche meinen Streß, um mich zu motivieren.' Doch eines Abends geschah etwas Interessantes. Ich hatte mir gerade einen Mercedes gekauft. Nach einem Einkaufsbummel fand ich mein neues Auto aufgebrochen vor, alle Weihnachtsgeschenke waren gestohlen und der Lack zerkratzt. Statt mich aufzuregen und loszubrüllen, sagte ich ruhig, aber bestimmt zu mir: ‚Morgen bringe ich das Auto in die Werkstatt und lasse es reparieren.' Ich war sehr überrascht! Ich war im Vollbesitz meiner Fähigkeit, diese Situation entspannt zu meistern, und der ganze unnötige Streß war weg, den

ich mir früher immer gemacht hatte."

Dr. Paul McKenna
Hypnotiseur, TV-Star in England

Die sechs Audio-Kassetten und das Kursheft des Natural Brilliance Personal Learning Course helfen Ihnen, effektiv die vier Schritte dieses Modells auf einer tiefen, inneren Ebene zu lernen und zu erreichen. Es kann sein, daß es Ihnen mit diesem Kassetten-Kurs für zu Hause leichterfällt zu lernen. Retreat-Teilnehmer versichern, daß man im Retreat das Modell auf emotionaler, kognitiver und der Verhaltensebene erlernt. Man lernt dabei durch Gruppenübungen, Spezial-Übungen, mit High-Tech-Lernhilfen, Musik und Paraliminal-Lernsitzungen. Rufen Sie das Büro der Learning Strategies Corporation an, wenn Sie an weiteren Informationen interessiert sind oder für Europa Sintonía Seminare (Adresse s. S. 264).

Denkens, Fühlens und Verhaltens mit Ihrer Natürlichen Brillanz wirksam auslösen.

Kapitel 10 wird den Prozeß des Direkten Lernens aufzeigen. Basierend auf dem PhotoReading® Whole Mind System geht das Direkte Lernen über das PhotoReading® hinaus und aktiviert neues Wissen und neue Fertigkeiten direkt in Ihr Verhalten. Kapitel 11 unterrichtet Sie in der Lösung paradoxer Probleme. Es stellt Ihnen den kreativen Problemlösungsprozeß vor, der Ihnen erlaubt, Ihre Energien auf die Lösung des richtigen Problems zu lenken.

Kapitel 12 präsentiert den Höhepunkt dieses Buches und des Modells der Natürlichen Brillanz. Es führt Sie durch sieben Übungen, die Loslassen, Wahrnehmen, Handeln, Beobachten und alle anderen Konzepte dieses Buches miteinander verbinden. Dieser New Option Generator hat bereits bei Tausenden von Menschen zu wahren Power-Resultaten geführt. Seien Sie achtsam! Dieser Prozeß hat das Potential, Ihre Blockaden und Ihr ganzes Leben zu transformieren. In den Kapiteln 13 und 14 werde ich erläutern, wie Sie konsequent auf dem Weg zu Ihren Zielen bleiben können.

Sie werden am meisten von Teil 3 haben, wenn Sie sich ein konkretes Problem vornehmen, das Sie schon länger plagt. So können Sie während des Lernens einen direkten Durchbruch erzielen. Denken Sie vielleicht, daß es Blockaden gibt, die zu groß sind. Ich nicht. Das Modell der Natürlichen Brillanz zeigt Ihnen, wie Sie sich selbst trainieren können, indem Sie Ihre Erfahrung als Ihr eigener „bester Lehrer" nutzen.

Wenn wir die Wunder des Universums suchen, müssen wir sie willkommen heißen, wenn sie sich manifestieren. Lassen Sie mich das mit den Geschichten zweier Frauen illustrieren, die ich kenne.

Öffnen Sie sich für größere Möglichkeiten

Obwohl das medizinisch eigentlich unmöglich ist, erholte sich Andrea Fisher von einer Wirbelsäulenverletzung, die zur Lähmung aller vier Extremitäten führte, der sogenannten Quadriplegie. Bei einem Autounfall wurde ihre Wirbelsäule gequetscht. Sie verbrachte drei Monate im Koma und drei Jahre gelähmt im

Krankenhaus. Dann stieg sie eines Tages aus ihrem Bett. Heute kann sie wieder gehen und führt ein normales Leben.

Neurologen aus aller Welt haben ihren Fall untersucht. Sie wurde zu internationalen Neurologie-Kongressen eingeladen. Die Schlußfolgerung der Mediziner: Ihre Heilung ist ein Wunder. Nichts in ihrer Wissenschaft kann die Transformation in Andreas neuronaler Anatomie ganz erklären.

Der Neurologe im Krankenhaus, der ursprünglich für ihren Fall zuständig war, praktiziert keine Nervenheilkunde mehr. Er verließ das Krankenhaus, um alternative Heilmethoden zu studieren. Da sein medizinisches Modell nicht erklären konnte, was er bei diesem Fall beobachtet hatte, suchte er nach einem System der Heilung, das für diesen Fall eine Erklärung liefern konnte.

Andrea sagte zu mir: „Weißt du, Paul, meine Heilung war überhaupt kein Wunder. Nicht mehr, als daß unsere Herzen schlagen oder wir uns unterhalten. Ich kann dir genau erklären, was ich für meine Heilung tat. Ich kann jedes Detail beschreiben. Ich habe mich mental, emotional und körperlich umerzogen. Ich kann dir jede therapeutische Prozedur nennen, die ich durchgeführt habe. Aber nicht viele Menschen werden bereit sein, davon zu hören oder zu tun, was es braucht, um wieder auf die Beine zu kommen."

Andrea und ihr Neurologe erforschten offen, wie wir die enormen Möglichkeiten nutzen können, die uns allen zur Verfügung stehen. Die Lebenserfahrung einer anderen bemerkenswerten Frau, Jane Danielson, hat eine etwas anders gelagerte Botschaft.

Ich begegnete Jane zum ersten Mal, als ich ein Seminar für die Mitarbeiter der Telefonseelsorge gab. Sie war damals blaß und steif und trug ein T-förmiges Metallkorsett über Rücken und Hals. Seit einem Autounfall vor 14 Jahren litt sie unter chronischen Schmerzen, die ihr Leben sehr beeinträchtigten. Sie hatte jede nur erdenkliche körperliche und chirurgische Heilmethode ausprobiert. Sechs Operationen hatten aus ihrem Rücken und Hals einen Betonpfahl gemacht – der erbarmungslos schmerzte. Jane konnte nur geradeaus schauen; wenn sie zur Seite oder nach hinten sehen wollte, dann mußte sie ihren ganzen Körper drehen.

Schließlich nahm sie an einem Workshop bei Moshe Feldenkrais* teil, bekannt für seinen bio-mechanischen Ansatz der Körpertherapie. Nach diesem Workshop arrangierte sie eine private Sitzung bei Moshe Feldenkrais. Zu Beginn der kurzen Sitzung bat Feldenkrais Jane, ihr Korsett abzunehmen. Er tastete mit seinen Fingern einmal die Wirbelsäule rauf und runter. Jane wartete immer noch auf eine bedeutende Intervention, als er ihr sagte: „Drehen Sie Ihren Kopf hin und her." Und sie tat es! – unglaublich nach diesen sechs Operationen. Danach zeigte er auf das Korsett und meinte nur: „Und werfen Sie das Mistding da weg." Das war 1980. Seit diesem Tag kann Jane ihren Kopf wieder mit Leichtigkeit drehen.

Jane ging zu ihrem Arzt, um ihm zu zeigen, was sie tun konnte. Voller Stolz sagte sie zum Arzt: „Sehen Sie nur, was ich kann" und drehte ihren Kopf von einer Seite zur anderen. Aber ihr Neurologe schimpfte mit ihr: „Das können Sie nicht!"

„Was meinen Sie?" fragte Jane. „Sehen Sie!", und sie drehte ihren Kopf erneut.

Barsch drückte er mit seinem Zeigefinger auf ihr Brustbein und sagte: „Ich habe die Operationen bei Ihnen durchgeführt, und Sie können das nicht!" Dann drehte er sich um und schlug die Tür hinter sich zu. Jane betrat niemals wieder seine Klinik.

Janes Geschichte belegt einen wichtigen Punkt für die Integration des Modells der Natürlichen Brillanz: Wir müssen offenbleiben für Möglichkeiten. Andrea und Jane verstanden dies instinktiv und verhielten sich konsequent mit dem Lernmodell der Natürlichen Brillanz. Die entgegengesetzte Reaktion von Andreas und Janes Neurologen zeigte, daß nur einer bereit war, Genialität anzuerkennen.

Im Modell der Natürlichen Brillanz lernen wir durch Erfahrung. Wenn wir die Wunder des Universums erlernen wollen, müssen wir bereit sein, diese Wunder zu empfangen.

Ich möchte Sie nun auffordern, in den nächsten Abschnitten dieses Kapitels darüber nachzudenken, wie sich solche scheinbar wundersamen Veränderungen in Ihrem Leben ereignen können. Sie besitzen die folgenden Fähigkeiten, mit denen Sie Ihre

---

* Anm. d. Übers.: In seinem Buch „*Bewußtheit durch Bewegung. Der Aufrechte Gang*" (Suhrkamp, Frankfurt, 1978) beschreibt er sehr ausführlich dieses Training der Körperbewußtheit.

Stopschilder niederreißen und Ihre Möglichkeiten in die Ergebnisse verwandeln, die Sie sich wünschen:
- ➤ Ihr inneres Bewußtsein und die vorbewußte Verarbeitung;
- ➤ die nicht-bewußte Aufnahme von Informationen;
- ➤ neu entdeckte Wege zum inneren Bewußtsein;
- ➤ implizites Gedächtnis.

Nun, da Sie die Liste der Wunder gelesen haben, die Sie bereits besitzen, möchte ich Ihnen die neuen Verfahren skizzieren, die ich entwickelt habe, um die volle Kraft Ihrer Natürlichen Brillanz zu aktivieren.

Nutzen Sie das innere Bewußtsein und die vorbewußte Informationsverarbeitung

Wissen Sie, wer Sie wirklich sind? Sie sind ein lebendes, fühlendes, denkendes und lernendes Wesen. Sie sind in jeder Hinsicht großartig! Ihnen stehen zwei bemerkenswerte Werkzeuge zur Verfügung, die unglaublich komplex, aber zugleich auch sehr einfach sind – Ihr inneres Bewußtsein und Ihre vorbewußte Informationsverarbeitung. Das Modell der Natürlichen Brillanz bietet einen idealen Ansatz, diese beiden Werkzeuge mit unmittelbarem Gewinn zu nutzen.

Dieser andere Teil unseres Gehirns, der nicht zum bewußten Verstand gehört, verarbeitet Informationen und speichert Erinnerung. Dem Psychologen Dr. Win Wenger zufolge steht die Datenbank des inneren Bewußtseins der Datenbank des bewußten Verstandes im Verhältnis von zehn Milliarden zu eins gegenüber. Der Zugang zu dieser phänomenalen Kapazität läuft über die sogenannte vorbewußte Informationsverarbeitung (preconscious processing). Die vorbewußte Informationsverarbeitung, die viel schneller arbeitet als der bewußte Verstand, scannt kontinuierlich Milliarden von Bits und trifft die Entscheidung darüber, was wichtig und was unwichtig ist: Wenn sie etwas Wichtiges wahrnimmt, dann signalisiert sie sofort dem bewußten Verstand, die Aufmerksamkeit dorthin zu lenken.

Obwohl wir bereits das innere Bewußtsein und einen vorbewußten Prozessor haben, haben wir trotzdem noch Probleme. Es bleibt also die Frage, wie wir sie positiv für unser tägliches Leben nutzen können. Der Einsatz des PhotoReading® Whole Mind System für das Direkte Lernen kann Ihnen eine wirkungsvolle Antwort auf diese Frage geben. Als ich 1986 den PhotoReading®-Kurs entwickelte, wollte ich diese beiden Fähigkeiten des Geistes effektiv nutzen und löste damit ein riesiges Problem vieler Menschen: die über uns hereinbrechende Informationsflut.

Mit PhotoReading® können Sie mehr als eine Druckseite pro Sekunde mental „photographieren". Weltweit nutzen immer mehr PhotoReader diese Technik zum Verstehen und Behalten von Informationen in einem Bruchteil der Zeit, die sie mit herkömmlichem Lesen gebraucht haben. Die Macht des menschlichen Geistes, die PhotoReading® sichtbar macht, läßt viele Teilnehmer des Programms fragen: „Wenn ich photolesen kann, was kann ich dann noch alles?"

Über die Jahre, in denen ich Menschen dabei beobachtete, wie sie ihre großartigen Fähigkeiten kennenlernten, erkannte ich, daß die Möglichkeiten zur Persönlichkeitsentwicklung für PhotoReader weit über das effiziente Verarbeiten geschriebener Informationen hinausgehen. PhotoReading® und Direktes Lernen erwecken in uns gewaltige geistige Fähigkeiten. Zuerst blinzeln wir ins Licht. Dann beginnen wir zu erkennen, daß wir nicht auf irgendwelche Autoritäten oder Genehmigungen warten müssen. Wir können die Natürliche Brillanz, die wir bereits besitzen, von uns aus freisetzen, wahrnehmen, darauf reagieren und beobachten.

Eignen Sie sich Informationen und Fertigkeiten nicht-bewußt an

Entsprechend den Forschungen, die das kognitive Laboratorium der Tulsa University of Oklahoma durchführte, kann das menschliche Gehirn sich Informationen und Fähigkeiten auch nichtbewußt aneignen.

Die wissenschaftliche Arbeit von Dr. Pawel Lewicki zeigt, daß das kognitive System des Menschen Informationen nicht-bewußt wahrnehmen und verarbeiten kann. Seine Forschungen im letzten Jahrzehnt zeigen, daß Versuchspersonen in Experimenten keinen Zugriff auf das neu erworbene Wissen besitzen und keine Ahnung davon haben, daß sie irgend etwas von dem Stimulus-Material gelernt haben, obwohl dieses neu erworbene Wissen durchweg ihr Verhalten leitet.

Dr. Lewicki hat auch herausgefunden, daß das innere Bewußtsein durch vorbewußte Verarbeitung unvergleichlich fähiger ist, komplexes Wissen schneller und „klüger" zu verarbeiten, als unsere bewußte Fähigkeit, zu denken und Bedeutungen von Reizen zu identifizieren, dies vermag.

In einem Zeitschriftenartikel schrieb er: „Der größte Teil der ‚wirklichen Arbeit', sowohl beim Erwerb kognitiver Vorgänge und Fertigkeiten als auch bei der Ausführung kognitiver Handlungsabläufe, geschieht auf der Ebene, zu der unser Bewußtsein keinen Zugang hat. Die Qualität und Geschwindigkeit dieser inneren Verarbeitung überschreiten bei weitem alles, was unser bewußt kontrollierendes Denken zu leisten vermag."

Noch provokativer ist seine Schlußfolgerung: „Die ‚Verantwortung' dieser unzugänglichen Ebene unseres mentalen Funktionierens ist mehr als nur Routine, wie reines Wiederauffinden von Informationen aus dem Gedächtnis und die Einstellung des Erregungszustands. Sie ist direkt beteiligt an der Entwicklung interpretierender Kategorien, dem Ziehen von Schlußfolgerungen, dem Bestimmen emotionaler Reaktionen und anderer kognitiver Prozesse, die auf höherer Ebene ablaufen."

Die Arbeiten von Dr. Pawel Lewicki sind für mich ein Hinweis, daß das nicht-bewußte Aneignen von Informationen die besten Möglichkeiten für Veränderung und Wachstum verspricht. In Kapitel 10 präsentiere ich eine neue, revolutionäre Technik zur Selbstentwicklung: die Verbindung von PhotoReading® und Direktem Lernen zur Aktivierung Ihrer inneren Weisheit.

Das Photolesen von großen Mengen an Informationen hilft dem inneren Bewußtsein, verstärkt neue Wahlmöglichkeiten wahrzunehmen. Aktivierung mit dem Direkten Lernen ist eine Möglichkeit, etwas zu tun, ohne zu *versuchen*, es anders zu machen. Das Direkte Lernen verändert das Verhalten ohne bewußte Intervention. So wird der Zyklus Ihrer paradoxen Probleme durchbrochen. Diese Veränderung geschieht indirekt durch die innere Weisheit, die jenseits der bewußten Logik an der Problemlösung arbeitet. Diese Methode ist paradoxerweise perfekt und ideal für Ihr Leben geeignet.

Entdecken Sie neue Wege zum Körper-Geist-Bereich

Belege für die Durchbrüche des PhotoReadings® und des Direkten Lernens stammen von dem PhotoReader Dr. Izzy Katzeff, Dozent der Neurophysiologie an der Universität von Johannisburg in Südafrika. Während er sich von einem Schlaganfall erholte, machte er eine bemerkenswerte persönliche Entdeckung. Sein Schlaganfall hatte zu einer Verletzung des primären visuellen Cortex (V1) geführt, was zu einer posterioren Alexie* führte. Er konnte zwar schreiben, aber nicht lesen. Er konnte geschriebene Texte nicht verstehen, aber er konnte Wörter ohne weiteres verstehen, wenn sie laut buchstabiert wurden oder wenn diese Wörter in seine Handfläche geschrieben wurden.

Nach zweieinhalb frustrierenden Monaten, in denen er nicht einen einzigen gedruckten Buchstaben lesen konnte, wandte er sich dem PhotoReading® zu. Sofort konnte er das lesen und verstehen, was er zuvor photogelesen hatte. Nachdem er seine ersten fünf Bücher mit PhotoReading® gelesen hatte, rief er mich an und berichtete mir freudestrahlend, daß er nun auch wieder ganz regulär lesen könne.

„Das ist nur möglich", erklärte er mir, „wenn wir *neuronale Kanäle* besitzen, *die den primären visuellen Cortex umgehen können*. Meine Heilung zeigt, daß das PhotoReading® ein Weg ist, Zugang zu diesen neuronalen Bahnen zu gewinnen. Das bestätigt genau das, was Sie die ganze Zeit über die vorbewußte Verarbeitung und das innere Bewußtsein gesagt haben. Das untermauert es, denn ich habe eine physische Verletzung, und es gibt keine Möglichkeit, wie ich die Seite bewußt erkennen könnte, ohne Umgehung des visuellen Cortex. PhotoReading® macht es möglich."

Etwa sechs Monate später erhielt ich wieder einen begeisterten Anruf von Izzy Katzeff. „Paul – in einer neurologischen Fach-

---

* Anm. d. Übers.: Alexie bedeutet die Unfähigkeit, Geschriebenes zu lesen bzw. Gelesenes zu verstehen trotz eines intakten Sehvermögens.

zeitschrift las ich einen Artikel, der meine Hypothese bestätigt. Dieser Artikel bezieht sich auf klinische Forschungen, die die bewußte Wahrnehmung von Informationen ohne den primären visuellen Cortex aufzeigten. Diese Wissenschaftler haben die neuronalen Wege entdeckt, über die wir bereits sprachen."

Ich ging sofort in die biomedizinische Bibliothek an der University of Minnesota. Der Artikel *„Bewußte visuelle Wahrnehmung ohne V1"* von den Wissenschaftlern Barbur, Watson, Frackowiak und Zeki aus London ist eine bahnbrechende Forschungsarbeit auf dem Gebiet der Gehirnverletzungen. In der Zeitschrift Brain erklärten die Autoren, daß es neuronale Wege gibt, die bisher wissenschaftlich noch nicht beschrieben wurden. Izzy hatte recht! Acht Jahre lang hatten wir bereits PhotoReading® gelehrt auf der Basis dieser Hypothese, bevor diese Forschung mit einer neurologischen Erklärung veröffentlicht wurde

Mit anderen Worten: Es gibt weit mehr neuronale Wege, die unser Gehirn mit unserem Verhalten verbinden, als unsere Lehrer sich hätten je vorstellen können oder Sie ermutigten zu gebrauchen. In bezug auf das Direkte Lernen benötigen wir jedoch noch eine Erklärung für das oben beschriebene Phänomen: *Wie* leiten wir ohne bewußten Einfluß Informationen im Gehirn zur Veränderung des Verhaltens um? Hier zeigte abermals Dr. Izzy Katzeff die Richtung.

In den frühen 50er Jahren arbeitete Dr. Brenda Milner mit Dr. Wilder Penfield an der Auswertung der Daten der Gehirnläsion von Patienten mit Gehirnverletzungen von Dr. Penfield aus den 40ern. Milner entdeckte bei dieser Arbeit, daß das menschliche Gedächtnis viele multiple Gedächtnissysteme umfaßt. Sie wollte wissen, wie es möglich ist, daß ein Schlaganfall-Patient an einem Tag eine Aufgabe lernt und am nächsten Tag vergessen hat, daß er diese Aufgabe jemals ausgeführt hat. Auf irgendeine Weise behält der Patient das Gelernte jedoch, wenn er über mehrere aufeinanderfolgende Tage sich Fertigkeiten mit der Aufgabe aneignet. Milners Untersuchungen führten zur Unterscheidung zwischen implizitem und explizitem Gedächtnis.*

Ihr Körper-Geist ist von Anfang an mit dem impliziten Gedächtnis ausgestattet, das in der Lage ist, den bewußten

* Anm. d. Übers.: Der implizite Gedächtnispfad ist dem Erleben nicht zugänglich, und bewußte Erinnerungsbemühungen verschütten ihn eher, als daß sie ihn zugänglich machten. Über das implizite Gedächtnis erkennen wir Zusammenhänge, Strukturen und Gesetzmäßigkeiten in unserer Umwelt, ohne uns dessen bewußt zu werden.

Verstand komplett zu umgehen. Sie besitzen also bereits die „Wetware", die dahingehend programmiert ist, den Vorteilen des impliziten Lernens zum Ausdruck zu verhelfen, wie es von PhotoReading® und dem Direkten Lernen bestätigt wurde.

Ärgern Sie sich, daß Sie mit all diesen bemerkenswerten Eigenschaften ausgestattet sind und niemand Ihnen jemals erzählt hat, wie man sie benutzen kann? Dr. Norman F. Dixon*, Professor im Ruhestand vom University College of London, galt in den frühen 70er Jahren als Verkünder des menschlichen Potentials: Sein Buch *Subliminal Perceptions: The Nature of a Controversy* schockierte die akademische und psychologische Fachwelt. In Dixons Worten: „Wenn die Hypothese gültig ist, daß man Menschen mit Stimuli beeinflussen kann, ohne daß sie diese bewußt wahrnehmen, dann hat das nicht nur wichtige Auswirkungen für die Psychophysiologie des Gedächtnisses, der Wahrnehmung, der Emotionen, der Motivation und der Träume, sondern auch für die Natur des Bewußtseins selbst."

Die Belege häufen sich, daß Menschen über unbegrenzte mentale Fähigkeiten verfügen. In unserem Gespräch über implizites Lernen erzählte mir Dr. Dixon, daß die akademische Fachwelt weiterhin mit Entschlossenheit dieser Hypothese nicht zustimmt. Gewiß aber werden Ihnen eigene erfolgreiche Erlebnisse mit dem impliziten Lernen zeigen, daß das menschliche Gehirn diese Fähigkeiten besitzt, die ich beschrieben habe. Ich entwickelte das Modell der Natürlichen Brillanz, damit Sie selbst zu Ihrem besten Lehrer werden können. Wie Andrea und Jane können Sie unabhängige Schritte gehen und in Ihrem Leben lernen, was Sie lernen möchten.

* Anm. d. Übers.: In den achtziger Jahren stellte der britische Psychologe Norman F. Dixon in seinem Buch „*Preconscious Processing*" (1981) mehr als siebenhundert solide Untersuchungen der subliminalen Wahrnehmung vor, und er gelangte zu einem unumstößlichen Schluß: Nur ein relativ kleiner Teil der Informationsverarbeitung, die in Geist, Gehirn und Gedächtnis stattfindet, geschieht bewußt.

Tun Sie's!

Im nächsten Kapitel präsentiere ich Ihnen das PhotoReading® und das Direkte Lernen, damit Sie das Wissen und die Fertigkeiten zu wirkungsvollen Veränderung des Lebens erwerben können. Befolgen Sie die Techniken so, wie sie dargestellt werden, denn höchstwahrscheinlich werden Ihre eigenen Resultate Sie am meisten überzeugen. Tun Sie es – und beobachten Sie, welche Ergebnisse Sie hervorbringen.

Springen Sie mit dem Direkten Lernen über Leistungsbarrieren

„Kaiser, wieviel Schritte darf ich gehn?" – „Zwei." – „Darf ich?"

Erinnern Sie sich noch an dieses Spiel aus Ihrer Kindheit? Wenn wir das Spiel jetzt spielen würden, dann würde ich zu Ihnen sagen: „Ja, und spring!"

Die zwei Riesenschritte, die ich meine, sind die beiden Lernmethoden, die ich entwickelt habe: PhotoReading®, um Informationen in einer Geschwindigkeit von mehr als einer Seite pro Sekunde aufzunehmen; und das Direkte Lernen, um intrinsisches Lernen in neue Verhaltensweisen und verbesserte Fertigkeiten umzuwandeln, die mit Ihrem Lebensziel in Einklang sind. Der erwähnte Sprung ist ein Quantensprung in Richtung auf Ihre Ziele, den Sie gleich erleben können.

Das Direkte Lernen erfordert das Photolesen von mehreren Büchern zu einem bestimmten Thema, was dann wiederum zu einem Gewinn dadurch führt, daß die Information direkt übertragen wird und neues Verhalten und verbesserte Fertigkeiten hervorbringt. Direktes Lernen umgeht die bewußte Aktivierung des Wissens aus diesen Büchern durch kognitive Kanäle. Als Voraussetzung für das Direkte Lernen werde ich Sie nun durch die fünf Schritte des PhotoReading® Whole Mind Systems führen.

Wenn Sie noch kein PhotoReader sind, lesen Sie den nächsten Abschnitt dieses Kapitels, um zu verstehen, wie das PhotoReading® aufgebaut ist und wie es funktioniert. Dann nehmen Sie sich zumindest einen Abend lang mein Buch *„PhotoReading® – die neue Hochgeschwindigkeits-Lesemethode in der Praxis"* (Paderborn 1995) vor, um Ihre Fertigkeiten als PhotoReader weiterzuentwickeln.

Wie lernt man PhotoReading®?

PhotoReading® ist eine bahnbrechende Technik zur Verarbeitung schriftlicher Informationen. Menschen auf der ganzen Welt benutzen diesen Zugang zu ihrer Natürlichen Brillanz. Mit dem PhotoReading®-System können Sie von jedem gedruckten Material

Sie können das komplette PhotoReading® Whole Mind System in öffentlichen Seminaren, die weltweit durch zertifizierte Trainer durchgeführt werden, detailliert erlernen*. Der PhotoReading® Personal Learning Course ist eine Selbstlern-Version des Kurses und lehrt den gesamten Kurs, Schritt für Schritt, mit den Vorteilen des Kassetten-Lernens.

* Anm. d. Übers.: Im deutschsprachigen Raum werden PhotoReading®-Seminare mit von Paul Scheele ausgebildeten Trainern nur von Sintonía Seminare Mai Schaible durchgeführt (Adresse Anhang S. 264).

in einem Bruchteil der Zeit, die Sie normalerweise dazu benötigen, das lernen, was Sie benötigen.

Sie können Ihr Lesen von einem Vorgang in kreative neue Möglichkeiten umwandeln. Setzen Sie Ihre Genialität mit fünf einfachen Schritten frei: Einstimmen, Überblick, PhotoLesen, Aktivieren und RapidLesen. Nachdem ich Sie in diesem Kapitel kurz durch diese Schritte führe, können Sie PhotoReading® bei diesem Buch und jedem anderen geschriebenen Material sofort anwenden.

PhotoReading® wendet das Modell der Natürlichen Brillanz vollkommen an. Es läßt auf natürliche Art und Weise die Zwischenstops weg, die Sie sich angewöhnt hatten, damals, als Sie lesen lernten. Die Grundschule lehrte uns perfekt zu lesen, jedes Wort mitzusprechen und – „oweh, nochmals zurück, du hast etwas ausgelassen!" – ja nichts auszulassen. Wenn wir in der Schule ein Wort ausgelassen hatten, waren die meisten von uns so programmiert, zu stoppen, zurückzugehen und sicherzugehen, daß wir jedes einzelne Wort verstanden und erinnert haben, als wir darübergingen. Weniger als perfekt war nicht gut genug.

Es ist also kein Wunder, daß viele Menschen Stapel von Büchern, Zeitschriften, Berichten, Journalen, Notizen und Akten horten, anstatt sie zu lesen. Oder sie beginnen sie zu lesen, beenden es jedoch niemals. Haben auch Sie Stapel ums Bett, um Ihren Schreibtisch oder Kästen voller Papiere. Nehmen Sie sich jemals Unterlagen in Ihrer Aktentasche mit nach Hause, die Sie unbedingt heute abend noch durcharbeiten müssen, nur um sie am nächsten Tag ungelesen wieder mit zur Arbeit zurückzuschleppen?

Mit PhotoReading® durchbrechen Sie die bisherigen, hinderlichen Lesegewohnheiten und vervielfachen das Vergnügen normalen Lesens. Wenn Sie den Perfektionismus beim Lesen sein lassen, gewinnen Sie Zugang zu Ihrer Natürlichen Brillanz. Dieses ganzheitliche System ermöglicht Ihnen ungeahnte Lernmöglichkeiten, indem es gleichzeitig den bewußten Verstand und das innere Bewußtsein benutzt. Also, reißen Sie Ihre Stopschilder raus und bewältigen Sie Ihr Lesepensum in optimaler Geschwindigkeit.

Ein Schnelldurchgang sollte Ihnen helfen, den nötigen Schwung für PhotoReading® zu bekommen.

Stimmen Sie sich auf das Lesen und PhotoLesen ein

Der erste Schritt des PhotoReeading®-Systems ist gleichzeitig der beste Schritt für jede Art von Lesen. Einstimmen bedeutet, eine Absicht für das Lesen zu bestimmen und sich in einen idealen Zustand zu bringen, damit das Gehirn die Informationen aufnehmen kann.

Bevor Sie lesen, nehmen Sie sich einen Augenblick Zeit, um nachzudenken, was Sie erreichen möchten. Sie lernen mehr und genießen das Lesen mehr, wenn Sie zielorientiert lesen. Bestimmen Sie Ihr Ziel genau. Möchten Sie allgemeine oder spezielle Informationen? Wieviel Zeit sind Sie bereit zu investieren, um Ihr Ziel zu erreichen? Wenn Sie absichtsvoll lesen, sind Sie aktiv und fragen, was sich in den Resultaten, die Sie vom Lesen bekommen, widerspiegelt.

Sich in einen idealen Geisteszustand zu versetzen bedeutet, sich in einen Zustand entspannter Wachheit zu begeben, womit wir uns schon früher in diesem Buch befaßt haben. Der ideale Lernkanal arbeitet auf den Alpha-Gehirnfrequenzen, der ideale Bereich, Informationen aufzunehmen.

Überblick

Der zweite Schritt des PhotoReading®-Systems heißt Überblick. Sie erinnern sich vielleicht von der Schulzeit noch daran, wie man sich einen Überblick verschafft. Obwohl es die einfachste aller fortgeschrittenen Lesestrategien ist und nur wenige Augenblicke zur Durchführung braucht, kenne ich nur wenige Erwachsene, die es sich zur Gewohnheit gemacht haben, sich einen Überblick zu verschaffen, bis sie am PhotoReading®-Kurs teilgenommen haben. Erfahrene Photoleser schätzen den Nutzen des Überblicks bei der Bewältigung ihres täglichen Lesepensums.

Der Überblick besteht aus drei Teilen. Überblicken Sie zunächst das gedruckte Material, damit Sie einen Gesamteindruck bekommen. Stellen Sie die Struktur, den Kontext und die Hauptschwerpunkte fest. Arbeiten Sie flüssig, um Ihr Bewußtsein wachsam auf alles, was da kommt, zu halten und um die Neugierde anzuregen.

Zweitens, notieren Sie einige Schlüsselwörter oder Reizworte, wie wir sie nennen. Nach Reizworten Ausschau zu halten erhöht den Neugierfaktor und schärft Ihr Bewußtsein für späteres Verständnis.

Drittens, halten Sie einen Rückblick, was Sie beim Überblicken entdeckt haben. Fragen Sie sich: „Werde ich durch Lesen dieses Materials meine Absicht erreichen?" Falls nicht, dann gehen Sie zu etwas anderem. Wenn ja, dann bestimmen Sie erneut Ihre Absicht, diesmal etwas genauer.

Allerdings muß ich Ihnen sagen, daß, obwohl es sehr hilfreich ist, einen Überblick zu machen, die Gefahr besteht, in die Zeitfalle zu geraten und danach zu trachten, zu viele Informationen herauszuziehen. Manche Leser benutzen den Überblick, um das gedruckte Material vollständig zu verstehen. Wenn Sie erwarten, alles bewußt und zu früh zu bekommen, verschließt das den Zugang zu Ihrem inneren Bewußtsein, das wir aber benutzen müssen, um die Begrenzungen des bewußten Verstandes zu durchbrechen.

Um dem Ausschalten der unermeßlichen Ressourcen Ihres inneren Bewußtseins vorzubeugen, schlage ich vor, daß Sie nur einen sehr kurzen Überblick machen. Nehmen Sie sich lediglich ein bis drei Minuten vor dem PhotoLesen, um herauszufinden, daß Sie den Text lesen möchten. Danach, unmittelbar nach dem PhotoLesen (das Sie als nächstes lernen werden), nehmen Sie sich einige Minuten, um einen Überblick zu machen. Dies bewirkt, daß Ihr inneres Bewußtsein dabei bleibt, und erleichtert die vorbewußte Aneignung von Informationen sowie effektives Lernen und Verstehen.

Nehmen Sie sich einige Minuten und machen Sie einen Überblick über dieses Buch, falls Sie es noch nicht gemacht haben. Jetzt einen Überblick zu machen ermöglicht Ihnen, einen Unterschied Ihrer Leseeffizienz beim Rest des Buches festzustellen.

Folgen Sie dem PhotoLese-Vorgang

Hier sind die sechs Bestandteile des PhotoLesens, des dritten Schrittes im PhotoReading®-System. Folgen Sie diesem Verfahren und Sie werden gedruckte Seiten mental abfotographieren, schneller als eine Seite pro Sekunde.

Einstimmen

Bestimmen Sie vor dem PhotoLesen (oder normalen Lesen) immer Ihre Absicht. Legen Sie ganz genau fest, was Sie erwarten und was Sie von dem Material bekommen möchten.

Begeben Sie sich in den Zustand für beschleunigtes Lernen

Durch die 3-2-1-Methode begeben Sie sich in Ihren ressourcevollen Zustand; ein Zustand entspannter Wachheit zum Lernen.

Bestätigen Sie sich selbst Konzentration, Wirkung und Resultat

Sagen Sie sich eine Reihe positiver Affirmationen, die das Material das Sie photolesen, direkt zu Ihrem inneren Bewußtsein leiten und versichern Sie sich, daß es die Wirkung erzielt, die Sie sich wünschen. Zum Beispiel:

„Während ich photolese ist meine Konzentration vollkommen."

„Alles, was ich photolese, hinterläßt einen dauerhaften Eindruck in meinem inneren Bewußtsein und steht mir zur Verfügung."

„Ich wünsche die Informationen in diesem Buch (nennen Sie den Titel des Buches), um mein Ziel zu erreichen (nennen Sie Ihre Absicht für dieses Buch)."

Gehen Sie in den PhotoFokus

Bringen Sie Ihre Aufmerksamkeit zu einem Punkt einige Zentimeter hinter und über Ihrem Kopf. Um das zu erreichen, stellen Sie sich vor, daß Sie dort an Ihrem Hinterkopf eine Mandarine plazieren und spüren Sie diese. Wenn Sie Ihre Augen öffnen, entspannen Sie Ihren Blick und sehen geradewegs durch die Mitte Ihres Buches hindurch. Nehmen Sie die vier Ecken Ihres Buches und ebenso die Zwischenräume zwischen den Zeilen und den Absätzen wahr. Richten Sie den Fokus Ihrer Augen hinter das Buch, bis Sie die „Blip"-Seite oder die „Cocktail-Würstchen"-Seite sehen können.

Behalten Sie Ihre innere Aufmerksamkeit bei

Richten Sie Ihre Aufmerksamkeit auf ihre Atmung, die tief und gleichmäßig ist. Blättern Sie die Seiten Ihres Buches vor Ihren Augen in einem gleichbleibendem Rhythmus und wiederholen Sie sich dabei innerlich im Rhythmus des Blätterns:

„Laß – los – laß – gehn. Vier – drei – zwei – eins.
Laß – los – laß – gehn. Bleib im Fluß – sieh den Text."

Schluß

Bestätigen Sie sich mit Affirmationen das Beherrschen des Materials, das Sie gerade photogelesen haben, z.B.:

„Ich erkenne alle Gefühle an, die durch diese Erfahrung hervorgerufen werden und erlaube meinem inneren Bewußtsein und meinem Körper, diese positiv zu verarbeiten. Ich bin neugierig, auf wie viele Arten ich bemerken werde, wie diese Informationen mich unterstützen."

Erlauben Sie Ihrem bewußten Verstand, loszulassen, während Ihr inneres Bewußtsein alles, was Sie photogelesen haben, verarbeitet.

Das ist bereits alles. Um photozulesen brauchen Sie sich nur: einstimmen, entspannen, mit Affirmationen unterstützen, in den PhotoFokus begeben, den Zustand beibehalten und sich Schlußaffirmationen zu geben. Die Teile, die Sie möglicherweise noch nicht so gut kennen, sind: „sich in den guten Zustand zu versetzen" und der „PhotoFokus". Beide wurden teilweise an einer früheren Stelle in diesem Buch genauer erklärt. Sich in einen ressourcevollen Zustand zu begeben, in den Zustand entspannter Wachheit, wurde im Kapitel 4 beschrieben: Loslassen (beachten Sie das Unterkapitel „Tiefe Entspannung"). Ich möchte Ihnen für die Zukunft wirklich nahelegen, sich der 3-2-1-Methode zu bedienen, um in den guten Zustand zu kommen. Der PhotoFokus wurde als „zweites Gesicht" im Kapitel 5 „Wahrnehmen" beschrieben (sehen Sie im Unterkapitel „Steigern Sie Ihren visuellen Sinneskanal" nach).

Ich möchte Sie dazu einladen, dieses Buch photozulesen, falls Sie es noch nicht gemacht haben. Mit PhotoReading® haben Sie viele Vorteile. Es bewirkt, daß das Buch leicht zu lesen und zu verstehen ist, und was noch viel wichtiger ist, es unterstützt Sie bei der Aktivierung aller Fertigkeiten, die Sie gerne erlangen möchten.

Eine Notiz zum Thema Aktivierung und RapidLesen

Der nächste Schritt des PhotoReading®-Systems ist die Aktivierung. Eine aktive und absichtsvolle Haltung verbindet Ihren bewußten Verstand mit der unermeßlichen Datenbank, die Sie auf einer inneren Ebene durch das Photolesen geschaffen haben. Wenn Sie das tun, erlangen Sie das Verständnis, das Sie sich wünschen in der Zeit, die Ihnen zur Verfügung steht, zur erfolgreichen Erfüllung Ihrer Absicht. Die Haupttechniken der Aktivierung sind: Fragen stellen, Überfliegen, Eintauchen und MindMapping. All diese Techniken beinhalten das bewußte Interagieren mit dem Text, den Sie photogelesen haben.

Beim letzten Schritt – RapidLesen – beginnt man bei der ersten Seite und geht durch das gesamte Lesematerial mit der jeweils benötigten Geschwindigkeit. Es repräsentiert den höchsten Grad effektiven Lesens, denn erfahrene Leser variieren ihre Lesegeschwindigkeit flexibel, abhängig von der Komplexität des Textes und ihrer Absicht.

„Ich liebe es, viele Bücher zu besitzen, da ich manchmal mitten in der Nacht aufwache und ein interessantes Thema mich nicht mehr zur Ruhe kommen läßt. Dann gehe ich runter ins Kellergeschoß, schnappe mir die ca. 20 Bücher, die ich zu diesem Thema gesammelt habe, und photolese sie alle; und lese dann einige Abschnitte sehr sorgfältig. Von da an fühle ich mich in diesem Thema sehr bewandert.

> **Über die Jahre des Photobüchersammelns habe ich festgestellt, daß ich mich für alle Themen interessiere, mit Ausnahme von Unethischem. Ich bin immer wieder erstaunt, von wie vielen fachspezifischen Themen ich auf diese Weise das Wesentliche verstehe."**
>
> **Peter Kline,**
> *Geschäftsführer von Integra Learning Systems*

Das Direkte Lernen basiert nicht auf bewußter Aktivierung oder dem RapidLesen. Das Direkte Lernen stellt eine einzigartige neue Form der Aktivierung dar. In den folgenden Abschnitten werden Sie lernen, wie Sie das Direkte Lernen für Ihren persönlichen Nutzen einsetzen. Sie können durch das Direkte Lernen Resultate erzielen, auch wenn Sie erst Anfänger im PhotoReading® sind.

Wichtig ist, daß Sie ganz einfach lernen, Ihren Blick während des Blätterns zu entspannen, und ein wenig Vertrauen aufbringen, daß Ihr inneres Bewußtsein für Sie arbeitet, auch wenn Sie bewußt nichts von dieser Aktivität bemerken.

Sie wissen vielleicht noch nicht, daß Sie bereits dann korrekt Photolesen. Ich kann Ihnen nur sagen: „Tun Sie es einfach!" Vertrauen Sie Ihrem inneren Bewußtsein, es wird für Sie arbeiten, selbst wenn der bewußte Verstand nicht weiß, wie das vor sich geht. Es gibt Möglichkeiten, festzustellen, ob Sie richtig photolesen. Mein Buch „PhotoReading®. *Die neue Hochgeschwindigkeits-Lesemethode in der Praxis*" (Paderborn 1995) kann Ihnen helfen. Ferner kann der *PhotoReading® Personal Learning Course* Ihnen helfen, diese Schritte effektiv zu erarbeiten und zu vertiefen. Idealerweise besuchen Sie den Kurs eines zertifizierten PhotoReading®-Trainers. Nichts geht über einen erfahrenen Lehrer.

An dieser Stelle nehme ich an, daß Sie bereit sind, mit der Aktivierung des Direkten Lernens fortzufahren. Bereit für ein Wunder?

Entdecken Sie das Direkte Lernen

> **„Es war mir unmittelbar klar, daß das PhotoReading® nicht nur eine Technik ist, um mehr und schneller zu lesen ... es ist ein Weg, das Leben absichtsvoll**

Viele Teilnehmer des PhotoReading®-Seminars berichten von spontanen Leistungsverbesserungen beim Tennis, Golf, Klavierspielen, Zeitmanagement, Redenhalten, um nur einiges zu nennen. Ebenso zeigten sie Verbesserungen nach dem syntopischen Lesen, einem Prozeß im PhotoReading®-Aufbauseminar, bei dem man lernt, in einer einzigen Übung drei bis fünf Bücher photozulesen und parallel zu aktivieren.

Um die Vorzüge des syntopischen Lesens und der Aktivierung zu untersuchen, entwickelte Chris Sedcole aus Neuseeland eine Übung für eine Gruppe von Managern. Sie sollten fünf Bücher zur persönlichen oder beruflichen Entwicklung photolesen – drei Bücher mit direktem Bezug zum Thema, zwei Bücher mit indirektem. Beispielsweise wollte ein Teilnehmer sein Zeitmanagement verbessern. Er wählte drei Bücher zum Thema Zeitmanagement aus, ferner eins zur Verbesserung der Kommunikation im Beruf und eins zum Thema Delegieren.

Im letzten Schritt dieser Übung sollten die Teilnehmer sich selbst in der Zukunft vorstellen, wie sie ihr gewünschtes neues Verhalten bereits in ihr Leben integriert haben.

In einem Anschlußseminar, einen Monat später, erkundigte sich Chris, ob sich durch diese Übung das Verhalten der Teilnehmer verändert habe. Ohne Ausnahme berichteten die Teilnehmer, daß sie Veränderungen zum Besseren erlebt haben. Merkwürdigerweise hatte keiner der Teilnehmer bewußt versucht, sein Verhalten zu verändern.

PhotoReading® erfordert, daß Sie Ihre Absicht spezifizieren. Wählen Sie beim Direkten Lernen Bücher aus, die Ideen vermitteln, die Sie aus einem starken persönlichen Wunsch heraus lernen möchten. Jedes Buch repräsentiert viele andere Bücher, die der jeweilige Autor gelesen hat. Denken Sie einmal, wie viele Jahre an Erfahrung Sie sich zugänglich machen, wenn Sie fünf Bücher zu einem einzigen Thema photolesen. Wenn jedes Buch das Wissen und die Arbeit des Autors von einigen Jahren und wesentliche Ideen aus zwanzig Büchern in sich vereint, dann stellen Sie sich vor, was Sie dadurch an Wissen in Ihre neuronalen Schaltkreise runterladen. Das Direkte Lernen ist vergleichbar damit, Jahrzehnte damit zu verbringen, Meister ihres Faches zu konsultieren, die Sie darin unterstützen, die Ergebnisse zu erzielen, die Sie wünschen.

Wenn Sie keine andersgearteten Wahlmöglichkeiten wahrnehmen, dann können Sie auch nicht anders handeln. Je mehr nützliche Alternativen Sie zur Verfügung haben, desto gezielter können Sie handeln. Durch das PhotoLesen mehrerer Bücher zu einem

und fokussiert zu leben, den ganzen Geist nutzend, um unser unbegrenztes Potential zu zu verwirklichen. Mit PhotoReading® und Direktem Lernen habe ich unerwartete Höhen der persönlichen Befriedigung und Erfüllung erlebt. Die Natürliche Brillanz ist mehr als nur ein Prozeß, sie ist vielmehr eine transformatorische Haltung und Lebensweise."

Deborah Fink,
MLS MetaLearning in Boulder, Colorado

Thema können Sie eine Veränderung in die gewünschte Richtung einleiten, da Ihr unbewußter Geist neue Wege wahrnimmt, die Ihr inneres Bewußtsein aufgrund seiner Filter und Begrenzungen nicht wahrnehmen kann. Wenn Sie wesentliches Wissen in sich aufnehmen, das den Experten vom Anfänger unterscheidet, öffnen Sie sich für die Aktivierung neuer Erfolgsmuster.

Aktivieren Sie das Direkte Lernen

Für ein möglichst effektives Direktes Lernen müssen Sie wissen, welche neue Verhaltensweisen Sie sich wünschen. Je spezifischer Sie sein können, um so besser wird der gesamte Prozeß funktionieren. Wenn Sie Ihr Ziel gewählt haben, wählen Sie verschiedene Bücher aus, die für dieses Thema relevant sind. Es ist wichtig, daß es sich nicht um theoretische Bücher handelt. Wählen Sie praxisnahe Bücher, die das Verhalten beschreiben und lehren, das Sie sich wünschen.

Ich empfehle Ihnen eine Auswahl von Büchern, die die gewünschten Fähigkeiten aus verschiedenen Blickwinkeln darbieten. Wenn Sie beispielsweise Ihre persönlichen Beziehungen verbessern wollen, dann wählen Sie drei Bücher aus, die sich direkt mit dem Thema Beziehung oder Kommunikation beschäftigen, und zwei oder drei Bücher, die dieses Thema metaphorisch behandeln. Ein Buch über Kreativität, mit einem Problemlösungsansatz kann Sie beispielsweise für einsichtsvolle Kommunikation sensibilisieren. Sie können auch ein Buch über Hypnose auswählen, um herauszufinden, wie Ihre Sprache die Ergebnisse programmiert, die Sie von anderen bekommen. Oder ein Buch, das das Selbstbewußtsein stärkt, um die Wertschätzung Ihrer eigenen Person und die anderer zu erhöhen. Sie können auch ein Buch über Finanzmanagement auswählen. Warum? Vielleicht ist effektive Kommunikation so etwas wie eine Investition in die Zukunft. Was sollten Sie über das Treffen von fundierten Investitionsentscheidungen wissen, das sich auch auf Ihre privaten Beziehungen übertragen läßt?

Nach der Auswahl der Bücher photolesen Sie diese. Denken Sie daran, vor jedem Buch Ihre Absicht klar zu definieren und jedes Buch mit einer klaren Affirmation zu beenden. Es ist vielleicht sinnvoll, zwischen jedem Buch aufzustehen und sich zu strecken oder ein Glas Wasser zu trinken. Bleiben Sie während des gesamten Prozesses entspannt und zentriert. Wenn Sie etwas ablenkt, dann nehmen Sie sich einen Augenblick Zeit, um wieder den entspannten Zustand zurückzuerlangen.

Der nächste Schritt ist die Aktivierung beim Direkten Lernen. Die Information wird erst dann im passenden Kontext spontan aktiviert werden, nachdem Sie Ihr inneres Bewußtsein angewiesen haben, die Verhaltensweisen zu erzeugen. Erinnern Sie sich noch daran, wie Sie sich als Kind vorgestellt haben, Dinge zu tun? Sie nannten es: „Spielen als ob." Gestalttherapeuten nennen es: „So tun als ob." Stellen Sie sich eine mentale Simulation der Zukunft vor, durch die dem Gehirn die nötigen Informationen eingegeben werden, um Ihr Verhalten so zu verändern, wie Sie es sich wünschen.

Folgen Sie dem nachfolgenden einfachen Verfahren, das Ihnen helfen wird, Ihr gewünschtes Verhalten zu erreichen. Wenn Sie möchten, können Sie diesen Text auch auf Kassette aufnehmen, um die Schritte auch mit geschlossenen Augen durchführen zu können.

> Setzen Sie sich bequem hin, während Ihre Füße fest auf dem Boden stehen. Ihre Hände liegen locker in Ihrem Schoß, ohne daß sich die Daumen berühren. Nehmen Sie Ihren tiefen, gleichmäßigen Atem wahr und reservieren Sie sich diese Zeit als Ihre Zeit, in der Sie Ihr neues, nützliches Verhalten und die gewünschten Wahlmöglichkeiten in Ihr Leben integrieren, um die Ergebnisse zu erzielen, die Ihnen wichtig sind.
>
> Begeben Sie sich auf folgende Weise in den Ressource-Zustand:
>
> Nehmen Sie einen tiefen Atemzug ... halten Sie ihn einen Augenblick ... und schließen Sie die Augen, während

Sie langsam ausatmen. Denken Sie an die Zahl *drei* und sprechen Sie innerlich *Laß los*. Stellen Sie sich eine Welle der Entspannung vor, die durch Ihren gesamten Körper fließt, vom Scheitel bis zur Sohle.

Diese Welle können Sie mehrmals durch Ihren Körper fließen lassen, bis Sie sich entspannt fühlen. Sie bestimmen Ihre Entspannung. Jedesmal, wenn Sie sich so tief oder noch tiefer entspannen möchten, denken Sie an Ihr Zeichen für körperliche Entspannung, die Zahl *drei* und *Laß los*. Sie bestimmen Ihre körperliche Entspannung.

(Pause)

Nehmen Sie einen weiteren tiefen Atemzug ... halten Sie ihn einen Augenblick ... und während Sie langsam ausatmen denken Sie an die Zahl *zwei* und sprechen Sie innerlich *Laß los*. Lassen Sie alle Gedanken an Vergangenheit oder Zukunft los und konzentrieren Sie Ihr Bewußtsein ganz in diesen Augenblick, ins Hier und Jetzt.

(Pause)

Mit jedem Atemzug entspannen Sie sich tiefer und tiefer. Stellen Sie sich vor, wie sich Ihr Bewußtsein ganz in diesen gegenwärtigen Augenblick hinein ausdehnt.

Jedesmal, wenn Sie sich so tief oder noch tiefer entspannen möchten, denken Sie an Ihr Zeichen für geistige Entspannung, die Zahl *zwei* und *Laß los*.

(Pause)

Nehmen Sie einen weiteren tiefen Atemzug ... halten Sie ihn einen Augenblick ... und während Sie langsam ausatmen, hören Sie innerlich den Klang der Zahl *eins* und stellen Sie sich eine wunderschöne Pflanze oder Blume vor.

(Pause)

Dies ist das Signal dafür, daß Ihre Aufmerksamkeit nach innen gerichtet ist ... Sie befinden sich im Zustand des beschleunigten Lernens. Hier haben Sie Zugang zu erweiterter Kreativität und Wahrnehmungsfähigkeit. Sie sind in Verbindung mit den unendlichen Ressourcen Ihres inneren Bewußtseins.

Stellen Sie sich nun in einer wunderschönen ruhigen Umgebung vor ... Sie sitzen oder liegen an einem friedlichen Platz, entspannen sich und genießen diese Zeit des Wohlbefindens.

(Pause)

Stellen Sie sich vor, wie Sie sich selbst auf der Zeitlinie Ihres Lebens sehen. In die eine Richtung erstreckt sich Ihre Vergangenheit, vielleicht nach links oder hinter Ihnen. In die andere Richtung dehnt sich Ihre Zukunft aus, vielleicht zu Ihrer Rechten. Egal wie Sie Ihre Zeitlinie erleben, es ist richtig so. Stellen Sie sich jetzt den gegenwärtigen Moment vor. Dort, wo Sie sich jetzt befinden, ist die Gegenwart. Und Sie können von diesem Punkt aus bequem einen Blick in die Vergangenheit oder in die Zukunft werfen.

Benutzen Sie nun Ihre kreative Phantasie, um sanft über Ihre Zeitlinie zu schweben, hoch über sie, um eine neue Perspektive zu gewinnen. Sehen Sie Ihren Lebensweg weit unten liegen. Dort hinten in Ihrer Vergangenheit können Sie sich die Ereignisse vorstellen, die zur derzeitigen Lebenssituation führen. Und in die andere Richtung dehnt sich Ihre Zukunft aus, hell und voller Möglichkeiten.
Gleiten Sie in die Zukunft hinaus, über den zukünftigen Teil Ihrer Zeitlinie. Gehen Sie bis hinein in die Zeit, in der Sie erfolgreich Ihre Resultate erreichen, die Sie spezifiziert haben. Unter sich sehen Sie, wie Sie sich am gewünschten Erfolg erfreuen und wie Sie all die neuen Verhaltensweisen einsetzen, die Sie zum Erreichen Ihrer Ziele brauchen.

Mit einer Geschwindigkeit, die Ihnen angenehm erscheint, fliegen Sie sanft hinunter auf Ihre Zeitlinie und in Ihren eigenen Körper. Erleben Sie das neue Verhalten, das Sie weiterbringt.

(Pause)

Erleben Sie, wie gut es ist, den Erfolg Ihrer Leistungen auszukosten. Sehen Sie durch Ihre eigenen Augen den gewünschten Erfolg nun als Realität in Ihrem Leben. Was sagen Sie Gutes zu sich in Ihrem inneren Dialog? Wie gehen Sie? Wie fühlt sich der Erfolg in Ihrem Kopf, Ihren Schultern und Ihrem Körper an, während Sie ihn genießen?

Sie können auf den Weg zurückschauen, der Sie an diesen Punkt des Erfolges und der Erfüllung in Ihrem Leben brachte. Stellen Sie sich zwei oder drei der wichtigsten Ereignisse vor, die Sie zu dieser Leistung geführt haben. Wenn Sie möchten, fliegen Sie wieder über Ihre Zeitlinie, um eine noch bessere Perspektive vom Weg zu erhalten, den Sie zum Erreichen Ihrer Ziele gewählt haben. Bemerken Sie diese wichtigen Ereignisse, Ihr erfolgreiches Handeln und die Kraft und Motivation, die Sie bei der Erreichung der gewünschten Resultate an den Tag gelegt haben.

(Pause)

Nehmen Sie sich die Zeit, die Sie für all diese Erkenntnisse benötigen, und festigen Sie all das Erlernte, das Ihren Erfolg garantiert.

(Pause)

Wenn Sie das Gefühl haben, alles vollständig visualisiert zu haben, dann gleiten Sie zurück in die gegenwärtige Zeit und wieder an Ihren ruhigen Platz, wo die Reise begann. Nehmen Sie sich einen Moment Zeit, um all die positiven und konstruktiven Ideen Ihrer Vorstellungskraft und aus den Büchern, die Sie photogelesen haben, zu genießen; sie werden vollkommen integriert, und stehen Ihnen automatisch und spontan zur Verfügung, wann immer Sie sie wünschen oder brauchen.

Lassen Sie Ihren Gedanken für einen Moment freien Lauf, während sich all die Ideen und neuen Verhaltensweisen integrieren, damit sie Ihnen zur Verfügung stehen, so wie Sie es brauchen.

(Pause)

Wenn Sie soweit sind, dann bringen Sie Ihre Aufmerksamkeit von dem friedvollen Ort wieder zurück in das Hier und Jetzt. Zählen Sie innerlich vorwärts von eins bis fünf. Bei der letzten Zahl öffnen Sie die Augen und kommen zurück mit einem guten Gefühl, erfrischt und energievoll.

Sie können diesen Prozeß nach dem PhotoReading® und auch nach der bewußten Aktivierung von Büchern einsetzen. Wir haben uns entschieden, bei der Technik des Direkten Lernens Bücher nicht bewußt zu aktivieren, da sich dann der bewußte Verstand einmischt. Die meisten Menschen in unserem Kulturkreis sind mit der „puritanischen Arbeitsethik" aufgewachsen, die besagt: „Man muß hart arbeiten, um Belohnungen zu erreichen." Sportler sagen: „Ohne Schweiß kein Preis." Das Direkte Lernen stellt diese traditionelle Annahme in Frage, indem es zeigt, daß das innere Bewußtsein für den Erfolg den „Weg des geringsten Widerstands" gehen kann. Wenn müheloses Leben zum ersten Mal in der Menscheitsgeschichte zur Möglichkeit geworden ist, warum sollten wir es nicht tun?

Halten Sie es einfach

Wenn Sie sich vorstellen, wie einfach das Direkte Lernen ist und wie viele Vorzüge es mit sich bringt, dann werden Sie sich wundern, warum die meisten Menschen es nicht anwenden. Leider ist

> „Frustriert über den Mißerfolg, den ich bei meinem Versuch hatte, PhotoReading® in Brasilien ins Laufen zu bringen, begann ich mit dem Direkten Lernen zu experimentieren. Ich hatte von den Resultaten gehört; ich ermutigte sogar meine Studenten, diese Technik einzusetzen, aber ich selbst hatte sie nie genutzt. Ich ging in die Bibliothek, lieh mir dreißig Bücher über Erfolg aus und photolas sie alle. Meine Absicht war, erfolgreich PhotoReading® zu lehren.
>
> Nach zwei Wochen bemerkte ich bereits Veränderungen. Ich war viel positiver gegenüber meiner eigenen Person und meinen Fähigkeiten eingestellt. In meinem Kurs in dieesem Monat hatte ich 20 Teilnehmer, und für den Kurs im nächsten Monat gab es noch mehr Anmeldungen. Innerhalb einer Woche erhielt ich drei Telefonanrufe von drei Leuten, die daran interessiert waren, in drei

es ist so enttäuschend einfach, daß die meisten Menschen nicht einmal in Erwägung ziehen, es auszuprobieren. Fakt ist, daß ich mich selbst auch erst überzeugen lassen mußte. Erst nach den Berichten von PhotoReading®-Seminarteilnehmern entschloß ich mich bewußt, diese wirksame Technik zu meinem eigenen Vorteil zu nutzen.

Um den Prozeß des Direkten Lernens noch einmal Revue passieren zu lassen, denken Sie an die einfache Frage: *„Was will ich?"* Wenn Sie diese Frage klar beantworten können, dann befinden Sie sich bereits auf dem Weg, Ihr Ziel zu erreichen. Der nächste Schritt ist, einen Stapel Bücher photozulesen, die Sie ermutigen, die Fertigkeiten einzusetzen, die Sie benötigen. Zum Schluß erzeugen Sie automatisch das neue Verhalten, das Sie brauchen, indem Sie sich Ihren zukünftigen Erfolg vorstellen. Stellen Sie sich jetzt in der Zukunft vor, in dem Augenblick, wo Sie das Erreichen Ihres Ziels genießen.

Während des ganzen Prozesses des Direkten Lernens können Sie sehen, wie sich die vier Schritte der Natürlichen Brillanz wiederholen. Jeder Zyklus bringt Sie zu größerem Loslassen, zu größeren Wahlmöglichkeiten, zu größerer Kraft im Handeln und zu höheren Ebenen des Beobachtens.

Wenn Sie sich bewußt werden, daß Ihr innerer Geist Ihr Verbündeter in persönlichen und beruflichen Entwicklungen ist, dann können Sie sich die Frage stellen: „Wozu ist mein Geist noch fähig?" Das innere Bewußtsein ist präverbal. Genau wie ein dienstbarer Geist kommuniziert es durch Verhalten und Bildsymbolik. Wenn Sie es um Hilfe bitten, dann zeigt es Ihnen, welche Wunder es für Sie vollbringen kann.

Als mein erster Sohn Ben zehn Monate alt war, konnte er zwar laufen, aber noch nicht sprechen. Meine Frau Libby und ich besuchten eine Gruppe für junge Eltern, wo wir die Geschichte eines anderen Paares hörten. Sie erzählen, daß sie ihre kleine Tochter mit einer komplexen Reihe von Anweisungen beauftragt hatten, die sie perfekt erledigte.

Am nächsten Tag sagte Libby: „Ben, gehst du bitte zu den Schuhen und bringst Mami ihre Slipper?" Ben stand auf und wackelte auf seinen kleinen Beinchen zum anderen Ende des Schlafzimmers. Aus sechs Schuhpaaren nahm er das richtige Paar heraus und brachte es ihr glücklich zurück. „Verblüffend!" Libby und ich schauten uns erstaunt an, und ich sagte: „Hey! Wir sind einfach nie auf die Idee gekommen, so etwas zu sagen!"

Wenn das Kind zu klein ist, um zu sprechen, dann, so nahmen wir an, wäre es auch zu klein, komplexe Ideen oder komplexe Kommandos zu verstehen. Wie falsch wir doch lagen. Am nächsten Tag begann ich, ihn den Müll rausbringen und den Rasen mähen zu lassen. Nur ein Scherz.

Der Erziehungspsychologe Eric Jensen schrieb in seinem Buch „SuperTeaching": „Jeder besitzt geniale Fähigkeiten. Es ist der Kontext, der über ihr Offensichtlichwerden entscheidet." Das bringt es auf den Punkt. Das innere Bewußtsein braucht eine klare Aufforderung und den Antrieb, etwas zu tun. Geben Sie den passenden Kontext vor, und es wird sich beweisen, daß Sie geniale Fähigkeiten besitzen. Lassen Sie sich nicht vom äußeren Schein in die Irre führen. Sie besitzen einen präverbalen Verbündeten, der nur darauf wartet, Ihnen zu helfen.

verschiedenen Staaten Kurse für mich zu organisieren. Nach zwei Monaten waren bereits alle meine Termine für das zweite Semester vergeben. Nun habe ich also ein klares Bild davon, was ich tun muß, damit dieser Prozeß bei mir erfolgreich wirkt."

Huaras Duarte, Brasilien

Finden Sie Anzeichen für Ihren Erfolg

Sie werden fragen: „Woher weiß ich, ob ich das richtig mache? Woher weiß ich, ob es funktioniert? Unmittelbar nach dem Anwenden der PhotoReading®-Technik fühle ich mich gut, aber hat sich etwas verändert?"

Wenn Sie sich jeden Tag fragen, ob es schon funktioniert, dann werden Sie paradoxerweise keine Veränderung bemerken. Wenn Sie einen Sämling jeden Tag aus dem Boden ziehen, um zu sehen, ob er wächst, wird er dann wachsen?

Die Veränderungen, die Sie mit dem Direkten Lernen erleben, gehen weit tiefer. Mit dem Direkten Lernen beeinflussen Sie die unbewußten Kontrollprozesse, die Ihr gewohnheitsmäßiges Verhalten lenken, und da die Veränderungen erst auf der Ebene des inneren Bewußtseins integriert werden, können sie zunächst derart subtil sein, daß es Ihnen vorkommt, als hätte sich nichts verändert.

Ein Weg, die Effekte des Direkten Lernens zu beobachten, liegt darin, Ihr Leben ganz normal weiterzuleben und alle Anzeichen für eine Bewegung in Richtung Ihres Zieles wahrzunehmen. Erweitern Sie Ihre Beobachterperspektive durch das Feedback anderer Menschen. Diejenigen, die Sie gut kennen, werden Veränderungen bemerken, bevor Sie sie selbst wahrnehmen können.

Vertrauen Sie Ihrem inneren Bewußtsein

Angst stellt das größte aller Stopschilder auf. Manche Menschen sind zu vorsichtig und mißtrauisch, um ihren kritisch-wertenden Verstand loszulassen. Wenn sie Veränderungen nicht durch Anwendung bewußter Willenskraft und -anstrengung durchführen können, dann betrachten sie es als zu riskant, dem inneren Bewußtsein zu vertrauen. Aber wenn Sie Ihrem Geist mißtrauen, mißtrauen Sie sich selbst. Angst, das volle Potential Ihres Gehirns zu nutzen, bedeutet, stehenzubleiben. Schmerzvolle Erlebnisse in frühen Jahren erzeugen bereits sehr früh Stopschilder, aber Sie haben sich entschieden, sie zu behalten. Glücklicherweise haben Sie die Kraft, bewußt zu wählen, wie Sie heute leben wollen.

Wahlfreiheit bedeutet, daß Sie Freiheit wählen können. Sie können wählen, frei von den Oszillationen und den Stopschildern zu sein, die Ihr Leben bisher eingeschränkt haben. Erleben Sie die außerordentlichen Geschenke, die Ihr inneres Bewußtsein anzubieten hat. Mit Hilfe des Direkten Lernens können Sie Ihre Natürliche Brillanz entdecken und Ihre Genialität feiern.

Gehen Sie paradoxe Probleme mit Hilfe kreativer Problemlösungsstrategien an

In all den Jahren als Berater für Persönlichkeitsentwicklung habe ich mir immer eine Rätselfrage gestellt: Warum sorgen die Menschen dafür, daß sie versagen, wenn sie versuchen, ein Problem zu lösen, das sie persönlich betrifft? Ich entdeckte, daß viele Menschen für das eigene Versagen sorgen, wenn sie glauben, eine neue Lösung einzusetzen, aber in Wirklichkeit genau das gleiche wie vorher machen. Sie tappen blind in eine Falle, die sie sich selbst ausgedacht haben: selbsterschaffen und selber aufgestellt. Und das alles bei dem Versuch, „das Richtige" zu tun. Sie fangen sich selbst darin mit ihrer unbewußten Problemlösungsstrategie, durch die das Problem ja überhaupt erst entstanden ist. Die falsche Strategie führt zur Entstehung des paradoxen Problems.

Es folgen Beispiele von zwei meiner Klienten, die in die Falle von klassischen paradoxen Problemen getappt waren. Der erste Klient, Bob, beschrieb mir sein Problem folgendermaßen:

„In den letzten Jahren habe ich Tausende von Dollar für Kassetten zur Persönlichkeitsentwicklung ausgegeben. Ich habe aber das Gefühl, daß mir keine dieser Kassetten irgend etwas gebracht hat. Ich glaube wirklich, daß solche Audio-Kassetten mir nicht helfen können." Er machte eine kurze Pause, vielleicht um die Herausforderung an mich deutlich zu machen. „Nun habe ich Ihre Broschüre in den Händen, und ich frage mich, welche Ihrer Paraliminal-Kassetten ich wohl verwenden sollte, um diesen Glaubenssatz zu überwinden?"

Erkennen Sie Bobs Dilemma? Es gab keine Möglichkeit für mich, seinen paradoxen Wunsch zu erfüllen. Da *keine* persönlichkeitsverändernde Kassette bei ihm funktionierte, würde auch *jede* persönlichkeitsverändernde Kassette versagen, die ich ihm vorschlug. Bob war auf Gewinnen eingestellt, indem er bewies, daß er recht hatte, das aber führte ein weiteres Mal dazu, daß er *verlor*, weil er nicht mehr in der Lage war, sich die auf einer Kassette gespeicherte Weisheit zunutze zu machen, um sein gewünschtes Ziel zu erreichen.

Meine andere Klientin heißt Claire. Sie kam vor vielen Jahren zu mir, weil sie ungefähr 70 Pfund abnehmen wollte. Trotz gesunder Ernährung, einem Minimum an Kalorien und regelmäßigem Sport blieb sie weiterhin bei ihrem Gewicht. Im Gespräch über ihre Erfahrungen mit der Bekämpfung des Übergewichts erzählte mir Claire eine aufschlußreiche Geschichte über die Art ihrer Blockade.

Vor fünf Jahren hatte sie ihr Ehemann – von dem sie mittlerweile geschieden war – dazu gedrängt, sich in ärztliche Behandlung zu begeben, um abzunehmen. Der Hausarzt wies sie ins Krankenhaus ein. Dort wurden alle möglichen Stoffwechsel- und Hormonuntersuchungen durchgeführt, während sie eine Woche lang nur intravenös ernährt wurde. Sie war wütend, fühlte sich aber hilflos, dieses Gefangensein zu verändern. Nachdem sie sich zum Krankenhausaufenthalt entschlossen hatte, blieb ihr nichts anderes übrig, als die Untersuchungen über sich ergehen zu lassen.

Trotz aller Untersuchungen konnten die Ärzte keine medizinische Ursache für ihr Übergewicht finden. Zur Verwirrung der Ärzte und ihres Mannes nahm sie während des Krankenhausaufenthalts noch neun Pfund zu. „Jede andere", sagte ihr Arzt, „hätte zehn bis fünfzehn Pfund abgenommen."

Denken Sie mal darüber nach. Welch bessere Möglichkeit hätte Claire finden können, um es dem Arzt und ihrem Mann heimzuzahlen? Sie rächte sich, indem sie sie verblüffte. Unglücklicherweise funktionierte ihre Strategie auch fünf Jahre später noch perfekt, um sie in ihrem Übergewicht und ihrer Blockade zu halten.

Man rennt auf der Stelle und kommt nicht vom Fleck

Paradoxe Probleme, wie bei Bob und Claire, lassen sich von der betreffenden Person selbst nicht erfassen. Ein Problem existiert als ein unbeabsichtigtes Nebenprodukt einer Lösung für ein anderes Problem. Da die Lösung in einem bestimmten Kontext funktioniert hat, versuchen Geist und Körper, das gleiche Verhalten auf ein anderes Problem zu übertragen.

Klar, wenn wir etwas lernen, das Erfolg hat, dann würdigen wir dies als eine effektive und erfolgreiche Strategie. Unsere Neurophysiologie ist darauf ausgerichtet, sich an das zu erinnern, was funktioniert. Doch das, was bei einem bestimmten Problem funktioniert, muß nicht unbedingt auch beim nächsten Problem funktionieren. In Bobs und Claires Fall führte eine falsch angewandte Strategie zu einer besonderen Art von Blockade – eine, die wir hier bisher nur angedeutet haben. Diese Oszillation ist nicht das gleiche, wie während des Lernens ins Stocken zu geraten und dann Angst davor zu haben, weiterzumachen. Dies ist ein einzigartiger Typ von Problemen, bei dem Recht zu haben, falsch ist. Sich an die bisherigen Errungenschaften zu klammern, verhindert die Lösung des nächsten Problems.

Oszillation innerhalb von paradoxen Problemen erzeugt unsichtbare Stopschilder. Es ist nicht eine spezifische Angst – physischer, emotionaler oder intellektueller Art –, die uns immer wieder an den Anfangspunkt zurückbringt. Wir nehmen klar und deutlich die Nachteile unserer gegenwärtigen Problemsituation wahr, aber wir nehmen überhaupt nicht wahr, daß unser Verhalten diese Nachteile bewirkt. Der verursachende Faktor entzieht sich auf mysteriöse Weise unserer Kontrolle.

Denken Sie nun einmal daran, wie Perfektionismus von einem paradoxen Dilemma zum anderen führt. Etwas richtig zu machen, bringt uns Belohnungen. Das Gehirn steigert diesen Lernprozeß ins unlogische Extrem in der Annahme, daß *perfektes* Handeln zur *optimalen* Belohnung führen wird. Wenn wir solch ein Lernen, wie in den vorigen Problemen beschrieben, generalisieren, dann sind wir mit eskalierenden Fehlern erfolgreich. Der Perfektionist besteht darauf, daß nur eine tadellose Durchführung gut genug ist, alles andere bedeutet Versagen. Entweder Erfolg oder absolutes Versagen – eine zweiwertige Feedbackschleife, die zu Oszillationen führt.

Solche Oszillationen treten meistens dann auf, wenn Menschen in die „Tun, um zu sein"-Falle tappen – sie versuchen sich besser zu fühlen, indem sie hart arbeiten, um perfekte Leistung zu bringen. Ein Klient namens Pat besaß eine sehr geringe Selbstachtung, da er seine Bemühungen kontinuierlich mit den Erfolgen anderer Menschen verglich. Er bemühte sich intensiv, sich gut zu fühlen, und neigte gerade dadurch zur übertriebenen Kontrolle seines Verhaltens, wie ein Jugendlicher, der den Umgang mit der Gangschaltung bei starkem Verkehr an einem Berg lernt.

Bei der Arbeit mit Pat und anderen Klienten lernte ich, daß der Weg aus diesen paradoxen Problemen gleichzeitig der Weg aus dem Perfektionismus, den Fallen des „Tuns, um zu sein" und den Hindernissen ist, die der Selbstachtung im Wege stehen.

Jetzt schauen wir uns mal an, wie man sich von der Neigung befreit, in paradoxe Probleme zu verfallen, wie man sie identifiziert, wenn man hineingeraten ist und wie man sie gut genug versteht, um sie aufzulösen.

Lösen Sie Zwickmühlen auf und überwinden Sie paradoxe Probleme

Es gibt eine Geschichte, die von dem großen Psychiater Dr. Milton H. Erickson erzählt wird, als er als kleiner Junge auf der Farm seines Vaters in Wisconsin lebte. Soweit ich mich an die Geschichte erinnere, wurde das Wetter schlechter und Temperaturen von –29° Celsius bedrohten das Vieh. Miltons Vater hatte es geschafft, alle Kühe in den Stall zu bringen, bis auf eine. Diese eine aufsässige Kuh hielt an der Schwelle zum Stall an und rührte sich nicht mehr vom Fleck.

Der arme Erickson unternahm alles, um die Kuh in den sicheren und warmen Stall zu bringen, aber alle Versuche schlugen fehl. Er schob, er drückte, er zog, er peitschte und er trat die Kuh ... alles ohne Erfolg. Je härter er es versuchte, um so lustiger wurde die ganze Situation für den jungen Milton. Er rollte sich vor Lachen im Schnee, während er seinem immer frustrierter werdenden Vater zuschaute.

Der Vater drehte sich um, und schrie seinen Sohn an: „So, wenn du meinst, daß es so verdammt lustig ist, dann bring du doch die Kuh in den Stall!"

Milton sprang auf und rannte hinter die Kuh. Er faßte mit beiden Händen ihren Schwanz und zog so stark er konnte, die Kuh vom Stall weg. Daraufhin muhte die Kuh und sprang in den Stall.

Diese Geschichte zeigt, daß ein Problem nicht auf die Art und Weise gelöst werden kann, wie es durch die Person in einer Blockade definiert wurde. In Wirklichkeit wurde das Problem dadurch gelöst, daß man das, was das Problem war – das paradoxe Verhalten, das der Angelegenheit zugrunde lag – umdefinierte und es dann änderte.

Schreiben Sie eine neue Geschichte

Wenn wir noch einmal auf das Gewichtsproblem von Claire zurückkommen, dann finden wir dort zwei Themen. Das Thema ihres Selbstwertgefühls, und das Thema, ihre Autorität über ihren eigenen Körper, in einer Ehe, die für sie nicht funktionierte, geltend zu machen.

In der gemeinsamen Sitzung half ich ihr, die Erfahrung im Krankenhaus mit ihrer Absicht, es ihrem Mann und ihrem Arzt heimzuzahlen, in Verbindung zu bringen. Als ihr bewußt wurde, daß ihr Gewichtsverlust wenig oder gar nichts mit Diäten zu tun hatte, hörte sie auf, sich selbst für ihr Versagen beim Abnehmen zu schelten. Statt dessen konzentrierten wir uns darauf, ihr Selbstwertgefühl als unabhängige, selbständige Person, die ihr ideales Gewicht genießt, zu entwickeln. In diesem Prozeß warf sie den überzähligen emotionalen Ballast über Bord, der mit ihrem Arzt und ihrem Ex-Ehemann zu tun hatte.

In den Gesprächen, die wir Monate und Jahre später noch miteinander führten, zeigte sich bei ihr eine fantastische Entwicklung. Sie hatte über 90 Pfund abgenommen und hielt erfolgreich ihr Gewicht, indem sie regelmäßig das kalorienarme Essen zu sich nahm, an das sie sich gewöhnt hatte.

„Wir erschaffen unsere Realität durch die Geschichten, die wir uns selbst und anderen erzählen. Es ist sehr befreiend, zu wissen, daß wir nur um Gedankenlänge davon entfernt sind, unser Leben zu verändern. Wir brauchen nur die innere Geschichte, die den Problemzustand aufrechterhält, loszulassen."

Jerry J. Welik, Ed.D., Geschichtenerzähler, Realitäts-Therapeut und Professor für Sonderpädagogik an der St. Cloud State University

Bob, der sich ständig Kassetten zur Persönlichkeitsveränderung gekauft hatte, erzielte auch einen phänomenalen Durchbruch. Als ich ihm eine Kassette empfehlen sollte, sagte ich zu ihm: „Bob, du mußt einsehen, daß keine Kassette dich verändern wird. Du hast Kassetten gekauft, in der Erwartung, daß sie dich dazu bringen würden, dich zu ändern, aber du hast recht: Keine Kassette hat dich verändert oder wird dich je verändern. Einzig und allein du selbst kannst dich verändern."

Bob fiel es wie Schuppen von den Augen, als er die Wahrheit dieser Aussage erkannte. Er hatte zwar die ganze Zeit lang schon gewußt, daß er die Verantwortung für sein Leben selbst übernehmen mußte, aber er hatte verzweifelte Hoffnung in das Zaubermittel gesetzt, als das die Werbung diese Kassetten anpries. „Wenn du wirklich bereit bist, dich selbst zu verändern", fuhr ich fort, „dann wirst du verstehen, daß die Paraliminal-Kassetten diesen Prozeß unterstützen können. Sie erzeugen eine Umgebung – eine Zeit und einen Ort, wenn du so willst –, in der du die Ressourcen entdecken kannst, die bereits in dir schlummern. Diese Kassetten erzeugen nichts, was nicht schon in dir steckt. Sie helfen dir, dazu den Zugang zu finden."

Ich empfahl ihm drei Kassetten, die er genau nach meinen Anweisungen anwenden sollte oder aber zurückgeben konnte. Ich erlaubte ihm nicht zu glauben, daß diese Kassetten irgendeine Aufgabe für ihn übernehmen würden, die er nicht für sich selbst ausführen könnte oder wollte. Dankbar kaufte Bob die Kassetten und berichtete mir später, daß er Ziele erreichte, die seit Jahren außerhalb seiner Reichweite gelegen hatten.

Beide, Bob und Claire, nehmen jetzt gern ihr Leben selbst in die Hand. Nur sie selbst haben die Autorität, ihre persönliche Lebensgeschichte zu verändern. Aber sie waren machtlos bis zu dem Zeitpunkt, als sie erkannten, daß sie die Verantwortung für ihr Leben hatten. Habe ich ihnen etwas *gegeben*? *Taten* sie etwas anderes, als sie vorher getan hatten? Ironischerweise nein. Dennoch haben sie es geschafft, daß ihre Probleme – sehr schwierige Probleme – schnell verschwanden.

Wählen Sie den einfachen Weg aus Ihrer Falle

Wir tappen selbst in die Falle, wenn wir versuchen, unsere persönlichen Probleme mit derselben unbewußten Problemlösungsstrategie zu lösen, die diese Probleme ursprünglich erzeugt haben. Das Modell der Natürlichen Brillanz stellt einen einfachen und idealen Ausweg aus diesen Problemen zur Verfügung.

Um aus einer Falle herauszukommen, müssen Sie sich erst einmal bewußt werden, daß Sie in einer Falle stecken. Wenn Sie sich bewußt geworden sind, daß Sie einen kompletten Kreislauf hinter sich gebracht haben – ohne Erfolg ein Problem lösen zu wollen, das dann auch noch verstärkt auf Sie zurückfällt – dann können Sie den Teufelskreis verlassen und aussteigen. Viele Menschen sind frustriert oder wütend, wenn ihnen klar wird, daß sie in einem dysfunktionalen Problemlösungs-Kreislauf feststecken. Halten Sie an und lassen Sie die Emotionen frei, befreien Sie sich vom Streß und nehmen Sie weit genug Abstand, um das wahrzunehmen, was wirklich passiert. Loslassen und Wahrnehmen versetzt Sie körperlich und geistig in einen ressourcevollen Zustand, so daß Sie Abstand von Ihren Emotionen gewinnen können. Sie befinden sich vielleicht immer noch in der Falle, aber jetzt haben Sie zumindest den Schlüssel in der Hand, um herauszukommen.

Anschließend machen Sie irgend etwas anders – handeln Sie und beobachten Sie die Ergebnisse Ihrer Handlungen. Haben Sie die Dinge jetzt schlechter oder besser gemacht? Handeln Sie auf ungewöhnliche Art und Weise. Etwas Kreatives, etwas Verrücktes, etwas anderes als Ihr typisches Reagieren gibt Ihnen Grund zum Lachen und zum Lernen. Nutzen Sie jeden Erfolg in Richtung auf Ihr Ziel, um sich einen Weg zu bahnen. Experimentieren, erforschen und entdecken heißt die Devise.

Die Herausforderung liegt nicht im Loslassen, Wahrnehmen, Handeln oder Beobachten. Diese Schritte sollten inzwischen klar und recht einfach durchzuführen sein. Die große Herausforderung liegt in der Definition des eigentlichen Problems. Die Definition des eigentlichen Problems kann aber schwierig sein, denn wenn

---

„Vor Jahren lebte ich eine kurze Zeit mit einem Mann zusammen, der mich beleidigte und beschimpfte. Eines Morgens, nachdem dieser Mann das Haus verlassen hatte, saß ich in der Küche und überlegte, wie ich es anstellen könnte, ihn zu verlassen. Da hörte ich ein klopfendes Geräusch von der hinteren Veranda. Als ich hinausging, sah ich einen kleinen Vogel, der in eine Falle geraten war. Er saß in einem durchsichtigen Vogelfuttergefäß, das nach unten hin eine kleine Öffnung besaß. Der Vogel saß innen drin und versuchte, an allen Seiten herauszukommen, um sich zu befreien. Dann neigte ich das Gefäß zur Seite, und dachte, daß der Vogel nun einfach herauskommen würde. Doch das war leider nicht der Fall. Er fuhr fort, gegen das Plexiglas zu picken, und wurde mit jedem Versuch noch ängstlicher.
Eine innere Stimme, laut wie ein Sturm, aber dennoch sanft wie ein warmer

das Problem, das Sie für das Problem halten, nicht das Problem ist; was ist dann das eigentliche Problem, das Sie lösen wollen?

Wenn Sie zu akzeptieren bereit sind, daß Ihre erste Definition des Problems falsch ist, dann befinden Sie sich bereits auf dem Weg zum Erfolg. Erst dann werden Sie Ihre Entdeckungsreise beginnen. Gehen Sie nicht davon aus, Sie wüßten, was vor sich geht.

Seien Sie offen für den Zen-Zustand, „der Geist des Anfängers" und behalten Sie diesen bei, merkwürdig zufrieden damit, erkannt zu haben, daß Sie sich in der Falle fühlen, gefangen durch Umstände, die Sie selbst erschaffen haben, die Sie aber bisher noch nicht ganz verstehen. Zwingen Sie sich nicht zu einer Lösung, sondern umkreisen Sie das Problem. Mit Neugier, Empathie und Humor sollten Sie immer wieder loslassen und wahrnehmen.

Dieser Weg, bei dem man mit dem Problem in Verbindung bleibt, statt es direkt zu lösen, führt zum Prozeß der Kreativität und der Problemlösung, den ich jetzt beschreiben möchte. Der kreative Problemlösungsprozeß sorgt dafür, daß Sie das Problem so identifizieren, daß Sie es auch wirklich lösen können.

Folgen Sie dem kreativen Prozeß der Problemlösung

In diesem Prozeß, den ich ursprünglich für die Honeywell Corporation entwickelte, ist das „Problem" der Unterschied zwischen dem „gegenwärtigen Zustand" und dem „gewünschten Ergebnis". Sie besitzen eine einzigartige Sichtweise auf diesen Unterschied, denn jemand anderes wird mit Sicherheit das gleiche Problem anders definieren und interpretieren. Je mehr Möglichkeiten Sie erschaffen, um so mehr Szenarien bekommen Sie.

Der erste Schritt in diesem Prozeß ist die Beschreibung Ihres „gegenwärtigen Zustandes" und die klare Definition Ihres „gewünschten Ergebnisses". Die Differenz von beidem können Sie als erste Beschreibung nehmen, Ihr Problem zu definieren.

Sommerregen, sagte zu mir: ‚Wenn du alle Seiten bis auf eine abdeckst, so daß das Licht nur von einer Seite kommt, wird der Vogel selbst die Freiheit finden.' Ich deckte alle Seiten vorsichtig ab, so daß das Licht nur aus einer Richtung kam. Und wirklich, innerhalb von Sekunden hatte sich der kleine Vogel befreit. Der Kampf war vorbei. Am nächsten Morgen packte ich meine Sachen und beendete meine Beziehung, ohne jemals zurückzuschauen. Sich selbst durch die eigene Natürliche Brillanz wiederherzustellen, bedeutet, dem einzigen wahren Licht zu folgen. Wir picken wie wild an Wände, die uns in falschen Glaubensmustern und Illusionen gefangen halten, aber es gibt immer eine Möglichkeit, uns zu befreien."

Shaaryl M. Byrd, *University of Colorado und Teilnehmerin am Natural Brilliance Retreat*

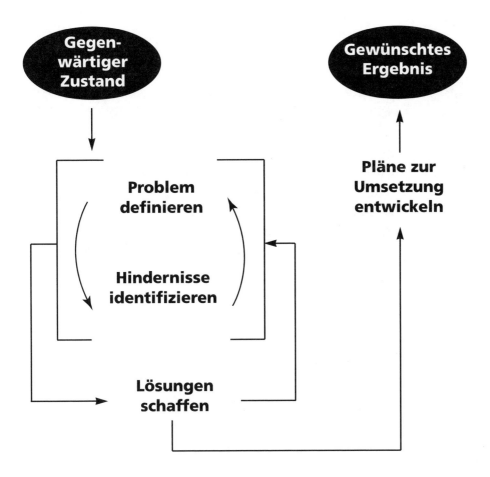

Sie werden die Problemdefinition verändern, wenn Sie die Hindernisse zwischen dem gegenwärtigen Zustand und dem gewünschten Ergebnis betrachten. Jedes Hindernis führt zu einer Umdefinierung des Problems. Aus diesem Grund zeigt das Schaubild eine Schleife zwischen „Problem definieren" und „Hindernisse identifizieren".

Je klarer Ihre Problemdefinition ist, um so offensichtlicher wird Ihre Lösung. Leider versuchen die meisten Menschen schnell ihre Probleme dadurch loszuwerden, daß sie voreilig die erst beste, offensichtliche Lösung ergreifen. Ich sage „leider", weil die ersten Lösungen auf der vorherrschenden Problemlösungsmethode basieren. Erinnern Sie sich, es ist Ihre bisherige persönliche Vorgehensweise, die Sie gegenwärtig in der Falle hält.

Zurück zu dem Schaubild des Problemlösungsprozesses: Sie sehen die Schleife zwischen dem Schritt „Lösungen schaffen" und der Schleife „Problem definieren"/„Hindernisse identifizieren". Es handelt sich hier um eine Schleife, weil jede Lösung zur Neudefinition des Problems führt. Jede Lösung, die Sie einsetzen, hat wiederum ihre eigenen begleitenden Hindernisse im Gefolge.

Während der Energiekrise in den 70er Jahren haben wir alle an den Tankstellen Schlange stehen müssen. Die Autoindustrie von Detroit prognostizierte, daß in dieser Situation die energiesparenden Autos aus dem Ausland beliebter sein würden als die eigenen benzinschluckenden amerikanischen Limousinen.

Daraufhin entschieden sich die US-Hersteller für die Produktion von kleineren Autos. Kleinere und leichtere Autos würden sich besser verkaufen. Das Problem schien gelöst, oder? Nur zum Teil. Denn daraus entstand ein Problem für die Stahlindustrie. Die neue Automobilproduktion verzichtete auf eine Menge Stahl und führte praktisch zur Vernichtung der Stahlindustrie, die fast ausschließlich von der Automobilproduktion abhängig war. In Minnesota lieferten wir der Stahlindustrie Taconite. Ahnen Sie, was jetzt hier passierte? Die Entwicklung hin zu den kleineren Autos hätte um ein Haar den Eisenerz-Bergbau vernichtet.

Vielleicht kennen Sie ja den folgenden Sinnspruch:

„Mangels eines Nagels ging das Hufeisen verloren, mangels eines Hufeisens ging das Pferd verloren, mangels Pferd ging der Reiter verloren, mangels Reiter wurde die Schlacht verloren, durch die verlorene Schlacht ging das Königreich verloren, und alles mangels eines Nagels."
George Herbert
Poor Richard's Almanac

Dieses klassische Zitat habe ich eingerahmt über meinem Schreibtisch hängen: Nehmen Sie sich Zeit, Ihr Problem zu definieren. Erinnern Sie sich daran, daß hinter Ihrem Ziel ein weiteres Ziel ist (siehe Kapitel 3). Welches ist das eigentliche Problem, das Sie lösen wollen?

Beim Prozeß der kreativen Problemlösung empfehle ich, daß Sie 80% der gesamten Zeit in die korrekte Definition des Problems investieren und die restlichen 20% in das Schaffen einer Lösung und deren Ausführung. Vergleichen Sie dieses 80/20-Verhältnis mit dem Modell der Natürlichen Brillanz: 80% für das Loslassen und das Wahrnehmen, 20% für das Handeln und das Beobachten.

Für viele Menschen ist es nicht leicht, so viel Zeit damit zu verbringen, das Problem klar zu definieren. Die kreative Problemlösungemethode erfordert eine hohe Toleranz für Mehrdeutigkeiten und Paradoxien. Manche Menschen stürzen sich kopfüber in eine direkte Problemlösung, doch die Realität zeigt andere Möglichkeiten auf.

Erlauben Sie Ihrem Denken, in zufälligen divergierenden und spielerischen Überlegungen umherzuschweifen. Nehmen Sie sich die Zeit, viele Fragen zu stellen und geben Sie Ihrer Intuition Raum. Nutzen Sie Rätsel als Inspiration ... erschaffen Sie verschiedene Szenarien, um die inneren Repräsentationen zu verändern, an die Sie sich klammerten, als Ihnen bewußt wurde, daß Sie ein Problem hatten.

Drücken Sie das Problem aus

Verschiedene nützliche Techniken können Ihnen beim Prozeß der kreativen Problemlösung helfen. Sie erhöhen das divergente Denken, helfen beim korrekten Identifizieren des Problems und bei der Herbeiführung einer funktionierenden Lösung. Das Geheimnis hinter all diesen Techniken liegt darin, daß diese Sie aus dem Gefühl, blockiert zu sein, herausholen. Diese Techniken erfordern aktive, absichtsvolle, forschende körperliche und geistige Bewegung. Mit Hilfe dieser Techniken erschüttern Sie eine ansonsten statische und zur Stagnation führende Sichtweise des „Problems als Leidensverursacher", um so Ihren Erfolg einzufordern.

Im „Natural Brilliance Retreat" führen wir die Teilnehmer dazu, ihre Blockade oder ihr Problem, mit dem sie arbeiten, zu externalisieren, indem wir eine Analogie oder eine Metapher erschaffen, mit der die Teilnehmer dann spielen können. Wir machen eine „Outdoor-Übung", die wir als Metapher für das Problem nutzen. Sie können Ihre eigenen Analogien und Metaphern erschaffen, wann immer Sie wollen. Wählen Sie ein wichtiges Problem aus, eins, das Sie in Gefahr bringt, wenn Sie es nicht lösen.

1. Denken Sie an Ihre eigene Blockade.
Sie fühlen sich beispielsweise durch den dominanten Druck Ihrer Eltern blockiert. Nehmen wir einfach einmal an, daß immer, wenn Sie mit Ihren Eltern sprechen oder Sie besuchen, zumindest einer sich in Ihr Privatleben einmischt, was Sie wütend macht. Sie sind ein erwachsener Mensch, aber jedesmal, wenn Sie mit Ihren Eltern kommunizieren, fallen Sie in das Alter eines elfjährigen Kindes zurück und entschuldigen sich dafür, daß Sie nicht auf Ihre Eltern gehört haben.

2. Denken Sie an ein wichtiges Ereignis, das Ihnen bevorsteht.
Nehmen wir an, ein Freund fragte Sie, ob Sie etwas für ihn erledigen können, das Ihnen nicht behagte. Weil Sie Ihrem Freund nicht gerne die Gründe erklären wollten, haben Sie lieber zugesagt, als es auf einen Konflikt ankommen zu lassen. Fassen Sie diese Situation als Analogie zur Kommunikation mit Ihren Eltern auf. Übertragen Sie Ihrem Freund die Rolle Ihrer Mutter und/oder Ihres Vaters.

3. Erschaffen Sie sich eine umfassende Vorstellung von Ihrem gewünschten Ergebnis.
Stellen Sie sich vor, wie Ihr Leben sein soll, wenn Sie Ihre Eltern besuchen. Welche Art von Kommunikation wünschen Sie sich? Wie möchten Sie sich verhalten? Sind Ihre Eltern Freunde, Erwachsene, mit denen Sie Gemeinsamkeiten haben?

Betrachten Sie nun ein Zusammentreffen mit Ihrem Freund, der Sie um etwas gebeten hatte. Was wollen Sie dabei erreichen? Sie werden sich vielleicht entscheiden, sich ganz direkt auszudrücken und ihm oder ihr „Nein" sagen.

4. Welche inneren oder äußeren Hindernisse können Ihnen möglicherweise im Weg stehen?
An dieser Stelle definieren Sie das Problem und identifizieren Sie die Hindernisse mit Hilfe des kreativen Problemlösungsprozesses.

Spielen Sie mit alternativen Erklärungen darüber, warum das Problem weiterbesteht. Beispielsweise könnten Sie in Erwägung ziehen, daß dieses Problem deshalb existiert, weil Ihre Eltern ein geringes Selbstwertgefühl besitzen und sich nur gut fühlen, wenn sich Ihr Leben perfekt gestaltet. Oder auch nicht. Spielen Sie damit.

5. Entwickeln Sie mindestens fünf bis sieben mögliche Antworten, die in Richtung Ihres Ziels gehen.
Denken Sie daran, wie Sie sich mit Ihrem Freund treffen. Sie überreichen ihm vielleicht ein albernes Geschenk, das „Nein, danke" bedeutet. Vielleicht ein Plakat, auf dem steht: „Entschuldigung, Charlie!" Wer weiß? Werden Sie kreativ! Setzen Sie sich das Ziel, in der Lage zu sein, nicht mit Ihrem Freund übereinzustimmen, oder sich mit ihm in angemessener Weise auseinanderzusetzen, wenn er oder sie versucht, Sie zu etwas zu bringen, das Ihnen unangenehm ist.

6. Gehen Sie mit entspannter Wachheit in die Situation. Handeln Sie, so, wie Sie es dann für angemessen halten.
Befreien Sie sich von der Sorge, ob es Sie es gut machen. Schließlich ist es nur eine Analogie und nicht das wirkliche Thema.

7. Beobachten Sie danach die Ergebnisse Ihrer Handlungen.
Wie haben Sie sich verhalten? Was haben Sie zu Ihrem Freund gesagt? Wie lautet die Moral dieser Geschichte? Was können Sie aus dieser Geschichte lernen, wie Sie sein oder nicht sein möchten, wenn Sie mit Ihren Eltern zusammen sind?

Betrachten Sie nun, wie Sie sich mit Hilfe der beschriebenen Technik von negativen Emotionen dissoziieren und neue Perspektiven gewinnen können. Von einem solch ressourcevollen mentalen und emotionalen Ort aus können Sie leicht in den Beobachterzustand eintreten ... die Quelle, aus der die meisten Ihrer kreativen Durchbrüche kommen.

Steigern Sie Qualität und Effektivität der Lösungen

Das Modell der Natürlichen Brillanz schlägt Ihnen vor, *eine Lösung zu finden für Ihre Art, Probleme zu lösen*. Es regt an zu kreativem und divergentem Denken, Fühlen und Handeln und gibt Ihnen den Antrieb, weit über die bloße Lösung des konkreten Problems hinauszugehen. Als ein generativer Ansatz der Problemlösung befähigt Sie das Modell der Natürlichen Brillanz, die Lösung für Ihre bisherige Prolemlösungsstrategie zu suchen und zu finden.

Durch meine Arbeit mit Einzelpersonen habe ich gelernt, in den Beschreibungen der Probleme nach Anhaltspunkten paradoxer Probleme zu suchen. Z.B. falls jemand sagt: „Das ist das einzige Problem, das ich nicht lösen kann. Wenn besagtes Problem _____ (Rauchen, Übergewicht usw.) nicht wäre, dann würde mein Leben so verlaufen, wie ich es mir vorstelle."

Solch eine Äußerung deutet darauf hin, daß diese Person im Außen nach einer „schnellen Lösung", der sogenannten *„Ultra Solution"*, sucht, wie Paul Watzlawick es nennt. Eine Person, die nach einer endgültigen Lösung sucht, die alle Probleme heilt, wird höchstwahrscheinlich die Arbeit übersehen, die im Inneren wirklich getan werden muß, um das Problem zu lösen.

Nutzen Sie die vier Schritte des Modells der Natürlichen Brillanz, um dem schöpferischen Ansatz bei der Problemlösung zu folgen und sich vor der Falle einer Zwickmühle zu schützen. Setzen Sie außerdem jene spezifischen Denk- und Fühlmuster ein, die unter jeder der drei Einstellungen im achten Kapitel *„Lassen Sie die Natürliche Brillanz für sich arbeiten"* vorgestellt werden. Diese sind: empfänglich, schöpferisch und ausdauernd sein.

Empfänglich sein bedeutet, eine offene Haltung dafür anzunehmen, daß Sie sicher Bereiche betreten können, vor denen Sie sich bisher gefürchtet haben. Entdecken Sie, was außerhalb der Grenzen und Beschränkungen liegt, die Sie in der Vergangenheit akzeptiert haben.

Schöpferisch zu sein bedeutet, kreative Wege des Denkens und Fühlens einzuschlagen. Sie müssen Ihren inneren Kritiker umgehen, um an Ihre kreative, kindliche Lernhaltung heranzukommen, mit der Sie die Welt erfahren haben, bevor Sie zur Schule kamen. Krempeln Sie die Ärmel hoch und gehen Sie ein Problem an, ohne sich darum zu sorgen, „es richtig zu machen". Bringen Sie sich selbst zum Ausdruck! Setzen Sie Ihre Phantasie mit der Hingabe eines Kindes ein, das mit Fingerfarben malt und sich keine Gedanken über das Saubermachen macht.

Ausdauernd zu sein bedeutet, eine klare Vision dessen zu schaffen, was Sie für sich in der Gegenwart und in der Zukunft wollen. Es bedeutet auch, mutig zu sein und zu glauben, daß Sie das in die Realität umsetzen können, was Sie bewußt und von Herzen anstreben.

Gehen Sie den richtigen Weg zum Erfolg

Lassen Sie uns an dieser Stelle noch einmal die Geheimnisse des Erfolges zusammenfassen, die sich aus der Kombination der Natürlichen Brillanz und der kreativen Problemlösung ergeben. Die fünf Prinzipien der Natürlichen Brillanz haben wir in Kapitel 3 diskutiert. Sie lauten:

Prinzip 1: Tolerieren Sie Mehrdeutigkeiten, um Ihr volles Potential auszuschöpfen.

Prinzip 2: Nehmen Sie langsam kleine Anpassungen vor, um Ihr Ziel zu erreichen.

Prinzip 3: Erreichen Sie einen Seinszustand durch *Sein* und nicht durch *Tun*.

Prinzip 4: Bleiben Sie zielorientiert und vergrößern Sie Ihre Wahlmöglichkeiten.

Prinzip 5: Verändern Sie sich auf schöpferische Weise, um die besten Ergebnisse zu erzielen.

Ein wichtiger Zusatz lautet: *Ziehen Sie in Erwägung, daß Ihre Problemdefinition falsch ist.* Ich formuliere es so, weil es in Ordnung ist, weiterzumachen, selbst wenn Sie das falsche Problem verfol-

„Während meiner Highschoolzeit schrieb ich ein Gedicht über meine Ziele. Es ging ungefähr so: ‚Jeder hat seine Ziele: Geld, Ruhm, Familie, Erfolg ... aber mein Ziel ist das schwierigste von allen ... mein Ziel ist Glücklichsein.' Als ich dann älter wurde, realisierte ich, daß dies kein Ziel, sondern vielmehr ein Lebensstil, eine Frage der Wahl ist. Ich stellte ferner fest, daß es nicht einmal schwierig ist, dieses Ziel zu erreichen. Ich wählte, einen Weg durch das Leben zu gehen, bei dem das Glück immer bei mir sein sollte, unabhängig von äußeren Einflüssen."

Carolyn Sikes,
IDEA Seminars

gen. Das wachsame Beobachten Ihrer Ergebnisse erzeugt unmittelbar ein Feedback, das Ihnen zeigt, ob Sie auf dem richtigen oder falschen Weg sind. Wenn alles, was Sie getan haben, bloß die Oszillation verstärkt, dann machen Sie etwas anderes, z.B. eine neue Definition dessen zu finden, was Sie als Ihr Problem betrachten.

Vertrauen Sie auf Ihren Geist, der Ihnen helfen wird, Ihr höchstes Gut im Leben zu finden. Sie sind Ihr bester Lehrer und Therapeut. Wenn Sie dem Modell der Natürlichen Brillanz folgen, dann werden Ihnen all Ihre Erlebnisse Feedback über Ihren Forschritt geben.

Erinnern Sie sich noch an meine Einleitungsgeschichte in Kapitel 1? Ich erzählte Ihnen, daß ich während der Rede bei Toastmasters fast ohnmächtig wurde. In der darauffolgenden Woche probierte ich verschiedene „Mentaltechniken" aus, aber das führte nur zum gleichen Ergebnis. Warum versagte ich zweimal? Was lief falsch? Was war mein Problem? Alle diese Fragen über mein persönliches Versagen verstärkten nur mein Versagen, weil die einzigen Antworten darauf Rechtfertigungen sind. Ich tat, was ich tat, doch was ich tat, erzeugte nicht das, was ich wirklich wollte.

Wenn es mein Ziel gewesen war, „Versagen zu vermeiden", hatte ich auf ganzer Linie versagt. Wenn jedoch mein Ziel war: „Lerne, der beste Redner in der Öffentlichkeit zu werden, der du sein kannst", dann war meine Ohnmacht Teil meines Lernprozesses. Wenn ich mich nun frage: „Was habe ich gelernt?" oder: „Wie wird mir dieses Erlebnis auf dem Weg zum fähigen Redner nützen?", dann habe ich eine ganze Menge gelernt. Diese zwei Fragen bringen Ihren „inneren Beobachter" zum Einsatz und bewirken beharrliches Lernen in Richtung Ihrer Ziele. Im letzten Teil des Toastmasters-Beispiels tat ich etwas Undenkbares. Ich durchbrach das Protokoll der wöchentlichen Treffen und bat die Teilnehmer, nach dem Meeting noch zu bleiben. Ich bat um das, was ich wirklich wollte, und ich erreichte mein Ziel.

Die Kraft effektiver Zielsetzung kann gar nicht hoch genug eingeschätzt werden. Wenn Sie Ziele sinnvoll setzen, so steigern Sie Ihre Chancen, diese Ziele in Rekordzeit zu erreichen.

Setzen Sie sich Ziele für Ihren Erfolg

Wenn Sie sich ein gut formuliertes Ziel setzen, dann können Sie sich an unmittelbaren Ergebnissen erfreuen. Nur eine gut formulierte Zielsetzung funktioniert. Sie können effektive Ziele formulieren, wenn Sie diese fünf nachfolgenden Bedingungen einhalten:

1. Formulieren Sie Ziele in positiver Form: Ziele müssen das spezifizieren, was Sie wirklich wollen, und nicht das, was Sie nicht wollen. Wenn Sie beispielsweise Ihr Haus nicht mögen und umziehen wollen, dann spezifizieren Sie Ihr neues Haus so, wie Sie es sich wünschen.

2. Begrenzen Sie Ihr Ziel, damit Sie es noch unter Kontrolle haben: Sie sind derjenige, der entscheidet, was Sie wollen. Ein Beispiel: Das Ziel, „mein Team im Büro soll glücklich sein", liegt nicht in Ihrem Einflußbereich. Sie können nicht kontrollieren, wie sich jemand anderes fühlt. „Ich werde meinen Teil dazu beitragen, eine Atmosphäre im Büro zu schaffen, die die Arbeit meines Teams unterstützt", so könnte beispielsweise eine effektive Zielformulierung lauten. Anschließend müßten Sie spezifizieren, wie Sie Ihr Ziel erfüllen wollen.

3. Bewahren Sie sich die positiven Aspekte der gegenwärtigen Situation: Formulieren Sie Ihr Ziel so, daß Sie die wertvollen Aspekte Ihres Lebens beibehalten. Wenn Sie zuviel aufgeben müssen, um ein Ziel zu erreichen, dann ist es sehr unwahrscheinlich, daß Sie dieses Ziel je erreichen werden. Ein Beispiel: Wenn jemand das Rauchen aufgeben möchte, muß er andere Wege finden, als zu rauchen, um in Gesellschaft eine Pause zu machen, oder sich zu entspannen, wenn er unter Druck ist.

4. Stecken Sie ein greifbares Ziel ab: Sie müssen merken, ob Sie Ihr Ziel erreicht haben. Wenn Ihr Ziel Glück ist, dann ist es schwierig festzustellen, ob und wann Sie dieses Ziel erreicht haben. Wandeln Sie das Ziel „Ich will glücklich sein", in ein meßbares Ziel um, indem Sie Glück für sich selbst definieren. „Ich werde jede Woche vier Stunden lang interessante, lehrreiche Aktivitäten mit meiner Familie unternehmen", wäre beispielsweise ein meßbares Ziel – Sie wissen genau, wann Sie es erreicht haben.

5. Wählen Sie ein Ziel, das um das herum zentriert ist, was Sie wirklich wollen: Ihr Ziel muß etwas sein, das Ihnen wertvoll erscheint. Wenn Sie sich beispielsweise ein Ziel setzen, weil Ihre Mutter oder Ihr Arzt es möchte, ist das Debakel vorprogrammiert. Das Ziel muß etwas für Sie Wichtiges und Lohnendes enthalten.

> „Engagieren Sie sich für das, was Sie wirklich wollen. Mit anderen Worten, Sie müssen wissen, wohin es geht, was Sie davon haben werden und wie Ihr Ziel zu Ihrem Weltbild paßt. Es reicht beispielsweise nicht, daß Sie Arzt werden möchten. Sie müssen sich selbst sehen, wie Sie den Lohn aus Ihrem Arztsein ziehen, der Ihrem Lebenssinn entspricht."
>
> **Peter Kline,**
> *Geschäftsführer von Integra Learning Systems*

Nehmen Sie sich nun oder sobald wie möglich ein paar Minuten Zeit, um darüber nachzudenken, weshalb Sie dieses Buch lesen. Haben Ihre bisherigen Ziele bereits die Bedingungen eines effektiven Ziels erfüllt? Schreiben Sie Ihre Ziele auf und überprüfen Sie sie an Hand der fünf Bedingungen. Es ist auch sehr hilfreich, wenn Sie für das Kapitel 12 („New Option Generator") klare Ziele vor Augen haben.

Der Durchbruch im Business

Die Aussagen dieses Kapitels sind gleichermaßen auf das Geschäftsleben übertragbar. Alle Geschichten und alle Übungen für persönliche Durchbrüche können auch als Metaphern für das Geschäftsleben angesehen werden. Wenn Sie die Natürliche Brillanz mit der kreativen Problemlösung kombinieren, steigen Sie in die Rolle eines Beraters sowohl für sich selbst als auch für Ihr Unternehmen.

Als Unternehmensberater im privaten wie im öffentlichen Sektor sehe ich meine Rolle als „Inside-Outsider". Ich agiere wie ein Mitarbeiter, indem ich enge interpersonelle Beziehungen zu Mitarbeitern in Schlüsselpositionen und Managern aufbaue. Gleichzeitig agiere ich als Berater, indem ich eine weiträumige Perspektive in bezug auf das Unternehmen einnehme. Von der äußeren Perspektive aus erfülle ich meine Aufgabe, indem ich Mitarbeitern, Managern und Direktoren aufrichtiges und ehrliches

Feedback gebe, ohne Angst vor Repressalien wie dem Verlust meines Arbeitsplatzes, haben zu müssen.

Ein wichtiger Teil meiner Tätigkeit als Berater, Therapeut und Lehrer ist es, meine eigene Überflüssigkeit zu planen; ich bringe mich sozusagen immer selbst um den Job, weil ich irgendwann nicht mehr gebraucht werde. Ich möchte, daß meine Kunden die Lektionen so lernen, daß sie sie hinterher alleine, ohne meine Hilfe, anwenden können. Sie müssen Unabhängigkeit entwickeln und aus den eigenen Erfahrungen lernen. Ich helfe meinen Kunden, das loszulassen, was nicht richtig funktioniert, Wahlmöglichkeiten wahrzunehmen, die sie bisher nicht erkannten, positive Reaktionen zu erzeugen und sich der Effekte ihres Verhaltens bewußt zu werden. Wenn ich mehr an ihren Zielen arbeite als die Kunden selbst, dann trage ich sie auf meinem Rücken zu ihrem Erfolg. Haben Sie das Ziel dann erreicht, werden sie aber genausowenig in der Lage sein, den erreichten Zustand aufrechtzuerhalten, wie ihn zu erreichen

Mit Hilfe der Natürlichen Brillanz lernen die Unternehmen, wie sie von ihren Erfahrungen im Business laufend lernen können. Die Mitarbeiter sind nicht mehr zum Wiederholen der ewig gleichen Fehler verdammt, sondern haben die Möglichkeit, das Unternehmen in eine strahlende Zukunft zu führen. Wenn die Mitarbeiter ihre Genialität für die Lösung der Probleme des Unternehmens freisetzen, dann erzeugt das eine unbändige Kraft, die das Unternehmen in Richtung auf seine Ziele führt. Eine gute Führungskraft erkennt das Potential seiner Mitarbeiter und erzeugt eine Arbeitsatmosphäre, die jeden Mitarbeiter zum Einsatz seiner Genialität ermuntert.

Sollten Sie Lehrer oder Therapeut sein, dann denken Sie an die Genialität Ihrer Klienten, die nur darauf wartet, erschlossen zu werden. Wenn Sie einen Menschen als die Person sehen, die er sein kann, aktivieren Sie eine direkte Kommunikation mit seiner Genialität.

Bahnen Sie sich Ihren Weg zur persönlichen Genialität: der „New Option Generator"

Das „Natural Brilliance Retreat" aktiviert das Modell der Natürlichen Brillanz, so daß die Teilnehmer es kognitiv, emotional und auf der Verhaltensebene lernen. Während des Retreats benutzen die Teilnehmer sieben Übungen, die Oszillationen aufzeigen und mit deren Hilfe sie ihre inneren Grenzen überwinden ... hin zur Brillanz ihrer persönlichen Genialität. Die Abfolge dieser sieben Übungen nennen wir den *New Option Generator* (Generator für neue Möglichkeiten).

Dieses Kapitel beschreibt den New Option Generator, so daß Sie diesen Prozeß selbst durchführen können. Mit seiner Hilfe können Sie paradoxe Probleme lösen und auf wirkungsvolle Art das Modell des auf Erfahrung beruhenden Lernens durch Natürliche Brillanz in Ihr Denken, Fühlen und Handeln integrieren. Ich erkläre den New Option Generator absichtlich erst jetzt zum Schluß des Buches, da er das Modell der Natürlichen Brillanz zu einem wirkungsvollen System zusammenführt.

Der „New Option Generator" beruht auf dem Modell der Natürlichen Brillanz, dem Direkten Lernen und den grundlegenden Elementen der kreativen Problemlösung. Wenn Sie den Prozeß vom Anfang bis zum Ende durchführen, leitet er Sie durch folgende Zustände.

Dieser Prozeß hat den gleichen Namen wie die Paraliminal-Kassette „New Option Generator".

➤ *Loslassen:* Beenden Sie Schwankungen und bereiten Sie Ihren Körper-Geist auf die gewünschten Veränderungen vor.
➤ *Identifizieren Sie das Kontinuum:* In welchem Kontinuum oszillieren Sie gerade?
➤ *Bestimmen Sie die gegenwärtige Bandbreite an Wahlmöglichkeiten:* Wie unterstützen und blockieren die Möglichkeiten Ihre Handlungen? Lernen Sie, Ihre typischen Blockaden wahrzunehmen. Erfahren Sie diese in Verbindung mit den Stopschildern an jedem Ende des Kontinuums von Wahlmöglichkeiten. Verstehen Sie die Gefühle, die Sie hin zu Ihren gewünschten Vorteilen in der Zukunft bringen und

Bemerkung: Für diejenigen, die im Neurolinguistischen Programmieren (NLP) bewandert sind, unterscheidet sich meine Art des Ankerns und des Verschmelzens von Zuständen von dem, was Sie bisher erlebt haben. Es handelt sich dabei nicht um das Verschmelzen von Ankern, wie man es aus den 70er Jahren kennt, oder eine der schnellen Zustandsveränderungen aus den 80er Jahren. Alle Ansichten über diese Prozesse sind hier nicht zutreffend. Der von mir entwickelte New Option Generator geht einen radikal anderen Weg. Es geht dabei nicht um das Verschmelzen entgegengesetzter Zustände. Er läßt vielmehr die Nachteile mit den Nachteilen und die Vorteile mit den Vorteilen entlang eines Verhaltens-Kontinuums miteinander verschmelzen, und macht dadurch all die möglichen Reaktionen auf allen Ebenen gleichzeitig zugänglich: körperlich, emotional und intellektuell.

weg von den Nachteilen, die Sie in Ihrem gegenwärtigen Verhalten ablehnen.

▶ *Ankern Sie die Zustände:* Klären Sie die Vor- und Nachteile an jedem Ende Ihres Kontinuums und die starken Gefühle, die Sie in den Blockaden festhalten.

▶ *Verschmelzen Sie die Zustände:* Ziehen Sie die Stopschilder an jedem Ende Ihres Kontinuums heraus und beenden Sie die Oszillation.

▶ *Spüren Sie positive Neutralität und eine Fülle an Möglichkeiten:* Kommen Sie mit einem alles durchdringenden körperlichen und emotionalen Gefühl des Friedens daraus hervor, fast so, als ob Sie eine friedliche Allianz des gegenseitigen Respekts, des Lernens und des Erfolgs zwischen zwei Kulturen zustandegebracht hätten.

▶ *Treffen Sie eine Wahl:* Im Einklang mit Ihrer persönlichen Kraft entscheiden Sie sich für das, was Sie wollen.

▶ *Treten Sie in Aktion:* Handeln Sie mit Engagement in Richtung auf Ihr gewünschtes Ziel.

▶ *Beobachten:* Wenn Sie sich über die Ergebnisse Ihres natürlichen Lernzustandes im klaren sind, dann entschließen Sie sich dazu, die nächsten Schritte in Richtung auf die Erfüllung Ihrer Wünsche zu tun.

Um nun zu zeigen, wie der New Option Generator für die persönliche Veränderung von Nutzen sein kann, möchte ich etwas aus meinem eigenen Leben berichten. Zunächst etwas Hintergrundinformation über mein Problem:

Als ich Anfang 30 war, erschien ich Dutzende von Malen in lokalen und nationalen Fernsehprogrammen. Statt mich mit jeder Show fähiger zu fühlen, fühlte ich mich vor den Fernsehkameras zunehmend unwohler. Aufgrund der Erfahrungen bei der Herstellung der Kassettenprogramme hatte ich große Studioerfahrung entwickelt, und auch Radiointerviews hatte ich gemeistert. Aber wenn es ums Fernsehen ging, fühlte ich mich immer blockierter.

Ein Teil meines Erfolges im Radio kam daher, daß ich mit dem Talkmaster Augenkontakt herstellte und nonverbalen Rapport aufbaute. Beim Fernsehen war es jedoch so, daß der Moderator, sobald er nicht mehr im Bild der Kamera war, überallhin schaute, nur nicht zu mir, was mich stark irritierte.

Mitarbeiter bestätigten mir, daß ich sehr gut im Fernsehen wirkte, aber ich fühlte mich steif und unsicher. Nach zehn Jahren langer Erfahrung wußte ich, daß ich zunehmend schlechter wurde. Gleichzeitig glaubte ich, daß der Erfolg vor der Kamera für meinen weiteren Erfolg auf dem Gebiet der Persönlichkeitsentwicklung entscheidend sei. So setzte ich mich selbst unter enormen Erfolgsdruck.

An meinem vierzigsten Geburtstag setzte ich mir ein Ziel. Ich entschied mich, alles zu tun, um zum echten Experten im Videobereich zu werden. Innerhalb einer Woche – welch ein Zufall – erhielt ich den Anruf eines Satelliten-Netzwerks zur Persönlichkeitsentwicklung. Man bat mich zwölf Fernsehshows zu verschiedenen Themen, die ich in den vergangenen Jahren unterrichtet hatte, aufzunehmen. Als ich den Hörer auflegte, begann meine Oszillation. Ich wurde zu einem wandelnden Jo-Jo. Ich hatte offensichtlich ein Ziel und die große Möglichkeit, dieses Ziel zu erreichen. Aber ich wäre am liebsten, so schnell ich konnte, in die andere Richtung gelaufen!

In dem Monat nach dieser Einladung zum Erstellen der Fernsehshows entwickelte ich die Übungen für das Training der Natürlichen Brillanz. Mit einer Gruppe von Teilnehmern ging ich zu einem Kletterpark im Freien, um eine Übung zum Erfahrungslernen zu entwickeln. Ich wählte einen Parcours namens „Pamper Pole" als meine persönliche Herausforderung. Um mich mit meinen eigenen Ängsten zu konfrontieren, setze ich die Eroberung des „Pamper Pole" als Metapher für mein Auftreten in Fernsehshows ein. Was immer ich innerhalb dieser Lern-Initiative tat, würde mich auch lehren, mich erfolgreich in den Shows zu präsentieren.

Als ich an die Reihe kam, die zehn Meter hohe Kletterwand zu erklimmen und mich oben auf die wackelige Plattform zu stellen, wußte ich, was ich erreichen wollte. Nachdem ich mit Seilen gesichert war, hangelte ich ohne Zögern oder Furcht die Kletterwand empor. Als ich den letzten Schritt an die Spitze machte, schlug mir das Herz bis zum Hals. Da stand ich, mit ausgestreckten Armen, und nahm den prachtvollen Ausblick auf die Umgebung in mich auf.

Es fühlte sich an, als wollte mein Herz explodieren. Inmitten des Adrenalinstoßes spürte ich: *„Das, was ich fühle, ist nicht Angst – es ist Nervenkitzel und Erregung."* In vollen Zügen nahm ich das Bewußtsein in mich auf, daß ich, obwohl ich mir noch einige Fähigkeiten anzueignen hatte, keine Angst vor Fernsehauftritten hatte. Eines Tages würde ich den gleichen Rausch verspüren, wenn ich im Fernsehen auftrete, und das würde nicht aus Angst geschehen. Es würde aus dem Nervenkitzel herrühren, die Plattform erreicht, die Spitze einer phantastischen Aussicht erklommen zu haben.

Die Shows, die ich erarbeitete, waren die besten TV-Trainingskurse, die ich mir nur wünschen konnte. Ich verbrachte eine volle Woche vor der Kamera und nahm 28 Stunden Videomaterial auf. Ich eignete mir alle möglichen Fähigkeiten an und stellte fest, daß ich meine Besorgtheit dem Fernsehen gegenüber weit hinter mir gelassen hatte.

Im folgenden Frühjahr erhielt ich einen Anruf von einem Produzenten der „CBS Up to the Minute News". Für ein fünfminütiges Interview über PhotoReading® sollte ich in Minneapolis per Satellitenübertragung direkt mit den Moderatoren im New Yorker Studio verbunden werden. Trotz aller Aufregung fühlte ich mich ruhig und gelassen.

Am Abend, als das Interview stattfinden sollte, sagte meine Frau zu mir, daß ich während des ganzen Tages sehr ruhig gewesen sei. Und ich fühlte mich wirklich gut. Ich freute mich darauf, die Show zu machen. Als ich zum CBS-Studio in Minneapolis kam, wurde ich in die sogenannte „Weltraum-Zentrale" geführt. Ich mußte mich in einen kleinen Raum setzen, der kaum größer als meine Abstellkammer war, und starrte in die Linse einer Kamera. Hinter mir hing eine Riesenpostkarte von Minneapolis im Morgengrauen an der Wand. Im Ohr hatte ich einen unbequemen Kopfhörer, eine direkte „Nabelschnur" nach New York.

Als die Satellitenverbindung hergestellt war, konnten die Leute in New York mich sehen und hören, aber ich konnte sie nur hören. Nachdem ich zum Moderator scherzhaft etwas von Spinat zwischen meinen Zähnen gesagt hatte, sagte der Produzent: „In Ordnung, Leute, noch 30 Sekunden." Dann überkam es mich.

Mein Herz begann plötzlich wie wild zu schlagen. Ich hatte das Gefühl, daß meine Krawatte auf meiner Brust flatterte. Ich war mir ziemlich sicher, daß man in New York das Pulsieren meiner Halsschlagader sehen konnte. Dann, es war fast magisch, stand ich auf der Plattform des „Pamper Pole" und schaute auf die ganze Nation. *„Dies ist keine Angst, es ist der Nervenkitzel meiner Karriere."* So schnell wie dieser Gedanke erschien, genauso schnell füllte sich mein Körper mit Energie. Ich fühlte die vollständige Verbindung zwischen Geist, Körper und Verstand mit Kraft und Absicht.

Das Interview verlief tadellos. Am nächsten Morgen stand das Telefon der Learning Strategies Corporation nicht mehr still. CBS rief zwei Tage später an, um mir zu sagen, daß sie ebenfalls Anfragen erhalten hätten, was völlig ungewöhnlich für sie sei. Die größte Auszeichnung erfolgte, als der Produzent mich erneut einlud, um eine Geschichte über die Paraliminal-Kassetten zu machen.

Entscheidender als jede andere Erfahrung in dieser Geschichte ist die Tatsache, daß jedesmal, wenn ich seither in den Medien auftrete, ich meinem Leben neue Fertigkeiten hinzufüge. Ich habe mir den Weg für lebenslanges Lernen in bezug auf Auftritte im Fernsehen eröffnet, und ich kann kontinuierliches Wachstum in Richtung auf meine beruflichen Ziele beobachten.

Setzen Sie den „New Option Generator" ein

Die Durchführung der sieben Übungen des Generators für neue Möglichkeiten ist darauf ausgelegt, die Energie, die sich mit einem paradoxen Lebensproblem verbunden hat, zu nutzen, um nützliche Verhaltensweisen als starke, verfügbare Ressourcen zu etablieren. Sie können diese Übungen allein durchführen oder sich von jemand anderem durch die Übungen 2 und 3 führen lassen. Sie können die Geschwindigkeit, mit der Sie die einzelnen Schritte absolvieren, selbst bestimmen und verändern.

Wenn Sie mit einem Partner zusammenarbeiten, der für sich ebenfalls eine Veränderung erwirken möchte, können Sie die Übungen 1 bis 3 im Wechsel durchführen. Dann vervollständigen Sie das Direkte Lernen gemeinsam oder jeder für sich. Machen Sie nach jedem Abschnitt der Übung eine Pause, um mit dem Partner darüber zu diskutieren, was jeder einzelne herausgefunden hat.

Folgende Übersicht des New Option Generators zeigt Ihnen die Reihenfolge der Schritte:

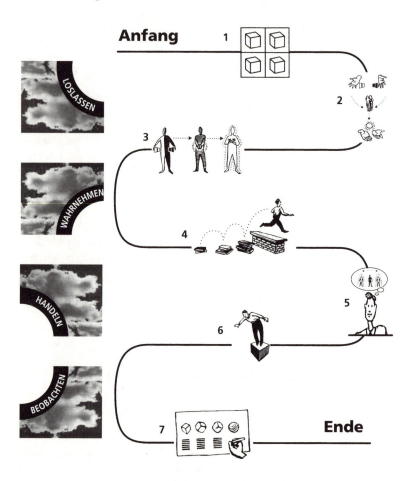

Übung 1: Definieren Sie das Problemthema

a) Identifizieren Sie ein Thema oder ein Problem, das Sie lösen möchten. Am besten wäre es, die Angelegenheit zu bearbeiten, die das Thema des Arbeitsblattes in Kapitel 8 (siehe Seite 143) war.

b) Nehmen Sie vier Blätter Papier – wenn Sie möchten, von verschiedener Farbe – und schreiben Sie in das jeweilige Zentrum den Namen eines der vier Quadranten: *Negatives in der Gegenwart, Positives in der Gegenwart, Negatives in der Zukunft, Positives in der Zukunft.*

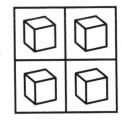

Negatives in der Gegenwart sind Probleme oder Nachteile, von denen Sie sich wegbewegen oder die Sie aus Ihrem Leben **eliminieren** möchten. Der Wille, diese Handlungsweisen oder Daseinszustände zu beenden, mag die Triebkraft Ihres Veränderungswillens sein.

Positives in der Gegenwart sind Vorteile, die Sie **behalten** oder nicht verlieren möchten, auch wenn Sie die derzeitigen Nachteile beseitigen, um das zu erhalten, was Sie erreichen möchten.

Negatives in der Zukunft sind Probleme oder Nachteile, die Sie **vermeiden** möchten, wenn Sie das erreichen, was Sie möchten.

Positives in der Zukunft sind Vorteile, die Sie durch die gewünschte Veränderung **erreichen** möchten. Der Wille, etwas Bestimmtes zu tun oder zu sein, kann die Antriebskraft Ihres Willens zur Veränderung sein.

c) Entspannen Sie sich und nehmen Sie eine lern- und aufnahmefähige Geisteshaltung ein. Folgen Sie dann den Anweisungen (siehe Seite 78 bis 84) zum Erreichen des Ressource-Zustandes der entspannten Wachheit. Denken Sie in diesem Entspannungszustand über jeden der vier Quadranten nach. Welche Erfahrungen repräsentiert jeder Quadrant? Erforschen Sie Ihre Gefühle und all die Bilder, die mit jedem der vier Quadranten verbunden sind.

Wenn Sie bereit sind, öffnen Sie die Augen, aber bleiben Sie in diesem entspannten und kreativen Zustand. Und dann schreiben oder malen Sie um jeden der Quadranten-Namen schnell die Worte oder Bilder, die jeden dieser Quadranten charakterisieren. Ihre Worte und Bilder können beides ausdrücken, **Handlungen** und **Seinszustände**. Machen Sie so lange mit dem Ausfüllen der Seiten weiter, bis Sie der Meinung sind, es sei genug. Wenn Ihnen später noch etwas in den Sinn kommt, fügen Sie es auf der jeweiligen Seite hinzu.

Wahlweise können Sie auch folgendes machen: Versehen Sie jeden Vermerk und jedes Bild mit einem Codebuchstaben für die Sinnesmodalität, die jedem Wort und jedem Bild zugeordnet werden kann – **v**isuell, **a**uditiv, **k**inästhetisch, **o**lfaktorisch, **g**ustatorisch. Schreiben Sie also den Buchstaben neben das jeweilige Bild oder Wort, das mit der Körpererfahrung korrespondiert, die auftaucht, wenn Sie über den entsprechenden Teil Ihres Lebens nachdenken.

Zum Beispiel hätte ich unter „Negatives in der Gegenwart" in bezug auf meine Herausforderung bei Fernsehauftritten geschrieben: *Der Gastgeber der Show sieht weg* (**V**) und *ich erstarre* (**K**). Jemand, der abnehmen möchte und herausgefunden hat, daß körperliches Training dafür förderlich ist (wenn er es regelmäßig macht), könnte schreiben: *„Couch potato"* („Stubenhocker") – **A/K** –, weil er sich selbst so nennt, wenn er sein Spiegelbild sieht und sich schämt, nicht trainiert zu haben. Oder er mag als Zeichen eine schmale Taille, ein **V** für visuell einfügen. Die Häufigkeit der niedergeschriebenen Buchstaben kann ein Anzeichen dafür sein, wie diese Vor- und Nachteile Sie beeinflussen.

d) Bestimmen Sie eine Ihrer Hände zur Gegenwartshand und die andere zur Zukunftshand; die eine enthält die *Gegenwart*, die andere die *Zukunft*. Um die Entscheidung leichter zu machen, welche Hand welche ist, sagen Sie einfach zu sich: „In der einen Hand sieht meine Zukunft strahlend aus", und achten Sie darauf, welche Hand sich beim Gestikulieren mehr bewegt. Die andere Hand hält dann die *Gegenwart*.

Übung 2: Integrieren Sie die Nachteile

a) Wenn Sie sich all die Nachteile, die Sie auf Ihrem Blatt für *Negatives in der Gegenwart* vermerkt haben, anschauen, spüren Sie die negativen Dinge auf, die dazu geführt haben, daß Sie diesen Themenkomplex aus Ihrem Leben streichen wollen. Benutzen Sie einfach Ihre kreative Vorstellungskraft, um all das gegenwärtig Negative in die „Gegenwartshand" zu plazieren. Stellen Sie sich all die Konsequenzen der Nachteile vor, verbunden mit all den damit einhergehenden Selbstbestrafungen. Wie sehen diese aus, was hören oder was fühlen Sie?

Jetzt stellen Sie sich vor, daß Sie in Ihrer Hand einen symbolischen Gegenstand halten, der all das gegenwärtig Negative repräsentiert, das Sie eliminieren möchten. Und während Sie diesen symbolischen Gegenstand in Ihrer Hand halten, achten Sie darauf, wie er aussieht und wie er sich anfühlt – die Größe, das Aussehen, das Gewicht, die Dichte, die Oberflächenbeschaffenheit, die Temperatur, die Farbe. Richten Sie Ihre besondere Aufmerksamkeit auf die Oberfläche. Gibt es Ecken oder Rundungen, ist sie rauh oder weich? Gibt es irgendwelche Töne, die zu diesem Objekt gehören? Stellen Sie sich einfach vor, daß Sie das Objekt nicht nur in dieser Hand, sondern auch im Arm und in der Schulter, in der dazugehörigen Körperseite, in dieser Gesichtshälfte, in dieser Seite der Brust, des Bauches, des Beckens, der Hüfte und in diesem Bein spüren können. Stellen Sie sich vor, daß in Ihrem Körper eine Mittellinie verläuft und die Körperseite, die das Thema enthält, von der anderen Seite trennt.

b) Und während Sie auf all die Nachteile schauen, die Sie unter *Negatives in der Zukunft* notiert haben, gehen Sie einmal in die Erfahrungen dieser negativen Dinge hinein, die Sie vermeiden wollen, während Ihre Wunschvorstellung für Sie wahr wird. Benutzen Sie einfach Ihre kreative Vorstellungskraft, um all das zukünftig Negative in die „Zukunftshand" zu plazieren. Stellen Sie all die Konsequenzen der Nachteile zusammen, verbunden mit all den damit einhergehenden Selbstbestrafungen. Wie sähen diese aus, was hören Sie und was fühlen Sie, wenn sie zum Tragen kämen?

Nun stellen Sie sich einmal vor, daß Sie in der einen Hand einen Gegenstand halten, der ein Symbol für all das zukünftig Negative darstellt, das Sie vermeiden wollen. Und während Sie diesen symbolischen Gegenstand in Ihrer Hand halten, achten Sie darauf, wie er aussieht und wie er sich anfühlt – die Größe, das Aussehen, das Gewicht, die Dichte, die Oberflächenbeschaffenheit, die Temperatur, die Farbe usw. Richten Sie Ihre besondere Aufmerksamkeit auf die Oberfläche. Gibt es Ecken oder Rundungen, ist sie rauh oder weich? Gibt es irgendwelche Töne, die zu diesem Objekt gehören? Stellen Sie sich einfach vor, daß Sie das Objekt nicht nur in dieser Hand, sondern auch im Arm und in der Schulter, in der dazugehörigen Körperseite, in dieser Gesichtshälfte, in dieser Seite der Brust, des Bauches, des Beckens, der Hüfte und in diesem Bein spüren können. Stellen Sie sich vor, daß in Ihrem Körper eine Mittellinie verläuft und die Körperseite, die das Thema enthält, von der anderen Seite trennt.

c) Nehmen Sie jede Seite als verschieden, getrennt von der anderen und in der jeweiligen Hand bzw. Körperhälfte präsent, wahr. Erleben Sie das Ausmaß dieser „Keiner kann gewinnen"-Situation, die zwischen den Gegenspielern schon so viele Jahre existiert hat, wobei jede Seite glaubt, den Schlüssel zum Erfolg in der Hand zu halten, und daß die andere Seite im Unrecht sei. *Werden Sie sich auch darüber klar, daß jede Seite immer eine einzelne positive Absicht gehabt hat – Sie zu schützen, damit Sie Ihr Leben auf effektive Weise leben konnten.*

d) Rufen Sie den Teil Ihres Selbst herbei, der der Friedensstifter ist. Stellen Sie sich wie bei der Genfer Konvention einen Friedenstisch vor, an dem diese widerstreitenden Kräfte miteinander reden. Führen Sie einen Dialog hierbei zwischen dem gegenwärtig Negativen, das Sie eliminieren, und dem zukünftig Negativen, das Sie vermeiden möchten. Beide Seiten können dabei voneinander lernen, Ihr Leben in eine Balance und Harmonie zu bringen.

e) Und in einem Tempo, das Ihrer Fähigkeit loszulassen, angemessen ist, und um das aus diesen vorher so gegensätzlichen

Weltsichten Gelernte zu integrieren, können Sie beide Seiten des Körpers zusammenfügen, indem Sie Ihre Hände zusammenführen. Und während sich die Handflächen sanft berühren, können Sie bemerken, wie sich eine Veränderung in den Händen, den Armen, in Ihrem Gesicht, im Körper und in den Beinen vollzieht. Nehmen Sie dieses neue Gefühl und dieses neue Bild wahr. Und Sie können einen neuen symbolischen Gegenstand in Ihren Händen spüren.

Und um diese Integration zu vervollständigen, führen Sie dieses neue Ressourcen-Symbol zur Mitte Ihrer Brust; und mit einem tiefen Atemzug atmen Sie all diese Ressourcen in sich ein. Während Sie das tun, stellen Sie sich vor, wie all dieses Lernen aus Ihrer Lebensgeschichte, all die mit dem Thema verbundene Energie nun ganz integriert ist und Ihnen zur Verfügung steht; allein darauf ausgerichtet, Ihnen zu helfen, Ihre höchsten Ziele im Leben zu erreichen.

Übung 3: Integrieren Sie die Vorteile

In diesem Teil der Übung werden Sie sich die Gegensätze des gleichen Themas in den jeweiligen Händen vorstellen. Diesmal werden Sie darstellen, wie jede Seite erfolgreich gearbeitet hat, um das zu erhalten, was Sie sich im Leben wünschen. Mit anderen Worten, Sie werden alle Vorteile und allen Nutzen darstellen. In jede Hand werden Sie die Erfahrungen derjenigen mit dem betreffenden Thema verbundenen Verhaltensweisen hineinlegen, in denen Sie *angemessen gehandelt haben, mit den Ergebnissen einverstanden waren und am Ende jene Gefühle hatten, die Sie sich gewünscht haben.* Schauen Sie sich die Eintragungen auf beiden Seiten an, um in sich die damit verbundenen Gefühle der beiden Quadranten wachzurufen.

Identifizieren Sie wieder jede Seite klar als verschieden und getrennt voneinander. Plazieren Sie das Positive in der Gegenwart dorthin, wo das Negative in der Gegenwart gewesen ist. Und plazieren Sie *das Positive in der Zukunft* dorthin, wo das Negative in der Zukunft gewesen ist. Dann führen Sie Ihre Hände zusammen. Hier ist die Anleitung für die Integration des Positiven in der Gegenwart und des Positiven in der Zukunft:

a) Während Sie sich die Vorteile ansehen, die Sie auf der Seite des *Positiven in der Gegenwart* notiert haben, erleben Sie nun all die positiven Dinge, die Sie für sich behalten möchten. Benutzen Sie Ihre kreative Vorstellungskraft, um das *Positive in der Gegenwart* in die „Gegenwartshand" zu legen. Stellen Sie sich all die Konsequenzen der Vorteile vor, mit den damit verbundenen Belohnungen. Wie sehen diese aus, was hören Sie, und was fühlen Sie? Jetzt stellen Sie sich vor, daß Sie in der Hand einen symbolischen Gegenstand halten, der all die Vorteile und all den Nutzen in der Gegenwart repräsentiert, die Sie behalten möchten.

Und während Sie diesen symbolischen Gegenstand in Ihrer Hand halten, achten Sie darauf, wie er aussieht und wie er sich anfühlt – die Größe, das Aussehen, das Gewicht, die Dichte, die Oberflächenbeschaffenheit, die Temperatur, die Farbe usw. Richten Sie Ihre besondere Aufmerksamkeit auf die Oberfläche. Gibt es Ecken oder Rundungen, ist sie rauh oder weich? Gibt es irgendwelche Töne, die zu diesem Objekt gehören? Stellen Sie sich einfach vor, daß Sie das Objekt nicht nur in dieser Hand, sondern auch im Arm und in der Schulter, in der dazugehörigen Körperseite, in dieser Gesichtshälfte, in dieser Seite der Brust, des Bauches, des Beckens, der Hüfte und in diesem Bein spüren können. Stellen Sie sich vor, daß in Ihrem Körper eine Mittellinie verläuft, und die Körperseite, die das Thema enthält, von der anderen Seite trennt.

b) Während Sie die Vorteile betrachten, die Sie auf dem Blatt für das *Positive in der Zukunft* notiert haben, erleben Sie all die positiven Dinge, die Sie für sich erreichen werden, wenn Ihr Wunsch sich erfüllt. Benutzen Sie Ihre kreative Vorstellungskraft, um das *Positive in der Zukunft* in die „Zukunftshand" zu plazieren. Stellen Sie sich all die Konsequenzen der Vorteile und des Nutzens mit den damit verbundenen Belohnungen vor. Wie sehen diese aus, was hören und was fühlen Sie, wenn sie in Erfüllung gehen?

Nun stellen Sie sich vor, daß Sie in der einen Hand einen Gegenstand halten, der ein Symbol für das Positive in der Zukunft darstellt, das Sie erreichen wollen. Und während Sie diesen symbolischen Gegenstand in Ihrer Hand halten, achten Sie darauf, wie er aussieht und wie er sich anfühlt – die Größe, das Aussehen, das Gewicht, die Dichte, die Oberflächenbeschaffenheit, die Temperatur, die Farbe usw. Richten Sie Ihre besondere Aufmerksamkeit auf die Oberfläche. Gibt es Ecken oder Rundungen, ist sie rauh oder weich? Gibt es irgendwelche Töne, die zu diesem Objekt gehören? Stellen Sie sich einfach vor, daß Sie das Objekt nicht nur in dieser Hand, sondern auch im Arm und in der Schulter, in der dazugehörigen Körperseite, in dieser Gesichtshälfte, in dieser Seite der Brust, des Bauches, des Beckens, der Hüfte und in diesem Bein spüren können. Stellen Sie sich vor, daß in Ihrem Körper eine Mittellinie verläuft, und die diese Körperseite, die das Thema enthält, von der anderen Seite trennt.

c) Nehmen Sie jede Seite als verschieden und getrennt von der anderen wahr. Und Sie wissen, daß sie in der jeweiligen Hand und der jeweiligen Körperseite anwesend ist. Erleben Sie das Ausmaß dieser „Keiner kann gewinnen"-Beziehung, die zwischen den Gegenspielern schon so viele Jahre existiert hat, als jede Seite glaubte, den Schlüssel zum Erfolg in der Hand zu halten, und Sie den Glauben hatten, daß Sie nicht beides haben können. *Werden Sie sich auch darüber klar, daß jede Seite immer eine einzelne positive Absicht gehabt hat – Sie dazu zu bringen, ihr Leben auf effektive Weise zu leben.*

d) Rufen Sie den Teil Ihres Selbst herbei, der der Friedensstifter ist. Stellen Sie sich wie bei der Genfer Konvention einen Friedenstisch vor, an dem diese widerstreitenden Kräfte miteinander reden. Führen Sie einen Dialog mit dem Positiven in der Gegenwart, das Sie bewahren und dem Positiven in der Zukunft, das Sie erreichen möchten. Beide Seiten können dabei voneinander lernen, wie sie Ihr Leben in eine Balance und Harmonie bringen.

e) Und in einem Tempo, das Ihrer Fähigkeit, loszulassen, angemessen ist, und um das aus diesen vorher so gegensätzlichen

Weltsichten Gelernte zu integrieren, können Sie beide Seiten des Körpers zusammenfügen, indem Sie Ihre Hände zusammenführen. Und während sich die Handflächen sanft berühren, können Sie bemerken, wie sich eine Veränderung in den Händen, den Armen, in Ihrem Gesicht, im Körper und in den Beinen vollzieht. Nehmen Sie dieses neue Gefühl und dieses neue Bild wahr. Und Sie können einen neuen symbolischen Gegenstand in Ihren Händen spüren.

Und um diese Integration zu vervollständigen, führen Sie einfach dieses neue Ressourcen-Symbol zur Mitte Ihrer Brust; und mit einem tiefen Atemzug atmen Sie all diese Ressourcen ein. Während Sie das durchführen, stellen Sie sich vor, wie all dieses Lernen aus Ihrer Lebensgeschichte, all die mit Ihrem Thema verbundene Energie, nun ganz integriert ist und Ihnen zur Verfügung steht; allein darauf ausgerichtet, Ihnen zu helfen, Ihre höchsten Ziele im Leben zu erreichen.

Anmerkung: Nachdem Sie die Übungen 1, 2 und 3 durchgeführt haben, setzt sich ein großer Teil des Lernprozesses auf einer anderen als der bewußten Ebene fort. Für einige Menschen können schon einige Minuten der Ruhe oder ein Schläfchen ausreichen, bevor sie fortfahren. Andere Menschen brauchen vielleicht einige Nächte Schlaf. Andere wiederum berichten auch, daß sie einen Heißhunger auf „Gehirnnahrung" entwickelten. Machen Sie zumindest eine kurze Pause und trinken Sie ein Glas Wasser.

Übung 4: Setzen Sie das Direkte Lernen ein

a) Suchen Sie sich fünf Bücher aus, die sich thematisch auf Ihr wichtiges Lebensthema beziehen und Ihnen diesbezüglich Wissen und Fähigkeiten anbieten. Drei von ihnen sollten direkt mit dem Kernthema zu tun haben; zwei weitere sollten es metaphorisch behandeln oder sich indirekt darauf beziehen. (Siehe auch Kapitel 10 *„Springen Sie mit dem Direkten Lernen über Leistungsbarrieren"*)

b) Gehen Sie an jedes Buch mit einer klaren Absicht heran. Begeben Sie sich in den Zustand entspannter Wachheit und beginnen Sie mit dem PhotoLesen. Sie können in diesem Zustand bleiben und alle Bücher auf einmal photolesen, oder Sie können zwischen den Büchern eine Pause machen und fünf getrennte Photo-Lesungen durchführen. Ich halte es in jedem Fall für unbedingt notwendig, daß Sie Ihre spezielle Absichtsformulierung wiederholen, vor jedem Buch, das Sie photolesen.

Sie können sich auch überlegen, ob Sie Ihre Absichtsformulierung vor jedem einzelnen Buch leicht verändern wollen, um sicherzustellen, daß Ihr Bewußtsein die Bedeutung jeden Buches für die alles übergreifende Zielvorstellung versteht. Wenn es zum Beispiel Ihr Ziel ist, das Aufschieben von Dingen zu überwinden, um Erfolg im Geschäftsleben zu haben, können Sie sich Bücher über das Treffen von Entscheidungen, über Motivation und Zeitmanagement auswählen. Für ein Buch können Sie sich sagen: „Ich möchte gerne die Informationen aus diesem Buch nutzen, damit sie mir helfen, rasche Entscheidungen zu treffen." Für das nächste Buch könnten Sie sich vornehmen: „Ich möchte mir die Informationen in diesem Buch aneignen, um meine Motivation zu steigern und um die Zeit während meines Arbeitstages vernünftig zu nutzen."

c) Wenn Sie wollen, verbringen Sie 5 bis 15 Minuten damit, jedes Buch bewußt zu erkunden. Das ermöglicht Ihrem Gehirn, den Prozeß zu beginnen, bei dem sich die Basis Ihres neuen inneren Wissens mit Ihren Körperreaktionen verbindet, um Ihr Ziel zu erreichen. Während der nächsten Tage und Wochen nehmen Sie wahr, wie ganz spontan positive Verhaltensänderungen in Ihrem Leben auftauchen.

Übung 5: Simulieren Sie die Zukunft und verändern Sie die Vergangenheit

a) Gehen Sie mit Ihrer kreativen Vorstellungskraft in die Zukunft, und erleben Sie, wie die von Ihnen gewünschten neuen

Wahlmöglichkeiten und Verhaltensweisen in Ihrem Leben wirken. Spielen Sie das „Als-ob-Spiel", in dem Sie eine zukünftige Situation erleben, und das Erreichen Ihrer gewünschten Resultate genießen.

b) Fahren Sie mit dem „Als-ob"-Spiel fort. Stellen Sie sich ein erfolgreiches Funktionieren dieser neuen Denk-, Fühl- und Verhaltensmuster in Ihren gegenwärtigen Lebensumständen vor (oder in der jüngsten Vergangenheit, nicht länger als drei Monate zurückliegend). Und wie bei jeder kreativen Vorstellung achten Sie darauf, daß Sie dabei all Ihre fünf Sinne lebhaft einsetzen. Beziehen Sie Sehen, Hören und Fühlen in Ihre Freude über Ihre Erfolgserfahrungen ein.

c) Stellen Sie sich schließlich vor, wie Ihr Leben in der Vergangenheit unter der Annahme verlaufen wäre, daß all die neuen Wahlmöglichkeiten Ihnen schon vor fünf Jahren zur Verfügung gestanden hätten. Gehen Sie vollständig in diese Vorstellung hinein, wie Sie diese neuen Muster in dieser Situation in der Vergangenheit anwenden, und wie Sie es genießen, die erwünschten Ergebnisse zu erhalten.

Denken Sie kurz daran, wie unterschiedlich Ihr jetziges Leben unter der Voraussetzung ist, daß Sie schon vor fünf Jahren all diese Wahlmöglichkeiten genutzt und umgesetzt haben.

Und bedenken Sie dann auch, wie unterschiedlich in fünf bis zehn Jahren Ihre Zukunft aussieht, unter der Voraussetzung, daß Sie diese Wahlmöglichkeiten bereits vor fünf Jahren gehabt haben.

Übung 6: Nehmen Sie die Lern-Herausforderung an

Während des „Natural Brilliance Retreat" absolvieren die Teilnehmer das „Kletter-Abenteuer", um eine Lerngelegenheit kennenzulernen, die physisch wie emotional herausfordernd ist. Hier durchleben die Teilnehmer eine Lern-Herausforderung, die ein hohes wahrgenommenes, jedoch tatsächlich niedriges Risiko beinhaltet.

Für jedermann außerhalb des „Natural Brilliance Retreat" bietet, allgemein gesagt, das Leben genug an Herausforderungen, um das zu aktivieren, was wir gelernt haben. In diesem Buch habe ich z.B. erzählt, daß meine Teilnahme bei Toastmasters und die Auftritte im Fernsehen mein Weg waren, mich mit meinen Blockaden in bezug auf öffentliches Reden auseinanderzusetzen. Führen Sie die Dinge, die Sie am meisten fürchten, durch, wo es im Falle eines Versagens am ungefährlichsten für Sie ist. Das ist Ihr Szenario für ein „hohes wahrgenommenes, jedoch tatsächlich niedriges Risiko". Um diesen Schritt näher zu betrachten, möchte ich die Aufgaben, die wir im Natural-Brilliance-Kurs durchführen, beschreiben.

a) Suchen Sie eine Herausforderung oder einen Lernschritt, der die Oszillation hervorruft, die mit Ihrem Lebensthema verbunden ist. Beschreiben Sie, wie die körperliche Herausforderung – wie mein Erlebnis auf dem „Pamper Pole" – eine Metapher für die paradoxe wichtige Lebensfrage darstellt. Bemühen Sie sich wirklich, die „Keiner gewinnt"-Situation in Ihrem vollen Ausmaß in Ihrem Körper wiederzuerleben, während Sie die Metapher beschreiben.

b) Planen Sie mit einem Partner, wenn nötig, mit einem „Schutzengel", Ihre persönliche Herausforderung.

c) Bevor Sie den Lernschritt tun, lassen Sie Ihr Bedürfnis nach Kontrolle über das Ergebnis bei Ihrem Thema los. Lösen Sie sich auch von jeglicher unnützen Spannung in Ihrem Körper. Machen Sie sich sensibel gegenüber Ihrer Innenwelt und der Welt um Sie herum. Nehmen Sie eine neugierige, offene Bewußtseins- und Körperhaltung ein, so daß Sie all das wahrnehmen können, was geschieht, wenn Sie sich der Herausforderung des ersten Lernschrittes stellen.

d) Besprechen Sie hinterher diese Erfahrung mit dem Partner. Beschreiben Sie Ihre Einsichten und die Art und Weise, wir Ihr Bewußtsein und Ihr Körper reagierten, um das von Ihnen herbeigeführte Ergebnis zu erreichen. Erforschen Sie, wie diese

> „In einem Retreat sollte ich auf einer Holzbohle in acht Meter Höhe über dem Boden entlangbalancieren. Mich überkam die nackte Angst. Dann erinnerte ich mich, wie ich es bei der Natürlichen Brillanz lernte – über die Vorstellung, daß die Holzbohle auf dem Boden läge. Die Panik verschwand, und ich tanzte nahezu über die Holzbohle."
>
> *Chris Payne,*
> *Manager, LifeTools,*
> *Ltd. England*

Einsichten Ihnen helfen können, Ihre gewünschten Resultate herbeizuführen.

Übung 7: Halten Sie Ihre Errungenschaften fest

Das Modell der Natürlichen Brillanz leitet Sie an, durch Erfahrung zu lernen und Ihre neuen Fähigkeiten und Ihr neues Wissen in Ihr Leben zu integrieren. Erfahrung lehrt am machtvollsten und ehrlichsten, aber wir nehmen die Botschaft nicht immer bewußt wahr. Jeden Tag während des „Natural Brilliance Retreat" nehmen sich die Teilnehmer die Zeit, zu hinterfragen, welche Meilensteine sie in ihrer Erfahrung erreicht haben. Jeden Tag erhalten sie eine Rückmeldung darüber, ob sie zielorientiert leben oder nicht.

Sie können den Transfer des Erfahrungslernens in das bewußte Wahrnehmen dadurch unterstützen, daß Sie das Erreichte bewußt beobachten und es im Auge behalten.

Hier einige Vorgehensweisen dazu:

> „Beim Lernen brauche ich sechs Versuche, bis ich meinem inneren Bewußtsein vertraue. Wenn ich unterrichten soll, dann brauche ich sechs Proben, bis ich mich sicher fühle. Wenn ich eine Fremdsprache lerne, stelle ich fest, daß ich mich dem Stoff sechsmal aussetzen muß, um etwas zu erreichen. Obwohl ich glaube, daß einmal ausreicht, damit der Geist die Information aufnimmt, braucht man sechs Erfahrungen, bevor das Vertrauen in die eigenen Lernfähigkeiten stark genug ist."
>
> Peter Kline,
> *Geschäftsführer von Integra Learning Systems*

➤ Schreiben Sie täglich auf, was Sie erreicht haben. Notieren Sie die einschränkenden Glaubenssätze, die Sie abgelegt haben, und achten Sie auf die Wahlmöglichkeiten, die Sie jetzt wahrnehmen. Würdigen Sie Ihre neuen Reaktionen und Handlungsweisen, die Sie gezeigt haben, und die Lernprozesse, die Sie beobachten.

➤ Wenn Sie bei der Arbeit sind, registrieren Sie für sich, wie die Auswahl an neuen Möglichkeiten Erfolg bringt.

➤ Treffen Sie sich wöchentlich – oder monatlich – mit einem Partner, um die Lebenserfahrung zu integrieren und auf Kurs zu bleiben.

➤ Fertigen Sie ein MindMap darüber an, was Ihnen bezüglich dieses Lebens passiert ist. Wenn Sie mit der MindMap-Methode nicht so vertraut sind, machen Sie einfach Notizen über Ihre Erfahrungen, so daß Sie Ihre Schlüsselerlebnisse chronologisch dokumentieren und Ihre persönlichen Reaktionen darauf besonders herausstellen.

- ➤ Versprechen Sie sich selbst oder Ihrem Partner, Ihre Natürliche Brillanz in all Ihren Lebensbereichen offenzulegen, während Sie weiterhin aus der Erfahrung lernen und sich die Fähigkeiten aneignen, die Sie zum Erfolg benötigen.
- ➤ Träumen Sie und interpretieren Sie dann Ihre Träume in Hinsicht darauf, wie diese zu dem Erreichten beitragen. Träume können nützliche Informationen über stattfindende innere Veränderungen liefern. Wagen Sie, davon zu träumen, welch ungeheures Potential Sie verwirklichen können.
- ➤ Zeichnen Sie ein Bild, fertigen Sie eine Skulptur, komponieren Sie ein Musikstück, schreiben Sie ein Gedicht oder tanzen Sie, um dem von Ihnen Erreichten Ausdruck zu verleihen.

Zusammenfassung

Spielen Sie mit dem „New Option Generator", um Ihre Selbstbeschränkungen zu durchbrechen. Entdecken Sie die Leichtigkeit des Lebens in der Harmonie mit Ihrem Lebenssinn.

Das Universum sagt „JA" zu Ihnen. Welche Fragen werden Sie stellen? Welche Ziele werden Sie suchen? Wieviel Genuß können Sie ertragen? Wieviel Freude möchten Sie erleben?

Sie wissen, daß Sie noch mehr erreichen können, sobald Sie mit dem Oszillieren aufhören. Der „New Option Generator" bringt Ihre internen und externen Energien auf eine Linie, richtet sie aus. Er gibt die Gewähr für ein müheloses und entspanntes Voranschreiten in Richtung Erfolg auf Lebensgebieten, in denen Sie vielleicht in der Vergangenheit steckengeblieben sind. Je mehr Sie spielen und auf Entdeckungsreise gehen, desto mehr werden Sie erfahren und lernen. Lernen ist der sicherste Weg, Ihre Genialität freizusetzen und Ihre Natürliche Brillanz erstrahlen zu lassen!

Bleiben Sie dran

Herzlichen Glückwunsch zu Ihrer wiedererlangten Verbindung mit Ihrer Natürlichen Brillanz. Auf dem Weg zu Ihrem persönlichen Erfolg setzt die Natürliche Brillanz mit jedem Schritt die Fülle Ihrer persönlichen Genialität frei. Auf dem Weg zum Ziel werden Sie neue Fähigkeiten entdecken und neue großartige Strategien enthüllen, von denen Sie bisher nichts wußten. Ihre Aufnahmefähigkeit, Schöpfungskraft und Ihr Durchhaltevermögen wird mit jedem Tag stärker werden und Ihnen Kraft geben, weit über Ihre bisherigen Grenzen hinauszugehen.

Jede Reise außerhalb Ihres Komfort-Bereichs beinhaltet immer auch Risiken. Ich erwarte, daß Ihr Weg Sie auch in unbekannte Gebiete führen wird. Dieses Kapitel gibt Ihnen Hinweise, was Ihnen auf Ihrem Weg begegnen kann. Wie schwierig Ihr Weg auch werden mag, suchen Sie Trost darin, daß Ihre Natürliche Brillanz selbst die dunkelsten Plätze beleuchten kann. Lassen Sie mich meine eigene Erfahrung als Beispiel beschreiben.

Während der Entwicklung des Kurses „Natürliche Brillanz" versammelten sich neunzehn Menschen aus den USA zu einem Wochenend-Workshop. Für Samstagnacht hatten wir eine Nachtwanderung angesetzt. Wie ich es in Kapitel 5 beschrieben habe, bedeutet das, in der vollkommenen Dunkelheit einer mondlosen Nacht durch die Natur zu wandern.

Nach Durchführung einiger Übungen über das Wandern mit voller geistiger Wachheit, gingen wir zehn Minuten eine Allee entlang, um ein Gefühl für diesen Prozeß zu bekommen. Wir setzten unsere Nachtwanderhelme auf, an denen je eine luminizierende Perle am Ende eines 45 cm langen Stabes befestigt war. Die Perle gibt uns einen zu fokussierenden Punkt, der uns den PhotoFokus für alles in der Ferne und um uns herum vermittelt. Die neunzehn Menschen folgten mir bei diesem langsamen und gleichmäßigen Spaziergang. Jeder ging ca. zehn Schritte hinter dem anderen her. Als wir den Startpunkt unseres Nachtspazierganges erreichten, präsentierte ich noch einige abschließende Aspekte über Entspannung und Vertrauen.

„Sie müssen offen für alles sein, was geschieht, und im Raum vollkommener Klarheit verweilen, auch wenn alle um Sie herum schreien: ‚Versteck dich! Lauf! Schrei!' Nur wenn Sie völlig offen sind, sind Sie in der Lage, die Situation in ihrer Gesamtheit wahrzunehmen, in ihrer Ganzheit zu erfassen, in dem Raum in Ihnen, der all die Zeit hat, die Sie brauchen, um die exakt passende und elegante Lösung für das interessante Problem vor Ihnen finden zu können."

Aus einer Einführung für ein Nahkampftraining.

Marcus Wynne, *Trainings-Entwickler und Berater, spezialisiert auf die Aufrechterhaltung entscheidender Fähigkeiten in Streßsituationen*

Ich sagte: „Wenn es keine weiteren Fragen gibt, dann stellen wir uns jetzt in einer Reihe auf und gehen los! Die erste Person folgt mir." Mit absolutem Vertrauen schritt ich über eine 75 Fuß breite Lichtung zum Start des zwei Meilen langen Waldweges. Plötzlich merkte ich, daß ich am Waldesrand stand, von wo die Nachtwanderung beginnen sollte ... aber ich konnte nicht das geringste sehen. Der Schock, komplett blind zu sein, während neunzehn andere Menschen hinter mir gingen, ließ meine Glieder erstarren. Mit steifen und ruckartigen Bewegungen tasteten sich meine Füße in dieser abgrundtiefen Dunkelheit Schritt für Schritt voran.

Sofort durchströmten meinen Geist siebenhundert unterschiedliche Entschuldigungen dafür, wie wir wieder aus diesem Desaster herauskommen sollten. „Vergiß die Tatsache, daß diese Nachtwanderung das ist, worauf die Leute gewartet haben. Ich kann nichts sehen! Das wird nicht funktionieren!" Genau das ging mir durch den Kopf.

So schnell wie die Panik kam, so schnell sprach auch die innere Stimme der Genialität zu mir: „Dein Gehirn kann es schaffen, Paul. Vertrau diesem Prozeß."

„Ja!" dachte ich. „Loslassen ... Nimm die Perle wahr und geh weiter."

Ich hatte keine bewußte Wahrnehmung darüber, ob wir gleich gegen einen Baum oder ins Dickicht laufen würden, aber erstaunlicherweise bewegte ich mich in perfektem Rhythmus und absoluter Balance. Mit jedem Schritt wurde mein inneres Bewußtsein wacher und präziser, mein Atem wurde tiefer und entspannter. Ich konnte eine komplette Transformation erleben von vorsichtigen, stockenden und unsicheren Schritten hin zu langem, sicherem, gleichmäßigem Schreiten.

Die Geschichten, die die Teilnehmer nach dieser Nachtwanderung erzählten, waren wunderbar, aber keine Geschichte hat mich so beeindruckt wie meine eigene. Ich wechselte praktisch sofort von totaler Oszillation zum Erfolg. Eine unmittelbare Transformation von einer Blockade zum höchsten Zustand des Lernens ist genau das, was ich Ihnen in diesem Buch anbiete. Um dies zu prüfen, müssen Sie Ihr Leben mit einer Leidenschaft für das Lernen und einer Verpflichtung zum Erfolg leben.

Die meisten Menschen suchen in irgend etwas oder irgend jemandem einen Schuldigen, den sie dann für die eigenen Begrenzungen und Hindernisse verantwortlich machen. Wenn Sie Schuldzuweisungen machen, verlieren Sie garantiert an Kraft und bleiben blockiert. Wenn Sie jedoch entscheiden, daß Sie Ihren eigenen Anteil zu der Blockierung beigetragen haben, dann werden Sie Ihre Kraft steigern und sich selbst zum Erfolg bringen. Wenn Sie vollständig akzeptieren, daß es kein Versagen, sondern nur Ergebnisse gibt, dann gibt es keine Notwendigkeit für Schuldzuweisungen mehr. Scham verschwindet; Ego und Stolz spielen keine Rolle mehr. Fokussieren Sie Ihre großen Talente mit dem Modell der Natürlichen Brillanz, und Sie werden aus jedem Tag Ihres Lebens das Beste machen.

Dieses Kapitel zeigt Ihnen Wege, wie Sie auf Ihrem Weg zum Erfolg bleiben können, selbst wenn Ihre Begrenzungen Sie blind machen. Hindernisse und Begrenzungen sind im grundlegenden Aufbau unserer Neurophysiologie angelegt, so wie in der Kultur, in der wir aufgewachsen sind. Die häufigsten dieser begrenzenden Barrieren wurden von James Adam in seinem Buch „*Conceptual Blockbusting*" beschrieben und werden in den folgenden Abschnitten dieses Kapitels erläutert. Ich möchte Sie einladen, die Begrenzungen zu überwinden, die dazu führen, daß Sie blind gegenüber Ihren riesigen Ressourcen sind, die Ihnen zur Verfügung stehen. Nutzen Sie die nachfolgenden Ideen, um auf Erfolgskurs zu bleiben und um Ihren Fortschritt zu beschleunigen.

Sehen Sie, was man nicht sehen kann: Überwinden Sie die Wahrnehmungshindernisse

Unsere sensorischen Systeme und unser Gehirn sind so aufgebaut, daß sie sehr schnell arbeiten. Das Gehirn erkennt Muster. Wir neigen dazu, das zu sehen, was wir erwarten, und konzentrieren uns auf das, was wir wiedererkennen. Wenn Sie Schwierigkeiten damit haben, ein Problem zu isolieren, dann können Sie folgende Übung durchführen:

Nutzen Sie alle Ihre Sinnessysteme, um Ihre Umgebung zu entdecken und wahrzunehmen ... außen und in Ihrem Inneren. Erkunden Sie das Geschehen von verschiedenen Blickwinkeln aus und nehmen Sie mehr von den Informationen wahr, die an der Oberfläche vorhanden sind. Sobald ein sensorisches System gesättigt ist und sich an den Sinnesreiz gewöhnt hat, dann verändern Sie die Art der Wahrnehmung. Verändern Sie Ihren Zustand und bleiben Sie auf Entdeckungskurs. Werden Sie neugierig.

Spüren Sie die Angst: Überwinden Sie emotionale Blockaden

Sie mögen Versagen genausowenig wie ich. Die meisten von uns lernen schon früh, Versagen zu minimieren und Erfolg zu maximieren. Dies führt zu einer geringen Toleranz gegenüber Mehrdeutigkeiten, der Angst vor dem Versagen, mangelnder Chaos-Toleranz und dem Zwang zum schnellen Erfolg. Als Folge davon finden es viele von uns einfacher, neue Ideen anderer Menschen zu beurteilen, als eigene Ideen zu entwickeln.

Entwickeln Sie die Fähigkeit, sich zu entspannen und über Ihre Probleme zu schlafen. Erzeugen Sie Ideen ... um so besser, wenn Sie scheinbar vom Weg abführen. Sie werden Sie dazu führen, mehr Zugang zu Ihrer Phantasie zu gewinnen. Während Sie Leichtigkeit beim Umgang mit Ihrer Imagination gewinnen, entwickeln Sie paradoxerweise gleichzeitig Ihre Fähigkeit, die Realität von der Phantasie unterscheiden zu können.

In meinen Kursen höre ich Erwachsene oft sagen: „Oh, ich bin beim Puzzeln nicht besonders gut." Steigen Sie in die Herausforderung der Problemlösung ein, anstatt schon vor dem Start aufzugeben. Es ist in Ordnung, wenn Sie starke dunkle Emotionen spüren, während Sie etwas Neues erlernen. Furcht, Angst und Traurigkeit sind ganz normal in Lernsituationen. Wenn Sie diese

Gefühle unterdrücken, so werden sie fortbestehen. Wenn Sie sie aber zulassen, können Sie die emotionalen Wunden, die diese Gefühle verursacht haben, überwinden.

Hinter der Wunde wartet ein faszinierender kreativer Teil Ihrer Persönlichkeit, der vor Jahren entmutigt wurde. Wenn Sie Ihr kreatives Selbst befreien, dann entfesseln Sie damit eine enorme Kraft, Ihr Leben zum Besten zu verändern.

Hinterfragen Sie:
Überwinden Sie kulturelle Hindernisse

Ein Teil der amerikanischen Kultur, der Teil, der aus den Anfängen der Pionierzeit stammt, basiert auf Regeln, Tabus, Logik und Respekt gegenüber Hierarchien und Traditionen. Dieser regelgeplagte Teil unserer Kultur weist Phantasie und Reflexion als vergeudete Zeit zurück, Spielerei als etwas nur für Kinder, und Problemlösungsprozesse als ein seriöses Geschäft, in dem Humor nichts zu suchen hat.

Bei der Natürlichen Brillanz müssen wir aber unsere Gefühle und unsere Intuition genießen können. Feiern Sie Freude und Verspieltheit, als beste Regel von allen. Ich möchte Sie ermutigen, Meditation und Humor einzusetzen, mehr mit weniger zu erreichen und traditionelle Tabus, für die es keine gültige Basis gibt, zu hinterfragen.

Sagen Sie, was Sache ist:
Überwinden Sie die Hindernisse in Ihrer
Umgebung

Wie oft haben Sie Freunden davon erzählt, daß Sie etwas Neues, wie beispielsweise PhotoReading®, erlernen, nur um als Antwort etwas Geringschätziges zu hören, das gegen Ihren Enthusiasmus zielte. Dieser Spott der anderen lautet zum Beispiel: „Du machst wohl Witze?!" oder: „Ja, sicher doch. Wenn es funktioniert, laß es mich wissen; ich werde dich dann testen."

Sehen Sie den Tatsachen ins Auge. Mangelnde Kooperation und fehlendes Vertrauen sind viel weiter verbreitet als die Unterstützung neuer Ideen. Menschen, die in einem Team arbeiten, kennen bestimmt den Typus des selbstherrlichen Menschen, der nur seine eigenen Ideen schätzt und selten den Beitrag der anderen honoriert.

Was kann man da machen? In der Star-Wars-Trilogie schwört der Jedi-Ritter Luke Skywalker, daß er sich niemals dem Darth Vader anschließen werde, selbst wenn dieser sein Vater sei. Aber am Ende riskiert Luke sein Leben, um das Gute im Bösen des Darth Vader zu entdecken. Schließen Sie sich diesem Feldzug an, um die innere Genialität der Menschen aus Ihrem Umfeld zu befreien. Seien Sie geduldig und unbeirrt mit sich selbst und den anderen.

Wenn Sie andere dabei ertappen, wie sie Ihre Bemühungen für eine bessere Welt sabotieren, suchen Sie nach der Angst, die die anderen zu ihrem reflexartigen Abwehrverhalten führt. Bedenken Sie, daß wir uns alle gemeinsam auf dieser Welt befinden. Gemeinsam können wir Probleme lösen, die uns und unsere Unternehmen blockieren.

Überwinden Sie intellektuelle Hindernisse

Ist es möglich, zuviel zu denken? In einem Artikel der *Washington Post* mit dem Titel „Begründete Entscheidungen sind nicht immer richtig" beantwortet der Autor Malcolm Gladwell diese Frage mit „ja". Dieser Artikel faßt viele Studien aus dem Bereich der Kognitionspsychologie zusammen und zeigt, daß rationales Denken zu Entscheidungsfindung führt, die wir dann später bedauern, und zuviel Denken kann zu Entscheidungen führen, die, nach objektiven Maßstäben, schlecht sind.

Die Menschen neigen dazu, Probleme mit Hilfe von unflexiblen und unzulänglichen Strategien zu lösen, die auf zu wenigen Fakten oder ungenauen Informationen basieren. Nutzen Sie die Prozesse, die ich in Kapitel 11 (*Gehen Sie paradoxe Probleme mit Hilfe kreativer Problemlösungsstrategien an*) und in Kapitel 12 (*Bahnen Sie sich Ihren Weg zur persönlichen Genialität: der New*

Option Generator) beschrieben habe. Mit Hilfe dieser Methoden können Sie Ihr Repertoire an Problemlösungsmöglichkeiten erweitern und Ihre intellektuellen und Ausdrucksbarrieren in bezug auf Kreativität, Lernen und Erfolg überwinden.

Achten Sie auf unsichtbare Hindernisse

Das heimtückischste Hindernis auf Ihrem Weg zum Erfolg mit Natürlicher Brillanz ist das jeweilige, das man nicht sieht, hört oder fühlt. Dieses Hindernis ist eine der phänomenalsten, aber gleichzeitig unbekanntesten Kräfte menschlicher Erfahrung. Der korrekte Einsatz dieser Kraft kann eine Quadriplegie (eine Lähmung aller vier Extremitäten; siehe Kapitel 9) in Gesundheit verwandeln. Der falsche Einsatz hingegen trägt ein Todesurteil in sich. Es ist die Macht der hypnotischen Beeinflussung.

An früherer Stelle in diesem Buch beschrieb ich bereits meine eigene Einführung in die Welt der Techniken der Persönlichkeitsentwicklung bei meiner Ausbildung zum professionellen Hypnotiseur. Von Anfang an erkannte ich, daß der Hypnotiseur Möglichkeiten kennt, die Kräfte des Geistes zu lenken, die die meisten Menschen niemals entdecken würden.

Die drei wichtigsten Trancephänomene, die von professionellen Hypnotiseuren eingesetzt werden, arbeiten in Wahrheit fortwährend daran, Ihre derzeitige Lebensqualität einzuschränken – aber wahrscheinlich kennen Sie sie nicht. Zu diesen Phänomenen gehören die Amnesie, die Halluzination, daß etwas existiert, und die Halluzination, daß etwas nicht existiert. Wenn Sie begreifen, wie diese Trancen Ihr Leben begrenzen, dann können Sie ihre hypnotische Kontrolle über Sie durchbrechen und Ihre Möglichkeiten unmittelbar erweitern.

Eine ehemalige Bühnenhypnotiseurin unterrichtete mich in Hypnose, seither untersuchte ich die Arbeiten von vielen Hypnotiseuren, inklusive der Arbeit meines Freundes Paul McKenna aus England, einem der weltberühmtesten Hypnotiseure. Das

Geheimnis der Bühnenhypnotiseure liegt darin, daß sie die Wahrnehmungen der Zuschauer lenken.

Hypnotiseure erreichen Ihre unbewußte Einwilligung durch ein Set von Instruktionen, verbunden mit Konzentration und Imagination. Dadurch, daß Sie diesen Instruktionen folgen, umgeht der Hypnotiseur die kritische Fähigkeit Ihres bewußten Verstandes. Dann bringt er Ihr inneres Bewußtsein dazu, ganz in einer ihm zwingend vorgegebenen Idee aufzugehen ... dies geschieht durch die Anwendung von Imagination und kunstvoll gewobenen Suggestionen.

Mehr als alles andere verstehen professionelle Hypnotiseure, daß der Geist jeden Befehl ausführt, den er für wahr hält. Also vermitteln sie ihre Suggestionen mit enormer Kongruenz und charismatischem, respekteinflößendem, zwingendem Glauben. Sie lassen ihren Versuchspersonen keine Möglichkeit, Zweifel oder negative Gedanken anzubringen.

Menschen in Trance kann man beispielsweise suggerieren, daß sie sich nicht mehr an die Zahl fünf oder an ihren eigenen Namen erinnern können. Denken Sie einmal daran, wie diese Suggestionen mit selbsteinschränkenden Suggestionen vergleichbar sind, wie z.B. „Ich kann nicht gut mit Zahlen umgehen", „Ich kann nicht rechnen", „Ich war nie gut darin, mir Namen zu merken", „Ich werde deinen Namen nie behalten können." Diese negativen Suggestionen über Ihr eigenes Selbst, benutzen das gleiche Trancephänomen, das auch zur Amnesie führt. Halten Sie inne und machen Sie sich klar, wie unlogisch die obigen Äußerungen sind: Wenn wir ein perfektes Gehirn mit einer unendlichen Speicherfähigkeit besitzen, warum sollten wir dann irgend etwas vergessen?

Eine Person in Trance wird die Suggestion akzeptieren, daß eine Person, die direkt neben ihr steht, unsichtbar ist. Selbst wenn die Person direkt vor der Versuchsperson steht, kann sie sie nicht sehen. Wenn diese Person spricht, kann der Hypnotisierte das zwar hören, hat aber keine Ahnung, woher die Stimme kommt.

Denken Sie beispielsweise einmal daran, wie wir unsere Schlüssel verlegen, obwohl wir sie gerade noch in der Hand hatten, indem wir uns eifrig sagen: „Ich kann es nicht fassen, gerade hatte ich den Schlüssel noch in der Hand, und jetzt kann ich ihn nirgends mehr finden." Wir induzieren damit das Phänomen der negativen Halluzination.

Auf ähnliche Weise kann der Hypnotiseur suggerieren, daß überall auf dem Stuhl der Versuchsperson Spinnen herumkrabbeln, und sie dazu bringen, in Panik aufzuspringen und zu versuchen, diese imaginären Spinnen abzustreifen. Haben Sie schon einmal einen Zecke von Ihrem Bein entfernt und sich noch zwanzig Minuten später vorgestellt, daß eine Vielzahl von Insekten auf Ihrem Körper herumkrabbelt? Eine derartige Vorstellung verwendet das gleiche Phänomen, mit dem die Hypnotiseure arbeiten – positive Halluzination, also die Einbildung, daß etwas vorhanden ist, was aber gar nicht existiert.

Die gute Nachricht lautet nun aber, daß Sie diese Kraft der Hypnose auch zu Ihrem Nutzen einsetzen können. Machen Sie sich die Amnesie zunutze, um die Beschränkungen der Vergangenheit zu vergessen. Stellen Sie sich vor, daß Blockaden verschwunden sind, die Teil Ihrer Persönlichkeit waren. Stellen Sie sich vor, daß Ihnen jetzt gewaltige neue Geisteskräfte zur Verfügung stehen. Mit anderen Worten: Eine Möglichkeit, die Trance eines professionellen Hypnotiseurs oder die selbstbegrenzenden, selbstverneinenden Trancen, die Ihr Leben kontrolliert haben, zu durchbrechen, ist: Erzählen Sie sich, was Sie tun können.

Die Kraft dessen, was Menschen *wirklich tun können*, hat sich als Nachhall durch die Geschichte gezogen: „So wie du denkst, so bist du." Der Dichter-Philosoph Johann Wolfgang von Goethe sagte einst: „Ist es dir ernst? Dann nutze *diese* Minute! Was immer du tun kannst oder erträumst, tun zu können, beginne es. Kühnheit besitzt Genie, Macht und magische Kraft. Beginne es jetzt." Es gibt keine ehrfurchtgebietendere Kraft auf Erden als die Kraft der Menschen, die an sich selbst glauben.

Über die Jahre habe ich gläubige Menschen getroffen, die erkannt haben, daß die treibende Kraft in Ihrem Leben eine Kraft ist, die ihre bewußte Macht übersteigt – die Kraft Gottes. Wie

> „Halten Sie inne und lassen Sie los. Nehmen Sie wahr, was Sie so wunderbar und einzigartig macht ... und holen Sie mehr heraus aus dem, worauf Sie sich konzentrieren."
>
> **Rex Steven Sikes,**
> *Gründer von IDEA Seminars*

auch immer diese Menschen die Kraft Gottes definieren, sie meinen, daß die Begrenzungen ihres bewußten Geistes nicht dem vollen Ausmaß der Möglichkeiten in ihrem Leben entsprechen.

Worauf ich hier hinweisen möchte ist, daß es noch etwas Besseres und Wirkungsvolleres gibt als die Hypnose. Hypnose ist die Macht, vermittels derer Schulen und die Gesellschaft die selbst-verneinenden Trancen installieren, die sich durch unser Leben ziehen. Sie können augenblicklich diese Kraft der negativen Trance überwinden, die in Ihrem Leben gegen Sie arbeitet. *Erinnern Sie sich an die Wahrheit über Ihr eigenes Selbst.*

Die Wahrheit lautet: „Sie sind ein Genie!" Sie besitzen Großartigkeit, die weit über das hinausgeht, was andere jemals über Sie vorhersagen können. Jeder Tag, an dem Sie an Ihre großartigen Fähigkeiten glauben, wird dazu führen, daß Sie diese Begrenzungen der Vergangenheit loslassen, die neuen Möglichkeiten wahrnehmen, in kreativer Weise reagieren, um Ihr Leben zu verändern und verbessern, und sich selbst dabei beobachten, wie Sie lernen, die gewünschten Ergebnisse zu erzielen.

Sie waren immer und werden immer von Natur aus ein lebenslang Lernender sein. Sie haben ein Leben mit hoher Lebensqualität gewählt, und der fortschreitende Erfolg lockt Sie voran. Sie besitzen Natürliche Brillanz, also lassen Sie sie erstrahlen!

Aktivieren Sie täglich Ihre Natürliche Brillanz

Ihre Körperkraft wird nicht automatisch zunehmen, wenn Sie nur Mitglied in einem Fitneßclub sind. Sie wird nur dann *zunehmen*, wenn Sie sich in dem Fitneßclub auch *körperlich betätigen*. Genausowenig können Sie Blockaden überwinden und Ihre Genialität entdecken, indem Sie nur dieses Buch kaufen. Sie können Ihre Natürliche Brillanz nur dann aktivieren, wenn Sie das Gelernte auch *umsetzen* und Ihrem Körper und Geist heute eine klare Zielrichtung für den Erfolg geben.

Inzwischen sollten sich in Ihrem Leben kraftvolle Veränderungen mit bemerkenswerter Leichtigkeit eingestellt haben. Falls das Befolgen der Schritte des Modells der Natürlichen Brillanz jemals schwierig werden sollte, dann liegt das daran, daß Sie Ihrem Durchbruch nahegekommen sind. Das Gefühl der Verwirrung ist ein Zeichen für Lernen und weist daraufhin, daß Sie sich neuen Ebenen des Bewußtseins und positiven neuen Möglichkeiten nähern.

Im „Natural Brilliance Retreat" entfache ich ein gewisses Maß an Verwirrung, wenn ich die Teilnehmer auffordere, ihre zu lösende Lebensfrage zu definieren. Sobald ihre Gehirne versuchen, das paradoxe Problem festzulegen, beginnen sie zu oszillieren. Ich sehe die Verwirrung unweigerlich. Wie auf ein Signal gehen ihre Hände hoch. Sie beginnen Zweifel zu äußern, da sie sich nicht sicher sind, ob es sich um das **wirkliche** Problem handelt. Sie können das wirkliche Problem natürlich noch nicht vollständig kennen, und paradoxerweise führt Grübeln über die Natur des *wirklichen* Problems das Gehirn zu einer noch stärkeren Oszillation.

Das ganze Feld der Psychologie kämpft mit diesem scheinbar unlösbaren Dilemma. Psychologen, die sich mit Feldforschung beschäftigen, schwören auf ihre wissenschaftliche Methode, mit deren Hilfe sie die Arbeitsweise des Gehirns zu ergründen versuchen. Unser experimentelles Paradigma beruht darauf, daß das

Subjekt versucht, das Subjekt zu untersuchen – den Geist mit Hilfe des Geistes zu untersuchen ist genauso, wie den Anfang und das Ende eines Endlos- oder Möbius-Bandes durch Betrachtung herausfinden zu wollen. Der Geist wird immer das Ergebnis seines eigenen Experiments beeinflussen und erzeugt damit einen unendlichen Prozeß.

Als Trainer kann ich die Verrücktheit einer Person sehen, die in ihre eigene Schleife einsteigt und nach dem Anfang oder Ende sucht. Die Teilnehmer finden keinen Weg heraus – wenigstens nicht mit der gleichen Schulung, auf deren Grundlage sie ihre Blockaden erzeugt haben. Schon nach kurzer Zeit führt die Verwirrung bei einigen Teilnehmern zu enormen Frustrationen. Es ist recht offensichtlich, daß sie, je verzweifelter sie versuchen, das Problem zu lösen, nur um so tiefer in die Falle geraten. Sie können endlos über ihr Problem reden, aber Reden ist einfach. In meinen Programmen erzeuge ich Erfahrungen. *Über* eine Erfahrung *zu reden* ist nicht das Erleben dieser *Erfahrung*.

Stecken Sie Ihre Finger in eine chinesische Fingerfalle und versuchen Sie so kräftig wie möglich, Ihre Finger wieder herauszuziehen. Sie werden es nicht schaffen. Reden Sie darüber mit anderen, wie sehr Sie aus dieser Falle wieder herauskommen möchten. Ihre Finger bleiben weiterhin eingeklemmt. Wenn Sie dieses Buch lesen und Ihr Problem zu lösen versuchen, ohne die beschriebenen Übungen durchzuführen, dann haben Sie ein noch viel größeres Problem als das, wofür Sie bezahlt haben. Ich kann nicht bei Ihnen sein, um Ihnen beim Lernen zu helfen und alternative Reaktionen hervorzurufen.

Test: Wenn Sie hart daran arbeiten, die Natürliche Brillanz für sich umzusetzen, aber keine Ergebnisse erzielen, so machen Sie etwas falsch.

Heilmittel: Ich kann Ihre persönliche Erfahrung nicht erwecken, Sie müssen das für sich machen. Ich zeige Ihnen, wie. Gehen Sie zu jedem Abschnitt dieses Buchs zurück, der Ihnen schwierig erschien, und zu jeder Seite, bei der Sie versucht haben, zu argumentieren oder sie abzutun. In diesen Abschnitten sind direkte Hinweise für Ihre persönlichen Durchbrüche. Folgen Sie jeder Anregung, die ich Ihnen gegeben habe, speziell denen, bei denen Sie überzeugt sind, daß sie Ihnen nichts nützen werden: Tun Sie all das, von dem Sie absolut sicher sind, daß Sie es nicht zu tun brauchen. Seien Sie alles, von dem Sie überzeugt sind, es nicht sein zu müssen. Fühlen Sie all die Gefühle, von denen Sie behaupten, sie niemals zu fühlen. Wenn Sie zu oszillieren beginnen – und ich garantiere Ihnen, Sie werden es tun –, wenn Ihre Blockade da ist: Lassen Sie los! Nehmen Sie dann wahr, handeln Sie und nehmen Sie schließlich die Beobachterposition ein. Das ist alles.

Sie kennen vielleicht die Geschichte von dem erfolgreichen Geschäftsmann, der nach dem Schlüssel zu seinem Erfolg gefragt wurde. Er antwortete: „Erfolg ist das Ergebnis kluger Entscheidungen. Kluge Entscheidungen sind das Ergebnis von Erfahrungen. Erfahrungen sind das Ergebnis von schlechten Entscheidungen."

Der Managementexperte Tom Peters schrieb in seiner Kolumne „For Executives Only" die folgende Geschichte: „Das Leben ist kein beschaulicher Spaziergang inmitten von blitzsauberen Straßen. Es bedeutet ein sich Hin- und Herdrehen, ein Abprallen von den Schutzgeländern und dann wieder eine Über-Korrektur des Kurses. Doch man kann einen Kurs nicht korrigieren, wenn man sich noch nicht einmal auf die Straße begeben hat."

Er fährt mit zwei provokativen Fragen fort: „Wann lernen wir, die Fehler zu schätzen? Zu verstehen, daß Fehler der einzige Weg sind, einen Schritt vorwärts zu gehen, daß richtig große Fehler der einzige Weg für einen Sprung vorwärts sind?"

Die Natürliche Brillanz ist ein Modell für Lernen durch Erfahrung. Doch um Erfahrungen machen zu können, müssen wir bereit sein, unser bequemes Repertoire an Möglichkeiten, an das wir uns so gewöhnt haben, zu verlassen. Das Leben in vollen Zügen zu genießen, ist der beste Weg, um reichhaltige Erfahrungen zu sammeln. Lebenserfahrungen bringen die reichhaltigsten Lernmöglichkeiten hervor. Bewegen Sie sich über die Stopschilder hinaus und seien Sie offen für das Leben! Beobachten Sie dann die großartigen Lernerfahrungen, die Sie in diesem Prozeß gewinnen.

> **„Es braucht Mut, um erwachsen zu werden und sich zu dem zu entwickeln, der Sie wirklich sind."**
>
> **e. e. cummings**

Hat Ihnen mein Buch gefallen? Wir können Ihnen regelmäßig erscheinende Updates unserer Produkte und Seminare schicken, die Ihnen helfen können, Ihr Potential zu entwickeln. Rufen Sie uns an oder schreiben Sie und erwähnen Sie dieses Buch.

**Learning Strategies Corporation
900 East Wayzata Boulevard
Wayzata, Minnesota
55391-1836
USA
Tel.: 001 (612) 476-9200
Fax: 001 (612) 475 2373**

**Für Informationen im deutschsprachigen Raum:
Sintonia Seminare
Michaelstr. 130
D-74523
Schwäbisch Hall
Tel.: +49-791-89060
oder +49-700-74686642
Fax: +49-791-72487
E-mail:
info@sintonia.de**

Der Untertitel dieses Buches könnte auch heißen: „*Wenn Sie Ihrem Genius auf der Straße begegnen, lieben Sie ihn!*" Sie werden Beweise für Ihre Genialität in Ihrem eigenen Verhalten finden, und das nur durch einfaches Beobachten. Wenn Sie sie finden, dann lieben, verstärken, bestätigen und ermutigen Sie sie. Blockaden sind Beweise für Lernen in der Vergangenheit, das auf Angst und Unterdrückung basierte. Sie erschaffen das Heute und alle anderen zukünftigen Tage, wenn Sie in jedem Moment auf der Grundlage dessen, was Sie wollen, effektiv auf Ihre absichtsvollen Entscheidungen reagieren.

Was wollen Sie? Das ist die Frage. Sie werden heute Ihre Natürliche Brillanz aktivieren, jedesmal wenn Sie aktiv und absichtsvoll Ihre Handlungsweise wählen. Ich spreche nicht vom unverzüglichen Manifestieren neuer Beziehungen, besserem Einkommen, einem neuen Haus oder einem neuen Auto. Ich meine, daß Sie das erschaffen, worauf Sie Ihren Geist ernsthaft ansetzen. Wenn Sie die Angst aus Ihrem Leben vertreiben und Sie die wilden Ausschläge Ihrer Oszillation minimieren, stärken Sie Ihre Kraft, Ihren Wünschen Ausdruck zu verleihen. Die Natürliche Brillanz zeigt Ihnen wie.

Mein innigster Wunsch ist, daß Sie Ihre Genialität heute finden und begreifen können. Tun Sie alles, was Sie heute tun können, um Ihrem Leben Sinn und Richtung zu geben. Die positiven Ergebnisse werden sich bestimmt bald einstellen.

Anhang: Erweitern Sie Ihre Fähigkeiten – Tips aus dem „Natural Brilliance Retreat"

Neue Wege zum Loslassen

In den Jahren, in denen ich verschiedene Formen von Entspannungstechniken erlernte und selbst praktizierte, stieß ich auf eine Vielzahl nützlicher Hilfsmittel, die Ihnen helfen können, den Prozeß des Loslassens zu erleichtern.

Die Unterrichtung in Meditation und Gebet ist eine jahrhundertealte Weisheit, wie man durch Entspannung des Körpers und des Geistes zu höheren mentalen und physischen Stufen gelangt. Hierbei handelt es sich um primär kognitive (denkende) und affektive (gemütsbewegende) Methoden der Entspannung. Jedes von mir untersuchte System betont das Einnehmen bestimmter Haltungen: Gebetshaltungen, Yoga-Asanas, das Sitzen im Zen und andere Techniken, die zur Beruhigung des Körpers führen.

Bei verschiedenen asiatischen Kampfsport-Künsten gibt es aktivere Wege. Jede Aikido-Übungsstunde beginnt beispielsweise mit einer Besinnung auf die Lehrer, die vor einem da waren. In den Bewegungen des Tai Chi wird der Körper und der Geist in eine entspannte Harmonie geführt, die frei von geistiger oder körperlicher Anspannung ist. In der Sufi-Tradition bringen sich die „tanzenden Derwische" durch energisches Drehen zu innerer Stille und ekstatischer Befreiung. Hatha-Yoga kann körperlich sehr dynamisch sein, trotzdem basiert jedes Element auf dem Prinzip des Loslassens unnötiger körperlicher und mentaler Spannungen.

Neben diesen physischen und mentalen Methoden gibt es auch eine Vielzahl moderner elektronischer Hilfsmittel, die den Prozeß des Loslassens noch zusätzlich unterstützen können. Das einfachste Hilfsmittel ist eine Kassette mit Naturgeräuschen oder Entspannungsmusik, die bereits Wunder wirken kann.

Geräte, die „weißes Rauschen" erzeugen, beruhigen den Geist und schirmen ihn von Geräuschen ab, die Spannungen erzeugen. Viele Zahnärzte und Kieferchirurgen arbeiten bereits mit solchen Hilfsmitteln, um den Geist des Patienten von dem Behandlungsgeschehen abzulenken.

Biofeedback-Geräte sind noch weiter entwickelt und auch teurer, aber sie sind wunderbare Hilfsmittel für den Prozeß der Entspannung. Es handelt sich hierbei um elektronische Geräte zur Beobachtung von Veränderungen im Körper oder im Gehirn. Der Vorteil von Biofeedback-Training liegt darin, daß diese ganz subtilen Informationen dem Anwender bewußtgemacht werden, so daß er direkt erkennen kann, ob die Veränderungen in seinem Verhalten einen Unterschied bewirken.

Das elektroenzephalographische Biofeedback (EEG) mißt den elektrischen Output des Gehirns. Diese Daten zeigen die Frequenzen der von Ihnen produzierten Gehirnwellen an. Mit Hilfe dieser Geräte kann man lernen, bewußt Gehirnwellen zu produzieren, die mit tiefer Meditation und Lernen vergleichbar sind.

Ich benutzte vor einigen Jahren ein EEG-Gerät, um die Vorgänge beim PhotoReading® zu untersuchen. Der Computer registrierte unmittelbar eine Verringerung des bewußten, analytischen Gehirnwellenmusters und einen Anstieg des Gehirnwellenmusters, das durch tiefes Lernen erzeugt wird. Was für ein erstaunliches Ereignis ich doch auf dem Monitor beobachten konnte. Es war ein überzeugender Beweis für die Kraft, die in dem Training eines guten Lernzustandes liegt.

Ein anderes wertvolles Hilfsmittel, das ich ausprobierte, war ein Licht-und-Ton-Gerät. Über eine Brille mit kleinen Leuchtdioden erhalten die Augen Lichtblitze, und über Kopfhörer nehmen die Ohren Tonimpulse auf. Das Gehirn nimmt die Frequenzen der Töne und der Lichtblitze auf und schwingt sich auf diese Frequenzen ein.

Beispielsweise kann ein solches Gerät dabei helfen, in den Zustand der höheren Kreativität für Visualisierungen zu gelangen. Es kann ferner dabei helfen, in den idealen Zustand für Lernen, Entspannung, ja Schlaf einzutreten. Wählen Sie einfach ein geeignetes Programm aus, setzen Sie die Brille und den Kopfhörer auf und lehnen Sie sich zurück.

Zwei Paraliminal-Kassetten – „10-Minute-Supercharger" und „Deep Relaxation" – können Ihnen bei der Entspannung helfen und zeigen Ihnen, wie Sie schnell Spannungen in Körper und Geist loslassen können. Der „10-Minute-Supercharger" bringt Sie bereits nach zwei Minuten in einen körperlich entspannten Zustand. Dann führt Sie das Programm durch eine tiefe mentale Entspannung, die mit einem 30minütigen Schlaf vergleichbar ist, ohne späteres Durchhängen. Entspannung in genau 10 Minuten!

Mit der Kassette „Deep Relaxation" – hierbei handelt es sich um die längste der Paraliminal-Kassetten – entwickeln Sie eine Tiefenentspannung für Körper und Geist. Neben den verjüngenden Vorzügen tiefer Entspannung, erzeugt diese Kassette Optimismus und fördert die Kontrolle über Geist und Körper. Ein einzigartiger Aspekt dieser Kassette ist, daß Sie am Ende der Kassette die Wahl haben, ob Sie aufwachen wollen oder nicht. Wenn Sie von der tiefen Entspannung in den Schlaf gleiten wollen, dann können Sie das tun. Sie können aber auch im Zustand der tiefen Entspannung solange verweilen wie Sie möchten, oder hellwach ins Hier und Jetzt zurückkehren.

Nebenbei erwähnt, führt das Schlafengehen im erfrischten Zustand dazu, mehr Nutzen aus dem Schlaf zu ziehen, als wenn man sich todmüde zu Bett begibt. Sie wachen dann sehr viel erfrischter und entspannter auf, wenn Sie am Vorabend eine Entspannungsübung durchgeführt haben.

Neue Wege des Wahrnehmens

Üben Sie sich darin, Ihren visuellen Sinn zu öffnen, um wertvolle Informationen aus der Umwelt aufzunehmen. In Kapitel 5 beschrieb ich, wie man beim Autofahren den Blick nach vorne und oben richtet. Ich schlug vor, mit weichem Blick durch eine Menschenmenge zu gehen. Mit diesen Techniken öffnen, stärken und balancieren Sie Ihr visuelles System und erweitern seine Fähigkeiten, Ihnen zu dienen.

Ein anderes einfaches und sehr effektives Hilfsmittel zur erweiterten Wahrnehmung sind die 3-D-Bilder, die auch „Magic Eye" genannt werden. Das Bild besteht dabei aus einem Stereogramm, also zwei Bildern in einem. Der Blick, den man einsetzt, um das Bild im Bild zu sehen, ist vergleichbar mit dem PhotoFokus. Das setzt voraus, daß Sie Ihre Augen divergieren lassen und gleichzeitig Ihren Fokus auf das Poster richten. Die Kombination aus spielerischer Übung und Entspannung kann das visuelle System signifikant verbessern.

Üben Sie, mehr von den Geräuschen Ihrer Umwelt und in Ihrem Inneren zu hören. Spielen Sie mit dieser Technik und bringen Sie Ihr auditives System auf eine höhere Stufe der Wahrnehmung.

Mit der „Digital Audio Technology" (DAT) und einem Stereo-Mikrophon können Sie jeden Teil Ihres Tages aufnehmen, während Sie umhergehen. Ich arbeite beispielsweise im *Natural Brilliance Retreat* mit einem Sony DAT-Walkman. Wenn Sie Ihre Aufnahme abspielen, dann werden Sie feststellen, daß Sie Informationen hören werden, die Sie vorher nicht bewußt gehört haben.

Ein Erlebnis noch einmal abzuspielen ist vergleichbar mit dem, was geschieht, wenn Menschen ihren Sehsinn verlieren. Plötzlich wird ihr Hören erstaunlich intensiv und fein, um den Verlust des visuellen Sinns auszugleichen. Vergleichbar mit dem Entfernen der Scheuklappen beim Fliegen, befreit dieses DAT-Experiment die Anwender aus ihrem „Tunnel-Hören". Das neuartige „Stereo-Hören" ist wie „Entfernen der Ohrstöpsel aus den neuronalen Schaltkreisen".

Eine andere wirkungsvolle Technik, genauso einfach wie Hören von Paraliminal-Kassetten, ist das sogenannte „Paraliminal Listening". Hierbei hören Sie über Kopfhörer zwei verschiedene Stimmen gleichzeitig reden. Sie kennen diesen Effekt, wenn Sie im Restaurant oder auf einer Party mehreren Gesprächen gleichzeitig zuhören wollen. Man nennt dies auch den „Cocktailparty-Effekt", der aber nicht mit dem „Cocktailwürstchen-Effekt" zu verwechseln ist. Der bewußte Verstand filtert alle wichtigen Informationen heraus und schwächt die unnötigen Informationen ab. Sollten es zu viele Informationen für den begrenzten bewußten Geist sein, springt das innere Bewußtsein ein.

Mary, eine PhotoReading®-Absolventin aus Minneapolis, hatte bereits vor über zwanzig Jahren Studien und Vorlesungen zum Thema Schnellhören durchgeführt, bevor Sie den PhotoReading®-Kurs belegte. Bei ihren Studien nahm sie beispielsweise eine Unterrichtsstunde auf Kassette auf und spielte sie den Studenten mit immer schneller werdender Abspielgeschwindigkeit vor. Das Experiment zeigte, daß, solange die Studenten entspannt und wach waren, konnten Sie den Inhalt aufnehmen, während jemand, der einfach nur zufällig hereingekommen wäre, nichts verstanden hätte.

Interessanterweise funktionierte dies nur, sagte sie, wenn die Studenten „im Zustand blieben", ein Begriff aus dem PhotoReading®-Kurs. „Wenn dieser Zustand während des Hörens abbrach und sie etwas von dem Gesagten verpaßten", so Mary, „dann konnten die Studenten den Inhalt nicht mehr wahrnehmen".

Einen überraschenden Effekt erlebte Mary mit der eigenen visuellen Verarbeitung beim PhotoReading®. Ihre Fähigkeit zum *„Überfliegen"* (ein Aktivierungsschritt im PhotoReading® Whole Mind System) war bemerkenswert besser als bei allen anderen PhotoReading®-Neulingen in ihrem Kurs. Konnte es sein, daß das Schnellhören, das sie vor zwanzig Jahren praktizierte, sie in Strategien zum schnellen Begreifen beim Lesen trainiert hatte?

Hier nun einige Möglichkeiten, um die Wahrnehmung in der fühlenden Dimension Ihrer Erfahrung zu verfeinern.

Stellen Sie sich als Geist oder als Seele vor, die Ihren physischen Körper bewohnt. Der physische Körper ist ein Energiefeld (Forschungen in der subatomaren Physik belegen dies, falls Sie Zweifel haben). Sie drücken Ihre Gedanken – in der Welt das Produkt der Seele – mit Ihrem physischen Körper aus.

Blockaden können auf der subtil-energetischen Ebene als unsaubere oder unterbrochene Energieflüsse wahrgenommen werden. Wenn Sie also wissen, wo Ihre Blockade im physischen Körper sitzt, dann können Sie diesen Energiefluß effektiv umleiten.

Denken Sie einmal an die sieben Energiezentren – definiert im Sanskrit als Chakren –, die sich an der Längsachse unseres Nervensystems befinden. Das erste Chakra ist das Sexualchakra. Das zweite ist das Nabelchakra. Das dritte ist das Solarplexus-Chakra. Das vierte ist das Herzchakra. Das fünfte ist das Kehlkopfchakra. Das sechste ist das Stirnchakra oder das dritte Auge. Das siebte ist das Scheitel- oder Kronenchakra.

In unserer früheren Arbeit über die Lösung paradoxer Probleme untersuchten mein Partner Mark Kinnich und ich die Yogalehre und die Psychologie von C.G. Jung in bezug auf die sieben Chakren. Wenn beispielsweise eine Person eine Blockade in bezug auf Geben und Nehmen von Liebe aufweist, dann steht diese Blockade primär mit dem vierten Chakra in Verbindung. Das Problem kann gelöst werden, indem der Energiefluß durch das vierte Chakra wieder ausbalanciert wird.

Um mehr über das System der Chakren-Energien und den Zusammenhang zur Psychologie zu erfahren, möchte ich Ihnen zwei Bücher empfehlen: *„Yoga and Psychotherapy"* von Swami Rama, Rudolf Ballentine und Swami Ajaya; und *„Hands of Light"* von Barbara Brennan.

Stärken Sie die Körper-Geist-Verbindung: Treten Sie in den Zustand ein

Im Natural Brilliance Retreat beginnen wir jeden Morgen mit einer Serie von körperlichen Übungen. Diese Übungen dienen der Flexibilität, der Belebung und der Stärkung des Körpers, ferner der Energetisierung des Nervensystems, der tiefen Atmung und der Reinigung des Geistes. Diese speziellen Übungen stammen aus unterschiedlichen Disziplinen, wie z.B. dem Hatha-Yoga, dem Tai Chi, den Mentastics von Dr. Milton Traeger, Bewußtheit durch Bewegung von Moshe Feldenkrais, Brain Gym/Edu-Kinästhetik von Dr. Paul Dennison und der „Egoscue Method of Health through Motion" von Pete Egoscue.

Menschen, die ihre Natürliche Brillanz entwickeln möchten, wird empfohlen, körperliches Bewußtsein und die dazugehörigen Übungen zum Bestandteil ihrer täglichen Routine werden zu lassen. Ein allgemeines Mißverständnis ist, daß das Leben bis zum Tod hin degeneriert. Das bedeutet, daß das Altern im Gegensatz zur Vitalität steht. Neuere Untersuchungen zeigen jedoch, daß richtiges Atmen, gesunde Ernährung und körperliche Übungen zu guter Gesundheit und Vitalität bis ins hohe Alter führen können.

Ein Kassetten-Programm von Gail Gregory nennt sich „Seven Days to Greater Vitality" und beschreibt viele Wege zur Stärkung der Körper-Geist-Verbindung. Dieses Programm umfaßt sechs Kassetten und bietet Übungen und Ratschläge zu den Themen Atmung, Wasser, Schlaf, körperliche Bewegung, gesunde Ernährung und die Körper-Geist-Verbindung an.

Nützliche Körperhaltungen und -übungen

Aus der Tradition des Yoga hat sich über Jahrhunderte Hatha-Yoga entwickelt, das die latenten Energien durch Praktizierung und Perfektionierung von Asanas (Körperhaltungen) und Pranayama (Atemkontrolle) erweckt.

Es gibt zwei Arten der Körperhaltungen: die für Meditation und die für körperliches Wohlbefinden. Der Schwerpunkt bei sämtlichen Haltungen für Atmung, Konzentration und Meditation liegt in einer geraden Haltung von Kopf, Nacken und Rücken. Dies führt zu einer gleichmäßigen und bequemen Haltung mit minimaler Produktion von Kohlendioxyd, was wiederum zur Verlangsamung der Herz- und Lungenaktivität führt. Der Geist wird dann weniger durch den Körper gestört und kann sich besser konzentrieren.

Andere Haltungen, die zum körperlichen Wohlbefinden führen, arbeiten mit der Kontrolle spezieller Muskeln und Nerven im Körper und haben dadurch auch noch spezielle therapeutische Effekte. Lassen Sie sich durch einen Yogalehrer in morgendliche Übungen einführen und experimentieren Sie zwei Wochen lang täglich damit. Die richtige Abfolge wird Ihren Körper-Geist sanft und effektiv aufwecken.

Die Mischung aus Gelenk- und Drüsen-Übungen, Tai-Chi-Bewegungen und Yoga-Haltungen wird im Natural Brilliance Retreat zu einer zwanzigminütigen Sequenz zusammengefaßt. Diese Sequenz erlaubt mir, morgens aus dem Bett zu rollen und direkt auf dem Boden mit ganz sanften Bewegungen zu beginnen. Sie sorgt für einen perfekten Start in den Tag. Die regelmäßige Durchführung meiner Übungen trägt wesentlich dazu bei, daß ich an Tagen der Herausforderung, sei es durch Seminare, öffentliches Auftreten oder kreatives Schreiben, ein hohes Niveau an persönlicher Kraft und Präsenz aufrechterhalten kann.

Diese Übungen stimulieren die Gelenke und Drüsen vom Kopf bis zu den Zehen und setzen so die nötige Biochemie für Flexibilität und Bewegung der Knochen und der Muskeln frei. Sie führen ferner zu einem Anstieg der Lungenkapazität und Vertiefung des Atems, die eine wichtige Voraussetzung für die entspannte Wachheit sind. Der wichtigste Aspekt dieser Übungen ist aber die Stärkung des Nervensystems.

Die gesamte Methode der Natürlichen Brillanz basiert auf kognitiver, emotionaler und Verhaltensflexibilität. Jede Verbesserung der Verbindung von Körper und Geist setzt neue Kräfte zum Lernen durch Erfahrung, für Wahlmöglichkeiten und zum erfolgreichen Handeln frei. Am Ende des nächsten Abschnittes (Atmung) werde ich Sie durch körperliche Übungen führen.

Aerobic ist wichtig für die kardiovaskuläre Gesundheit, und daher empfehle ich, dreimal in der Woche Aerobic zu machen. Die körperliche Gesundheit ist jedoch nur ein Aspekt, auf den ich hier eingehen möchte. Ich bin ein Befürworter von Kombinationen verschiedener körperlicher Übungen, die zusammengenommen zu einem verbesserten Wohlbefinden führen, wie es allein durch Aerobic nicht erreicht werden kann. Eine Methode wie die oben beschriebene wird sich tief auf Ihr kognitives wie auch Ihr emotionales Wohlbefinden auswirken, von wo die wirkliche Belohnung herkommt. Immer, wenn Sie sich solchen disziplinierten Körperübungen widmen, werden Sie auch auf verschiedenen anderen Ebenen positive Auswirkungen erfahren. Stellen Sie sich vor, wie großartig Sie sich fühlen werden, wenn Sie täglich mit Hilfe dieser natürlich-brillanten Methoden Ihre Kraft vergrößern.

Nach der Durchführung solch einer Abfolge von Bewegungen ist es empfehlenswert, sich kurz hinzulegen, um Körper und Geist zu entspannen. Nehmen Sie danach eine Meditationshaltung im Sitzen ein. In dieser Haltung führen Sie dann die abwechselnde Atmung durch ein Nasenloch durch, die Sie direkt in einen meditativen Zustand bringt. Diese Atmung werde ich Ihnen im nächsten Abschnitt erklären.

Während des *Natural Brilliance Retreat* führen wir die Teilnehmer durch verschiedene Meditations- und Imaginations-Sitzungen. Benutzen Sie aber ruhig alle Formen der Meditation, des Gebets oder „Mind-Programming", die zu Ihrem Lebensstil und Ihrer Persönlichkeit passen.

Atmen Sie

Jede Stärke kann im falschen Kontext eine Schwäche sein.

In der Tradition des Yoga erlernt man nach den Körperhaltungen die Technik des Pranayama. Das Sanskrit-Wort *Pranayama* setzt sich aus den Wörtern *Prana* und *Yama* zusammen und bedeutet Atemkontrolle. Pranayama kann aber auch als *Prana* und *Ayama* interpretiert werden, was soviel wie ausgedehnte, gesteigerte Atmung heißt. Pranayama kann demzufolge als Wissenschaft der Atmung beschrieben werden, die sich ausdehnt und steigert, je mehr man sie unter Kontrolle hat.

Das Wort *Prana* setzt sich aus den Begriffen *Pra* und *Na* zusammen. *Pra* bedeutet soviel wie erste Einheit, und *Na* steht für Energie. In der Yoga-Philosophie stellt diese erste Einheit der Energie den atomaren Aspekt des Menschen dar, wobei das Universum seine Erweiterung ist. Das heißt, daß die den Menschen und dem Universum zugrundeliegende Energie Prana ist. Prana kann man sich als die Gesamtsumme aller Energie vorstellen, die sich in den Menschen und dem Universum offenbart. In den alten Traditionen der Yoga-Wissenschaft und Philosophie gilt Prana als die Basis für alle Ereignisse, Gedanken, Gefühle und auch für alles Wissen.

Die Wissenschaft des Pranayama ist unmittelbar mit der Funktion des autonomen Nervensystems verbunden. Diese Techniken helfen, die Funktionen des autonomen Nervensystems, die normalerweise willkürlich ablaufen, unter bewußte Kontrolle zu bringen. Das *„Himalayan Institute of Yoga Science and Philosophy"* beschreibt diesen Aspekt wie folgt:

> Der Atem ist die äußerliche Manifestation der Kraft des Prana. Der Atem ist das Schwungrad, das die gesamte Maschine des Körpers reguliert. So wie die Kontrolle des Schwungrades alle anderen Mechanismen der Maschine kontrolliert, also führt die Kontrolle des äußerlichen Atems zur Kontrolle der groben und feinen, physischen und mentalen Aspekte unserer Lebensmaschine. Ein umfassendes Wissen über Pranayama ist von allergrößter Wichtigkeit beim Raja-Yoga (dem Königsweg des Yoga).

Es gibt viele Arten von Pranayama-Übungen, die alle eine bestimmte Aufgabe erfüllen. Yoga-Lehrer fordern, daß Pranayama nur unter Leitung eines Gurus oder eines kompetenten Lehrers durchgeführt werden sollte. Eine Atemübung jedoch, die gefahrlos von jedermann durchgeführt werden kann, ist die sogenannte „Reinigung der Kanäle", die die feinen Energiekanäle reinigt. Diese Übung sollte mindestens zweimal täglich durchgeführt werden – morgens und abends. Die Übung am Morgen wird folgendermaßen durchgeführt:

1. Setzen Sie sich entspannt an einen ruhigen und gut belüfteten Ort, in einer bequemen Haltung.
2. Halten Sie Kopf, Nacken und Rumpf gerade und den Körper ruhig.
3. Die rechte Hand wird zur Nase geführt. Zeige- und Mittelfinger werden so auf die Nase gelegt, daß Sie mit dem Daumen das rechte Nasenloch und mit dem Ringfinger das linke Nasenloch zuhalten können.
4. Atmen Sie durch das linke Nasenloch vollständig aus, während Sie mit dem rechten Daumen das rechte Nasenloch

zuhalten. Das Ausatmen sollte langsam, kontrolliert, anstrengungsfrei und nicht ruckartig erfolgen.
5. Am Ende des Ausatmens schließen Sie das linke Nasenloch mit dem Ringfinger; öffnen Sie das rechte Nasenloch langsam und atmen vollständig ein. Ein- und Ausatmen sollten von gleicher Dauer sein.
6. Wiederholen Sie noch zweimal diesen Zyklus des Ausatmens mit dem linken Nasenloch und des Einatmens mit dem rechten Nasenloch.
7. Nachdem Sie zum dritten Mal durch das rechte Nasenloch eingeatmet haben, atmen Sie durch dieses Nasenloch vollständig aus, während Sie mit dem Ringfinger das linke Nasenloch geschlossen halten.
8. Am Ende des Ausatmens schließen Sie das rechte Nasenloch mit dem Daumen und atmen durch das linke Nasenloch ein.
9. Wiederholen Sie noch zweimal diesen Zyklus des Ausatmens durch das rechte Nasenloch und des Einatmens durch das linke Nasenloch. Damit ist diese Übung beendet.
10. Die morgendliche Übung besteht aus:
    a. Drei Zyklen Ausatmen aus dem linken Nasenloch und Einatmen durch das rechte Nasenloch, gefolgt von
    b. drei Zyklen Ausatmen durch das rechte Nasenloch und Einatmen durch das linke Nasenloch.
11. Die abendliche Übung besteht aus:
    a. Drei Zyklen Ausatmen aus dem rechten Nasenloch und Einatmen durch das linke Nasenloch, gefolgt von
    b. drei Zyklen Ausatmen durch das linke Nasenloch und Einatmen durch das rechte Nasenloch.

Sie sollten diese Zyklen sehr sorgfältig durchführen, damit Ein- und Ausatmen die gleiche Länge haben. Das Ein- und Ausatmen sollte langsam, kontrolliert, ohne Anstrengung und nicht ruckartig erfolgen. Mit ein wenig Übung können Sie die Länge der einzelnen Zyklen des Ein- und Ausatmens verlängern.

Erreichen Sie Ihre Ziele, ohne sich selbst zu sabotieren

Viele meiner Kunden beschreiben ihr Unterbewußtsein als einen großen Saboteur ihrer Ziele und Pläne. Dieser Aussage habe ich einen beachtlichen Anteil meiner beruflichen Neugier gewidmet.

Ein Großteil unserer sogenannten Selbstsabotage besteht im Wesentlichen aus unserem inneren Dialog. Wenn Sie ein gewünschtes Ziel erreichen möchten, können Sie durch einen einfachen analytischen, ängstlichen oder selbstkritischen Dialog mitten im Zur-Handlung-Schreiten, völlig aus dem Konzept gebracht werden. Stellen Sie sich beispielsweise vor, Sie spielen Golf und wollen gerade einen Schlag ausführen. Als Sie Ihren Schläger am höchsten Punkt des Abschlages haben, kommt Ihnen der Gedanke: „Achte ja darauf, daß der Ball weit genug entfernt vom Wasserloch landet!" Ihr Schlag wird sicherlich danebengehen, und die Wahrscheinlichkeit, daß der Ball ins Wasser fliegt, nimmt zu, da Sie sich im letzten Moment des Schlages auf das Wasserloch konzentriert haben. Wir sabotieren uns selbst nicht aus bösem Willen. Der ängstliche und begrenzte bewußte Geist versucht uns nur zu helfen. Wie ein Beifahrer auf dem Rücksitz, wird er sein Bestes geben, damit alles richtig läuft.

Um Selbstsabotage zu eliminieren, kann Ihnen die Paraliminal-Kassette *Automatic Pilot* helfen, sich bewußtzumachen, was Sie wirklich wollen. Die Kassette fordert Sie auf, ein Ziel in positiver Form zu formulieren, innerhalb Ihrer Kontrolle, in jeder Hinsicht hilfreich, meßbar und lohnend. Wenn Sie ein Ziel klar formuliert haben, so leitet die Kassette Sie dazu an, das dafür notwendige Verhalten zu installieren.

Sie stellen sich bis zu einundzwanzigmal in sieben Sekunden vor, das Ziel zu erreichen, wobei Sie das gesamte sensorische Potential nutzen. Die Visualisierungen folgen einer numerischen Reihe, die als Fibonacci-Folge* bekannt ist. Dadurch wird das Gehirn darauf trainiert, das wahrzunehmen, was Sie wirklich wollen, so daß Sie, wenn die Zeit für den Auftritt gekommen ist, auf Autopilot schalten und dabei den inneren Dialog weglassen können.

---

* Anm. d. Übers.: Leonardo Fibonacci war ein italienischer Kaufmann und Mathematiker, der von 1170 bis 1240 in Pisa lebte. Fibonacci gilt als der erste bedeutende Mathematiker Europas. Die arabische Mathematik, die er auf Reisen nach Afrika, Byzanz und Syrien kennengelernt hatte, vermittelte Fibonacci in seinem Rechenbuch „Liber abaci", in dem unter anderem die Fibonacci-Folge erwähnt wird. Es ist die Folge der Zahlen 1, 1, 2, 3, 5, 8, 13, ..., wobei jedes Glied gleich der Summe der beiden vorangehenden Glieder ist.

Ich ermutige meine Klienten immer wieder, ihr inneres Bewußtsein in neuem Lichte zu sehen. Stellen Sie sich das innere Bewußtsein als Verbündeten und nicht als Saboteur vor. Jahre der Forschung haben ergeben: Wenn das Unterbewußtsein Sie von Ihrem gewünschten Ziel abgehalten hat, dann nur deshalb, weil es keinen anderen Weg kannte, um Ihnen zu helfen. Ihr inneres Bewußtsein will, daß Sie Erfolg haben und inneren Frieden erreichen.

Träumen Sie sich Ihren Weg zum Erfolg: Aktivieren Sie Ihre Natürliche Brillanz

Träumen kann der ideale Weg sein, um Ihre Natürliche Brillanz zu aktivieren. Fast ohne bewußten Einsatz kann Ihr Gehirn während der Nacht auf Ihr Ziel hinarbeiten. Da das Träumen nur ein Minimum an bewußtem Input benötigt, können Sie die Grenzen und Komplikationen der analytischen Problemlösungsweise eliminieren. Das innere Bewußtsein kann Informationen sichten, sich durch Probleme hindurcharbeiten und Ihnen beim Aufwachen Lösungen präsentieren.

Alles, was Sie im Laufe eines Tages erleben, wird im Geist verarbeitet. Gerade Informationen, die nicht bewußt am Tag verarbeitet wurden, werden während des Schlafes unbewußt aufgearbeitet. Träume offenbaren oftmals das Bemühen des Geistes, Sinn in unsere Erfahrungen zu bringen.

Dr. Norman F. Dixon beschreibt in seinem Buch *„Preconscious Processing"* (dt.: *„Vorbewußte Verarbeitung"*) den sogenannten Poetzl-Effekt. Poetzl war ein Kognitionswissenschaftler, der 1917 entdeckte, daß Informationen, die subliminal dargeboten werden, symbolisch transformiert werden und sich nachts in den Träumen widerspiegeln.

Dr. Stephen LaBerge vom Stanford Sleep Research Laboratory schreibt in seinem Buch *„Hellwach im Traum. Höchste Bewußtheit in tiefem Schlaf"* (Junfermann Verlag, Paderborn 1987): „Wenn das Universum an Erfahrungen Ihnen auf diese Weise offensteht und Sie – wie es scheint – ein Drittel Ihres Lebens mit Schlafen verbringen müssen, sind Sie gewillt – auch Ihre Träume zu verschlafen?" Er vertritt die Ansicht, daß der Zugang zu Ihren Träumen Ihnen gewaltige Möglichkeiten der persönlichen Entwicklung eröffnen kann. Jede Nacht können Sie die Geschenke benutzen, die Ihnen Ihr träumender Geist anbietet.

Bevor Sie schlafen gehen, können Sie Ihren Geist so programmieren, daß Sie maximalen Nutzen aus den Träumen ziehen können. Setzen Sie sich auf die Bettkante und begeben Sie sich in den Zustand des beschleunigten Lernens, so wie ich diesen Vorgang in Kapitel 4 beschrieben habe. Sie benötigen nur ein bis zwei Minuten, um in diesen Zustand zu gelangen. Dann programmieren Sie Ihren Geist so, daß Sie beispielsweise von dem heute photogelesenen Buch träumen und sich beim Aufwachen an diesen Traum erinnern möchten.

Nachdem Sie einige Tage lang jeden Morgen Ihre Träume bewußt wahrgenommen haben, bekommen Sie ein Gefühl für die feine und symbolische Kommunikation Ihres inneren Bewußtseins. Machen Sie sich keine Sorgen, wenn nicht alles, was Sie träumen, einen Sinn zu haben scheint. Denn nicht alle Träume sind dafür vorgesehen, daß sie einen bewußten und logischen Sinn ergeben.

Als nächsten Schritt können Sie dann die Problemlösung in Ihre Träume einbauen und mit ihr spielen. Programmieren Sie Ihren Geist darauf, spezielle Probleme zu lösen. Sie können hierbei wie beim Modell der Natürlichen Brillanz vorgehen. In der ersten Nacht programmieren Sie Ihren Geist auf das Loslassen, die nächste Nacht auf das Wahrnehmen usw.

Wählen und photolesen Sie einige Bücher, die Ihnen bei der Lösung eines Problems behilflich sein können, so wie Sie es beim Direkten Lernen (siehe Kapitel 10) gelernt haben. Nun fordern Sie Ihren Geist auf, daß er all sein Wissen zusammenbringen und Ihnen die Richtung offenbaren soll, der Sie folgen sollten, um Ihre Ziele zu erreichen. Nach dem Aufwachen sollten Sie ein MindMap von Ihren Träumen anfertigen. Oft sind die Geschichten Ihrer Träume eine Metapher, eine symbolische Repräsentation dessen, was Sie tun können, um das Problem, vor dem Sie stehen, zu lösen. Untersuchen Sie Ihre MindMaps, um die Einsichten Ihres inneren Bewußtseins zu entdecken.

Halten Sie eine Tagesrückschau

Sie können mir ruhig glauben, Sie können den heutigen Tag besser gestalten als den gestrigen. Wenn Sie Ihre Handlungen auf dieses Glaubensmuster ausgerichtet haben, dann sollten Sie Ihre Resultate beobachten. Sie werden dadurch ein „Mind-Set" für die kontinuierliche Verbesserung Ihres Lebens entwickeln.

Jede zunehmende Veränderung zum Besseren führt Sie in Richtung Ihres Ziels. Der schnellste Weg, diese Veränderungen zu erreichen, liegt in der täglichen Beobachtung Ihres Verhaltens. Führen Sie jeden Abend vor dem Einschlafen, aus der Beobachterperspektive heraus, ein Selbstgespräch. Sie gehen im Geist Ihren erlebten Tag noch einmal durch, während Sie sich kontinuierlich Ihres Ziels bewußt sind.

Wie fühlen Sie sich heute? Stimmt Ihr „Handeln" mit der Absicht Ihres „Seins" überein? Wenn ja, dann feiern Sie es! Wenn nicht, dann bemerken Sie die Diskrepanz und sorgen Sie für innere Unterstützung, um Ihre Absicht zu erreichen. Visualisieren Sie die Situationen, in denen Sie das Gefühl haben, sich noch verbessern zu können. Wie möchten Sie handeln, wenn die gleiche Situation in der Zukunft noch einmal auf Sie zukommt? Proben Sie so mental den zukünftigen Erfolg.

Die Paraliminal-Kassette *„New History Generator"* kann für das Erproben von Erfolgssituationen sehr nützlich sein. Die B-Seite führt Sie auf entspannende Art durch den ganzen Prozeß des mentalen Rückblicks.

Ein anderes Hilfsmittel, das ich im Training immer wieder einsetze, ist der MotivAider. Hierbei handelt es sich um einen Summer, den wir bei uns tragen können. Der MotivAider ist programmierbar und funktioniert zuverlässig und automatisch durch das periodische Aussenden von kurzen, leisen Vibrationen. Sie können das Timing festlegen, von einmal pro Minute bis nur einmal in 24 Stunden. Dieser Taschensummer erinnert Sie daran, Ihr Absicht oder Ihr Ziel im Bewußtsein zu halten.

Im *Natural Brilliance Retreat* empfehlen wir den MotivAider erst zum Erinnern an das Loslassen und das Wahrnehmen. Später empfehlen wir seinen Gebrauch dann auch zum Erinnern an das Handeln mit bestimmten Verhaltensweisen, oder für den Zugang zu kraftvollen Ressource-Zuständen. Zum Schluß gehen die Seminarteilnehmer dann wieder in ihr tägliches Leben zurück, und wir empfehlen ihnen, kontinuierlich zu beobachten, was sie erleben. Der Gebrauch des MotivAiders erinnert Sie auf brillante Weise, auf dem Weg zu Ihren Zielen zu bleiben.

Literatur

Adams, James: *Conceptual Blockbusting: A Guide to Better Ideas.* Addison/Wesley, Reading MA, 1986

Andreas, Connirae und Tamara: *Der Weg zur inneren Quelle. Core-Transformation in der Praxis.* Junfermann, Paderborn, 1995

Asher, James J.: *Brainswitching: A Skill for the 21st Century.* Sky Oaks Productions, Los Gatos, 1988

Bates, C.: *Pigs Eat Wolves.* Yes International Publishers, St. Paul (MN), 1991

Barbur, J.L.; Watson, J.D.G.; Frackowiak, R.S.J.: Conscious Visual Perception without V1. *Brain,* Oxford University Press, 1993

Beesing, Maria; Nogosek, Robert J.; O'Leary, Patrick H.: *Das wahre Selbst entdecken. Eine Einführung in das Enneagramm.* Echter, Würzburg, 1993

Blanchard, Kenneth: *Der Einminuten-Manager und der Klammer-Affe.* Rowohlt, Reinbek, 1995

Bly, Robert: *Die dunklen Seiten des menschlichen Wesens.* Droemer Knaur, München

Brennan, Barbara Ann: *Hands of Light: A Guide to Healing Through the Human Energy Field.* Bantam Books, New York, 1987

Brewer, Chris; Campbell, Don: *Rhythms of Learning. Creative Tools for Developing Lifelong Skills.* Zephyr Press, Tuscon, 1991

Buzan, Tony; Buzan, Barry: *Das Mind-Map Buch.* Moderne Verlagsgesellschaft, München, 1996

Carson, R.: *Taming Your Gremlin.* Harper and Row, New York, 1983

Castaneda, Carlos: *Die Lehren des Don Juan – Ein Yaqui-Weg des Wissens.* S. Fischer, Frankfurt, 1973

Campbell, Don G.: *100 Ways to Improve Teaching Using Your Voice and Music: Pathways to Accelerate Learning.* Zephyr Press, Tucson AZ, 1992

Covey, Stephen R.: *Die sieben Wege zur Effektivität. Ein Konzept zur Meisterung Ihres beruflichen und privaten Lebens.* Campus, Frankfurt, 1996

Csikszentmihalyi, Mihaly: *Flow – Das Geheimnis des Glücks.* Klett-Cotta, Stuttgart, 1996

Cudney, M.; Hardy, R.: *Self-Defeating Behaviors.* Harper Collins, New York, 1991

Davis, Ronald D.: *Legasthenie als Talentsignal. Lernchancen durch kreatives Lesen.* Ariston, München, 1996

Dennett, Daniel C.: *Darwins gefährliches Erbe. Die Evolution und der Sinn des Lebens.* Hoffmann und Campe, Hamburg, 1997

Dennison, Paul E.; Dennison, Gail E.: *Brain-Gym.* Verlag für angewandte Kinesiologie, Freiburg, 1997

DePorter, Bobbi; Hernacki, Mike: *Brain Training. Wie Sie Ihre mentalen Fähigkeiten optimal nutzen.* Droemer Knaur, München, 1995

Dixon, Norman F.: *Preconscious Processing.* Wiley, Chichester NY, 1981

Dixon, Norman F.: *Subliminal Perception. The Nature of a Controversy.* McGraw-Hill, London NY, 1971

Feldenkrais, Moshe: *Bewußtheit durch Bewegung. Der aufrechte Gang.* Suhrkamp, Frankfurt, 1978

Gardner, Howard: *Abschied vom IQ.* Klett-Cotta, Stuttgart, 1994

Gelb, Michael J.; Buzan, Tony: *Die Kunst des Jonglierens. Der Weg zu Körperbewußtsein, Ausgeglichenheit und Selbstvertrauen.* Droemer Knaur, München, 1996

Gladwell, Malcom: Reasoned Choice Is Not Always Right. *StarTribune,* Minneapolis MN, 12. März 1991

Gordon, F. Noah: Magical Classroom: *Creating Effective, Brain-friendly Environments for Learning.* Zephyr Press, Tuscon AZ, 1995

Grinder, Michael: *NLP für Lehrer. Ein praxisorientiertes Arbeitsbuch.* VAK, Freiburg 1995

Harman, Willis; Rheingold, Howard: *Die Kunst kreativ zu sein: wie wir unser Unbewußtes aktivieren können, um unseren schöpferischen Fähigkeiten zum Durchbruch zu verhelfen.* Scherz, München 1987

Hunt, D. Trinidad: *Learning To Learn: Maximizing Your Performance Potential.* Elan Enterprise, Kaneohe HI, 1991

Hunt, D. Trinidad: *Remember to Remember Who You Are.* Elan Enterprise, Kaneohe HI, 1992

Hunt, D. Trinidad: *The Operator's Manual for Planet Earth.* Hyperion Press, New York, 1996

Jensen, Eric: *The Learning Brain.* Turning Point Publishing, San Diego CA, 1994

Jensen, Eric: *SuperTeaching.* Turning Point Publishing, San Diego CA, 1988

Kandel, Eric R.; Schwartz, James H.; Jessell, Thomas M.: *Essentials of Neural Science and Behavior.* Appleton and Lange, Norwalk CT, 1995

Kelder, Peter: *Die Fünf Tibeter.* Integral, Wessobrunn, 1989

Kermani, Kai: *Autogenic Training.* Thorsons, London, 1992

Keyes, Margaret Frings: *Emotions and the Enneagramm: Working Through Your Shadow Life Script.* Molydatur Publications, Muir Beach (CA), 1992

Kline, Peter: *Das alltägliche Genie – oder: Wie man sich in das Lernen (neu) verlieben kann.* Junfermann, Paderborn, ²1996

Kline, Peter; Saunders, Bernard: *10 Schritte zur Lernenden Organisation. Das Praxisbuch.* Junfermann, Paderborn, ²1997

Kosko, Bart; Buzan, Tony: *Fuzzy-logisch. Eine neue Art des Denkens.* Econ, Düsseldorf, 1995

Lee, Scout: *The Excellence Principle.* Metamorphous Press, Portland OR, 1990

Lewicki, P.; Hill, T.; Czyzewaska, M.: Nonconscious Acquisition of Information. *American Psychologist,* American Psychological Association, 1992

Mattimore, Bryan: *99% Inspiration: Tips, Tales, and Techniques for Liberating Your Business Creativity.* Amacom, New York, 1994

McKenna, Paul: *The Hypnotic World of Paul McKenna.* Faber and Faber, London, 1993

Michaels, Ragini E.: *Facticity.* Facticity Trainings, Seattle WA, 1991

Michaels, Ragini E.: *Lions In Wait: A Road to Personal Courage.* Facticity Trainings, Seattle WA, 1993

Miller, William A.: Der Goldene Schatten. Vom Umgang mit den dunklen Seiten unserer Seele. Hugendubel, München 1994

Miller, William A.: *Make Friends with Your Shadow: How to Accept and Use Positively the Negative Side of Your Personality.* Augsburg Publishing House, Minneapolis MN, 1981

Minkoff, Robert A.: *Searching for the Healing Tale.* National Storytelling Association, Jonesborough TN, 1995

Montessori, Maria M.: *Erziehung mit Menschen. Montessori-Pädagogik heute.* Fischer, Frankfurt

Promislow, Sharon: *The Top 10 Stress Releasers: Simple, effective self care to reeducate your reaction to stress ... from the inside out!*. Kinetic Publishing Corporation, Vancouver, 1994

Rama, Swami: *Yoga and Psychotherapy: The Evolution of Consciousness*. Himalayan International Institute of Yoga Science and Philosophy, Prospect Highs IL, 1973

Rama, Swami: *Lectures on Yoga*. Himalayan International Institute of Yoga Science and Philosophy, Prospect Highs IL, 1976

Restak, Richard M.: *The Modular Brain*. Touchstone, New York, 1995

Robbins, Anthony: *Grenzenlose Energie. Das Power Prinzip. Wie Sie Ihre persönlichen Schwächen in positive Energie verwandeln*. Heyne, München

Russell, Peter: *Im Zeitstrudel. Die atemberaubende Erforschung unserer Zukunftschancen*. Integral, Wessobrunn, 1994

Scheele, Paul R.: *PhotoReading. Die neue Hochgeschwindigkeits-Lesemethode in der Praxis*. Junfermann, Paderborn, ³1997

Scheele, Paul R.: *Natural Brilliance. Personal Learning Course*. Learning Strategies Corporation, Wayzata MN, 1997

Scheele, Paul R.: *PhotoReading®. Personal Learning Course*. Learning Strategies Corporation, Wayzata MN, 1995

Smith, Frank: *Reading Without Nonsense*. Teachers College Press, New York, ²1985

Stoddard, Lynn: *Redesigning Education: A Guide for Developing Human Greatness*. Zephyr Press, Tuscon AZ, 1992

Tomatis, Alfred A.: *The Conscious Ear. My Life of Transformation through Listening*. Station Hill Press, Barrytown NY, 1991

von Oech, Roger: *Der kreative Kick. Aktivieren Sie Ihren Forscher, Künstler, Richter und Krieger*. Junfermann, Paderborn, ³1999

von Oech, Roger: *A Whack On The Side Of The Head*. Warner Books, New York, 1983

Ward, Charlotte; Belf, Teri E.: *Simply Live it Up: Brief Solutions*. Purpose Press, Bethesda (MD), 1995

Ward, Christine; Daley, Jan: *Learning to Learn: Strategies for Accelerating Learning and Boosting Performance*. BCP Press, Christchurch (Neuseeland), 1993

Watzlawick, Paul: *Anleitung zum Unglücklichsein*. Piper, München 1997

Watzlawick, Paul: *Die Möglichkeit des Andersseins*. Huber, Bern, 1991

Watzlawick, Paul: *Vom Schlechten des Guten oder Hekates Lösung*. Piper, München, 1986

Williams, Frank: *A Total Creativity Program for Individualizing and Humanizing the Learning process*. Educational Technology Publications, Englewood Cliffs NJ, 1972

Wolinsky, Stephen: *Die alltägliche Trance. Heilungsansätze in der Quantenpsychologie*. Verlag Alf Lüchow, Freiburg, 1996

Zink, N.; Parks, S.: Nightwalking: Exploring the Dark with Peripheral Vision. *Whole Earth Review*, Herbst 1991

Zweig, Connie; Abrams, Jeremiah: *Die Schattenseite der Seele: Wie man die dunklen Bereiche unserer Psyche ans Licht holt und in die Persönlichkeit integriert*. Scherz, München, 1996

Seminarinformationen sowie Informationen über weitere Angebote des Autors erhalten Sie bei:

Learning Strategies Corporation (LSC)
900 East Wayzata Boulevard
Wayzata, Minnesota 55391-1836
USA
Tel.: 001/612-476-9200
Fax: 001/612-475-2373

Informationen über „Natürliche Brillanz"-Workshops mit Paul Scheele erhalten Sie im deutschsprachigen Raum bei:

Sintonía Seminare
Mai Schaible
Michaelstr. 130
D-74523 Schwäbisch-Hall
Tel. +49-(0)791-89060 oder
+49-(0)700-7468 66 42 (+49-(0)700-SINTONIA)
Fax +49-(0)791-72487
E-mail: info@sintonia.de
Internet: www.photoreading.de

Hier erhalten Sie auch
- ❏ den Kassettenkurs „Natural Brilliance Personal Learning Course"
- ❏ Natural Brilliance, die Originalausgabe auf Englisch
- ❏ die neueste engl. Ausgabe von PhotoReading
- ❏ den Selbstlernkassettenkurs „PhotoReading Personal Learning Course"
- ❏ Paraliminal-Kassetten und -Programme von Paul Scheele

PhotoReading®-Seminare im deutschsprachigen Raum werden nur von Sintonía-Seminare mit zertifizierten und von Paul Scheele und Mai Schaible ausgebildeten PhotoReading®-Trainern durchgeführt.